판검사가
망친
대한민국

판검사가
망친
대한민국

검찰은 권력의 '충견'이오, 사법부는 정치의 '시녀'로다!

생각하는갈대

판검사가 **망친** 대한민국

초판 1쇄 인쇄	2023년 12월 1일
초판 1쇄 발행	2023년 12월 20일
지은이	김문수
펴낸이	김문수
펴낸곳	생각하는 갈대
우편번호	22376
주소	인천광역시 중구 흰바위로 203, 211동 503호
전화	02-6953-0442
팩스	02-6455-5795
이메일	moonsu44@hanmail.net
출판등록	제2023-000027호
ISBN	979-11-985509-0-3 03330

법조인들아 '가인과 효봉을 추억하라!'

"법관法官은 털끝만큼도 의심받을 행동을 해서는 안 된다. 무엇보다 불의와 부조리에 저항하지 않는 판사는 영혼이 구속될 것이다. 사법부의 판결은 자유로운 영혼이 오직 양심에 따라 내리는 판결이어야 국민이 승복한다"

예나 지금이나 법조인은 한결같이 "가인 김병로(1887~1964년)는 한국 법 100년 역사에서 크고 위대하며 압도적인 영향을 주신 분"이라고 말한다. 지금도 '가인 선생이 말씀하시기를~~'이라고 말문을 여는 법률가가 있다고 한다. 가인의 업적 대부분이 법률과 관련한 것이다. 그는 시대가 아파하는 것을 발견하고 그것을 해결하려는 진정한 법法철학자였다. 가인의 인생과 업적을 좇는 것은 법률가로서 너무도 당연하다.

가인은 대한민국 법률의 초석을 닦은 법조계의 큰 어른이다. 일제강점기에는 '사상변호사'로 활약했다. 안창호 선생과 여운형, 박헌영 등 좌우익 가리지 않고 독립운동가를 변론했다. 선생의 아호 '가인街人'은 나라를 되찾기 전에는 방황하는 '거리의 사람'이라는 뜻이라고 한다.

'법法은 그 사회의 어둠과 정의를 밝히는 등불이요, 저울'이라고 외친 몽테스키외의 내면을 깊이 탐사라도 한 듯, 가인의 가르침에는 자기 삶과 사상이 빚어낸 결곡한 마음자리의 지형을 엿보게 하는 것 같아 옷깃을 여미게 된다. 법관으로서 그의 삶은 향기로웠다.

법관 가인의 삶에는 사생활이 아예 없었다. 공사 구분이 지극히 엄격했다. 이를테면 선생의 가족 중에 대법원장 관용차를 타본 사람이 없다. 손자 김종인(정치인)이 군 면제를 받을 수 있었지만, 현역으로 복무했다. 수많은 이 나라 법조인 군軍미필자를 부끄럽게 하는 대목이자 가인의 참모습이 묻어난다.

자유민주주의 국가에서 법관은 일반 직장인의 자세와 다른 더 높은 사명감, 신성한 법률가로서의 자각과 깊은 성찰이 있어야 한다. 이는 전체 법률의 소비자인 온 국민에게 경원시하는 일반법 지식의 전수자가 아닌, 올바른 혜안과 지혜를 수양시키는 더 높은 인격과 도덕성이 요구되기 때문이다.

법률가로서 가인의 업적은 무엇보다 우리의 기본법률을 만들었다는 데 큰 의미가 있다. 단지 형법, 형사소송법, 민법 등의 초안을 잡은 것이 아니다. 가인이 모든 조항을 굉장히 꼼꼼하게 썼다. 선생이 몸소 민법 1조부터 1,000조까지 모두 그의 손끝으로 빚어낸 '명품名品'이다. 부산 피란 생활 중 병에 걸려 왼쪽 다리를 절단한 불편한 몸이었다.

가인이 평소 입버릇처럼 되뇐 것은 "판사는 가난해야 해, 판결문은 추운 방에서 손을 혹 혹 불어가며 써야 진짜 판결문이 나오는 거야…" 그런 가인은 당시 기름을 때는 대법원장 공관에서도 톱밥과 연탄으로 혹독한 겨울을 나며 언행일치를 몸소 실천한 분으로 누구보다 청렴결백한 생활로 주변 사람들에게 존경받았다.

특히 1950년대 박봉에 시달리다 항의하는 판사에게 가인은 "나도 죽을 먹으면서 살고 있소. 조금만 더 참고 국민과 같이 고생해 봅시다"라고 일축한 적도 있었다. 그는 또 "집무실에 놔둔 잉크가 얼었습니다"라고 하소연하는 직원에게는 "하지만 영하 5도까지 내려가기 전에는 난방이 안 돼요. 나라 찾은 지 얼마 안 되니 우리가 청렴과 검소로 국가산업을 일으켜야만 합니다"라고 훈시한 그 시린 일화逸話는 지금도 회자된다.

1953년 어느 날 이승만 대통령이 대법원장 가인을 만났다. 현역 대위를 권총으로 살해한 민의원 서민호에게 1심 법원이 정당방위라며 무죄를 선고한 뒤였다. 대통령은 대뜸 '어떻게 그게 무죄냐'라고 목소리를 높였다. 가인은 '판사가 내린 판결은 대법원장인 나도 뭐라 못한다. 유죄라면 상소하라'라고 맞받았다.

그리고 같은 해 후배 대법원장에게 이런 가르침을 남겼다. "법관은 세상 사람들로부터 의심을 받아서는 안 된다. 만약 의심받게 된다면 그 것만으로도 법관으로선 최대의 명예 손상이 될 것이다"

이렇게 법조인의 지조와 덕목을 계율戒律처럼 지켜온 선생은 1957년 "사법 종사자들은 부정을 범하는 것보다 굶어 죽는 것이 오히려 영광" 이라는 말을 남기고 조용히 퇴장한다. 하지만 가인은 우리 법조 역사에 서 영원한 스승이다.

'엿장수 판사' 효봉스님을 아는가!

대한불교 조계종 소속 금강산 신계사는 법조인 불자에게 각별한 사 찰寺刹이다. 조계종 초대 종정인 효봉스님(1888~1966년)은 이 절에서 출가했다. 당시 효봉의 나이는 38세, 상당한 늦깎이였다. 아픈 사연이 있다.

효봉의 고향은 평안남도 양덕군 쌍용면이다. 어려서부터 신동 소리 를 들었다. 5~6세 때에는 사서삼경을 줄줄이 암송했다고 한다. 평안감 사가 개최한 과거 시험에서 당당히 장원급제했으니 가히 그의 총명함 을 읽을 수 있다.

효봉은 일본 와세다 대학으로 유학하러 갔다. 그곳에서 법학을 공부 했다. 졸업 이후 곧바로 법관이 되려면 당시 일본 고등고시에 합격해야 했다. 효봉은 1913년 일본에서 고등고시를 통과해 조선인으로서는 처 음으로 판사가 되었다. 일제강점기에 조선인을 위해 일하겠다는 생각에 곧바로 대한해협을 건너 조선으로 돌아온다. 그는 돌아와 판사로서 10년간 서울과 평양, 함흥 등 요직에서 봉직했다.

법복을 입은 지 10년, 1923년 평양복심법원(현재 고등법원) 판사 시절 어느 날 조선인에게 사형선고를 내려야 하는 청천벽력 같은 사건이 일어난다. 법의 원칙대로 선고를 내린 효봉은 인간적 고뇌에 빠진다. '과연 사람이 사람의 생명을 끊는 판결을 할 수 있단 말인가?' 뇌리를 맴도는 자문자답으로 괴로워하던 효봉은 마침내 법복을 벗는다.

"이 세상은 내가 살 곳이 아니다. 내가 갈 길은 따로 있다"

비로소 세속의 '이찬형'은 판사 직함(1913~1923년)과 아내와 자식을 뒤로한 채 홀연히 집을 나선다. 그리고 입고 있던 양복을 팔아 그 돈으로 허름한 옷과 엿판을 산다. 엿판을 목에 걸고 엿장수로 팔도강산을 돌아다닌다. 전국을 떠돌며 엿장수로 3년간 자신의 잘못을 참회한 끝에 마침내 효봉은 머리를 깎으려고 금강산 신계사로 향한다.

그때도 목에는 엿판을 걸고 있었다. 신계사에서 효봉은 '엿장수 중'으로 불린다. 자신의 정체도 숨긴 채 그냥 엿을 팔다 출가한 중이었을 뿐이다. 나중에 법원에서 함께 근무했던 일본인 판사가 관광차 금강산에 왔다가 신계사에 들러 효봉을 알아보면서 그의 정체가 비로소 절간에 알려진다. 그때부터 절집에서는 '엿장수 중'에서 '판사 중'으로 별명이 바뀐다.

한번 내린 사형판결로 고귀한 한 생명을 죽였다는 것에 대해 속죄贖罪
하며 효봉은 일생을 처절한 구도자로서 몸부림쳤다. 그는 늦깎이로 출
가했다. 하지만 구도심은 남달랐다. 좌선할 때 한번 앉으면 꿈쩍도 하지
않았다. 엉덩이가 짓물러 터져 방석이 젖는 일이 잦았다. 그래서 또 하
나 더해진 별명이 '절구통 수좌'였다.

1930년 효봉은 금강산 법기암 무문관 토굴에서 일일일식一日一食, 장좌
불와長坐不臥로 가행정진加行精進했다. 토굴에 들어간 지 1년 6개월 만에 효
봉은 '나는 누구인가?'에 대한 구도를 이루었다. 당시 효봉의 나이 44세
였다. 이후 6년 뒤인 1937년 지천명의 나이에 금강산과 작별을 고한다.

그의 발길이 머문 곳은 전남 순천의 송광사였다. 효봉의 전설 같은 일
화는 헤아릴 수 없이 많다. 효봉은 추상같은 이승만 대통령에게도 굴하지
않은 일화가 있다. 초燭 심지가 타서 내려앉기 전에는 새 초를 갈아 끼우지
못하게 했다. 수행자는 가난하게 사는 게 곧 부자 살림이라고 말했다.

또 한 번은 수행에 힘쓰느라 '울력(여러 사람이 힘을 합해 일함)'을 소
홀히 한 성철스님이 송광사에서 공부하기 위해 방부房付를 들일 때 일갈
했다. "책 보따리만 메고 다니면 안 된다. 울력도 함께 해야지" 효봉은
구도에도 철저했지만, 자신에게는 더욱 엄격했다.

효봉은 1966년 10월 15일 새벽 3시 예불을 올릴 즈음에 제자들에게
말했다. "나 오늘 갈란다" 그날 오전 10시, 효봉이 늘 손바닥에 굴리던
호두알 소리가 멈춘다. 그때가 법납法臘 40세였다. 제자 법정은 스승의

열반을 '장엄한 낙조'라고 애도했다. 입적하는 날까지 효봉은 한 번 내린 사형판결을 참회하는 구도자로서 일생을 마감했다.

가인과 효봉은 법관으로서의 '소명召命'을 실천한 분이다. 삶의 행위에서 잘 나타나 있다. 제대로 된 법조인이라면 두 분을 추억할 때 열등감과 질투심을 느낄 줄 알아야 한다. 그리고 나는 어떤 꿈을 가지고 법을 공부했으며, 무슨 이상을 실천하려고 이 자리에 섰는가를 항상 자신에게 물어야 한다. 법에 대한 자신의 소명은 없고 죽어라고 법전만 달달 외워서 과분한 자리를 차지하고 앉으면 그는 법전의 노예로 살게 된다.

법률에는 강한 힘이 있다. 죄를 범한 인간은 반드시 법에 따라 그 죗값을 치러야 하기 때문이다. 따라서 법을 공부하는 사람은 먼저 자신이 단단하고 야무져야 한다. 그렇지 않으면 법전의 무게를 견딜 수 없다. 법전에 쉽게 굴복당한 법관은 법을 악용하는 비굴한 삶을 살게 된다. 법관은 이 중차대한 무게를 이겨내기 위해 자기만의 철학이 있어야 한다. 높은 차원의 시선으로 법전을 읽고 자기만의 법전을 쓰는 일을 시작할 때 비로소 법을 부리는 주인이 될 수 있다.

내가 이 사회에 펼칠 꿈과 소명은 무엇인가? 법관은 항상 이러한 자기 질문이 있어야 한다. 그냥 그 법전만 외운 법률가는 내가 펼칠 꿈이 무엇인가, 내가 가져야 할 사명이 무엇인가를 발견하지 못하고 인생을 막살게 된다. 결국 권력을 빙자하여 돈과 명예를 좇는 천박한 부나비 인생으로 삶을 마감하게 된다. 그동안 부패한 법조인들이 살아온 모습이 이를 잘 보여주고 있다. 올바른 법관으로서 '소명'을 가진 사람은 대한민국 헌법이 위임한 법률을 모든 사람에게 '정의롭고 공정하고 평등하게' 사용해야 한다.

■ 가인과 효봉의 약력

•가인 김병로 초대 대법원장(1887~1964년)

가인 선생은 전라북도 순창에서 태어나 어려서 한학을 수학했다. 18세 때 을사늑약이 체결되는 것을 보고 면암 최익현 선생의 의병부대에서 활동했다. 하지만 일본의 침략주의 행태를 보고 1910년 일본 유학을 떠나 일본대학 전문부에 입학했다. 1915년 메이지明治대학 법학부를 마친 후 6년 만에 귀국했다. 그후 1919년 밀양지원 판사로 부임, 1년 정도 판사로 있다가 이를 사임하고 서울에서 변호사로 개업했다. 가인 선생은 정부 수립 후 1948년 대한민국 초대 대법원장에 취임하였다.

•세속의 이찬형 판사 효봉스님(1888~1966년)

세속의 이찬형 판사는 1888년 5월 28일 평안남도 양덕군 쌍용면 반성리에서 태어났다. 어려서부터 유달리 영특해서 사서삼경을 줄줄 외웠으니 이웃 간에는 '신동(神童)'으로 알려졌다. 일본으로 건너가 와세다(早稻田) 대학에서 법학을 전공한 뒤 26세 때인 1913년 와세다 대학을 졸업하고 일본 고등고시에 합격한 뒤 귀국해 판사로 부임한다. 이로부터 서른다섯 살 때까지 십 년간(1913~1923)을 스님은 법관 생활을 했다. 서울과 함흥의 지방법원과 평양의 복심법원(현 고등법원)에서 한국인 최초의 판사로 종사했다.

•3~4대 대법원장 조진만(1903~1979년)

제3~4대 대법원장을 역임한 백천(白川) 조진만 선생은 1903년 경기도 인천광역시 중구 운북동(당시 경기도 인천군 예단포 마을) 영종도에서 출생했다. 그리고 경기 고등보통학교(현 경기고)에 재학 중 3·1독립만세운동에 동참했다가 일본 경찰이 요구하는 반성문 제출을 거부하고 자퇴한 강골 기질이었다. 그 후 독학으로 1923년 경성법학전문학교(현 서울법대)를 졸업했다.

선생은 1925년 우리나라 사람으로는 최초로 일본 고등문관시험 사법과에 합격해 1927년 해주지방법원 판사를 시작으로 평양, 대구지방법원 판사를 역임하였다. 1943년 변호사를 개업했다. 1951년 제5대 법무부 장관을 역임하고, 1961년부터 1968년까지 대법원장을 지냈다.

그리고 조진만 원장은 후배 법관들에게 "법관은 공정을 의심케 하는 모든 언행을 삼가야 합니다. 물론 사생활도 여러모로 제한, 금지되어 친구나 가족들에게서 동떨어진 외톨이가 되는 것도 사양하지 않아야 합니다. 또 법관은 돈벌이하는 직업이 아니라 봉사하는 직업입니다"라며 법관의 청렴한 자세를 강조했다.

1943년 일본인 판사들과 재판 문제로 자수 갈등을 겪다가 결국 벗고 변호사를 개업한다. 1951년 제5대 법무부장관을 역임하고, 1961년부터 1968년까지 대법원장을 지냈다.

조진만 대법원장이 취임할 1961년 당시 판결문은 한자漢字와 한글을 혼용했다. 하지만 조진만 원장 취임 얼마 후부터 혁신적인 변화가 일어났다. 판결문을 모두 한글화하면서 가로쓰기와 함께 타자화했다. 조서까지도 일체 한글로 써야 했으며, 판결서명도 붓으로 하지 않게 되었다. 업무 처리가 상당히 능률적으로 이뤄졌다. 당시 한글전용시대로 이끌며 법원업무를 간소한 것은 실로 놀랍고 획기적인 변혁이었다.

그 외에도 조진만 대법원장은 사법대학원을 설립하고 재판연구원 제도를 도입했다. 특히 가정법원을 신설했고, 민 형사지방법원을 분리하는 등 사법체계의 효율화에 크게 기여했다. 그뿐만 아니라 법조인 권위주의를 타파하고 공정한 법관인사를 하려고 노력하는 등 대한민국 사법부의 문화를 개선하는 데 크게 기여했다는 평가를 받고 있다.

■ 차례 ■

Part 1

국가의 악성종양 '법조 카르텔'

유독 대한민국에서만

횡행하는 추악한 '범죄행위'인

'전관예우'는 자유세계 어디에도 없다.

법조계는 비리가 칡덩굴처럼 얽혀있다.

'유전무죄 무전유죄'가 활개 치는 나라,

가장 청렴해야 할 법조인들의

전과자가 많은 대한민국!

이게 나라인가?

서초동 대법원

서초동 대검찰청

법형法兄 어디 내 말 좀 들어보소!

대한민국 '대법원과 대검청사!'

서울시 서초구 서초대로~반포대로 휘어잡는 지엄한 랜드마크, 보기만 해도 교만하오! 놀라운 건축술이 미학의 높이로 빚어 올려 도심을 가득 채운 여느 빌딩과는 다르군요. 겉부터 도도滔滔하여 죄 없이 살아가는 사람도 오금이 저린다오. 저 무심한 건물마저 오만함을 뽐내면서 '그 누구도 법 앞에 평등하지 않다'라고 외치고 서 있는 게 아닌가요.

법조계에 만연하는 '전관예우', 건전한 우리 사회 해치는 '전관 범죄행위' 아닌가요. 형兄도 알다시피 지금 이 나라는 50억 클럽 '법조비리 카르텔'로 온 민심이 흉흉하오. 구속된 박영수 전 특별검사, 곽상도 전 정무수석, 권순일 전 대법관, 또 녹취록에 이름이 오르내리는 김수남 전 검찰총장, 최재경 전 민정수석, 이자들이 누군가요? 악취 나는 50억 클럽 주인공, 사회정의 좀먹는 부패의 끝판왕들 아닌가요.

'50억 클럽'에 연루된 곽상도 전 민정수석, 박영수 전 특별검사. 권순일 전 대법관

사반세기 전엔 가난한 고시 합격자 명단이 곧잘 '뚜쟁이' 손에 건네지는 일이 횡행했죠. 거기서 벌어지는 '정략결혼', 가히 신파극 주인공 홍도마저 울고 갔다오. 돈과 권력 좇는 부나비 군상들 정말 비정하고 냉혹했지요. 또 법조인의 부패 고리 '유전무죄 무전유죄', 어떤가요. 부자에겐 황금이 옥중 문도 열어젖히는 만능열쇠요, 가난한 사람에게는 무일푼이 장 발장의 족쇄가 아닌가요.

성공보수, 고액 수임료 변호사들의 '거액 탈세', 월급쟁이 절망케 하고, 직업의식 내다 팔아 꿩도 먹고 알도 먹는 '스폰서 받는 검사', 건전 사회에 독버섯처럼 기생하고 있죠. 고시 공부한답시고 '군軍미필자' 득시글거리는 법조계, 공정사회 파괴하는 좌우법조 '진영싸움', 이 나라 거덜

내는 법조 사회 고발할 자 누구 없소?

법형, 이제 우리 국민은 거칠게 이런 물음을 던질 수 있어야 하오. "대한민국 법조인 당신들은 도대체 누구냐? 만연하는 부정부패 답습하고, 이미 있는 부조리한 그 귀퉁이 한 자락 깔고 앉아 돈과 권력 따라 아귀같이 몸부림치는 너희 모습이 너냐? 아니면 네가 서 있는 땅이 비좁고 척박하더라도 거기서 독립된 네 세상을 건설하려고 성찰省察하는 것이 진짜 네 모습이냐?"

우리 국민은 법조 사회의 그 실상을 똑똑히 알 때가 되었다오. 법조계가 이토록 부패한 걸 알면, 양식 있는 사람은 거룩한 분노가 치밀 거요. 감당할 수 없는 분노가 끓어오를지라도 잠깐만 내려두오. 먼저 이들의 부패구조와 부패 고리를 낱낱이 분명하고도 명확하게 파악해야 하기 때문이오. 따라서 이 글은 특정 법조인을 겨냥한 것이 아니라 이 나라 썩은 법조 사회를 바로잡기 위해 쓴 글이라오. 그러니 깨끗한 양심을 가지고 살아온 법조인들은 오해하지 말아주오.

"귤이 회수淮水를 건너면 탱자가 된다"라고 했던가요? 그 총명하고 모범적인 청춘들이 '사법고시'라는 혹독한 강을 건너 '등용문登龍門'만 오르면 오만한 인간으로 둔갑하는 이유가 대체 뭘까요. 법조인이 자아를 초월하여 만인에게 더 큰 행복, 자유를 안겨줄 수 있는 '공적헌신公的獻身' 그 알맹이 '정의, 공의, 평등'일랑 쏙 빼먹고 저토록 저열하고 천박하게 굴절되다니…. 안타깝기 그지없소.

법형, 판사 판결문엔 고뇌에 찬 명상의 흔적 대신 레토릭 기교로 채워지고, 오만함만 짙게 묻어 있소. 30여 년 전 뛰어다닌 기자시절 그 잘난 판결문을 기자조차 읽고 또 읽어도 이해하기 어려웠소. 여기저기 지적하는 목소리 터지자 조금은 달라졌어도 여전히 판결문엔 지적 교만 가득하고 자유로운 영혼이 오직 양심 따라 내린 판결 찾아보기 어렵다오.

우리 역사상 사법부가 초대 가인 선생 제외하고 '삼권분립' 제 역할을 한 적 있었나요. 주로 권력과 부富의 언저리에 맴돌면서 '법 앞에 만인 평등' 말로만 떠들면서 그 본분 기망하지 않았나요. 사법부는 '권력의 부역자'로, '정치의 시녀'로 전락한 게 아닌가요. 또 검찰은 어떤가요? 권력의 '충견 노릇' 마다하지 않았지요. 그리하여 부패한 판검사는 그 더러운 곳 핥아대며 돈과 명예 거머쥐고 희희낙락거린다오.

그런데도 그 반대편 사람들도 극소수 있었다오. 까마득히 가인 선생과 효봉스님 그 모습이 눈앞에 아른거리네요. 우리의 역사에서 법률가로서 본령本領을 추구하며 법조인으로 오롯이 바르게 선 몇 안 되는 인물들이 있었기에 꺼져가는 대한민국 사법부와 검찰 명줄 그나마 희미하게 이어왔죠.

인간 세상 어느 시대, 어느 체제든 온갖 부조리와 모순이 있게 마련이오. 하지만 '만인 평등' 지켜야 할 법조계의 부조리엔 진실을 이야기해야 할 책무가 우리에게 있답니다. 악취 나는 법조 사회 부조리를 똑똑히 보고서도 지적할 자 없다는 건 우리도 함께 정신이 병들고 망가진 증거 아닌가요. 법조 사회 부조리가 정점에 달한 지금 형의 생각 어떠하오?

법형, 나는 종종 상식 이하 판결문과 검찰 공소장을 접할 때는 가인 선생 떠올리며 분노와 허망에 몸부림쳤소. 또 허망이 뼈에 저릴 땐 허망의 좌절조차 완미琓昧해온 진정한 철학자, 효봉의 내성耐性에 홀렸다오. 세상을 떠돌면서 부조리한 법조계를 바라보고 분노하며 그렇게 내 청춘은 그렇게 흘러갔소.

이젠 부패한 법조계 이대로 두어서는 아니 되오. 이 나라가 곧 거덜 날 판이라오. 법으로 사회정의 구현하라 발탁한 법조인이 이토록 썩었는데, 이 나라가 안 무너지고 서 있는 게 기적이 아닌가요. 국가 기본 법칙, 최고 규범 헌법 위에 군림하는 제왕적 대통령, 그 눈치 살피면서 죽어라 더러운 곳 핥아대는 천박하고 부패한 법조 사회 그냥 두면 아니 되오. 독야탁탁獨也濁濁한 법조인사회 그늘에서 우린 모두 저들의 개돼지라오. 그런데도 비열하고 야비한 저들을 그냥 두고 볼 것이오?

더럽고 추악한 부패한 법조인아!

인제 그만 더러운 시궁창에서 빠져나와 사람답게 살아가오. 너희 법조인들 굽은 잣대에 고통받는 약자들의 피맺힌 신음, 구천에 떠도는 원한이 들리지도 않는가? 거짓과 죄악으로 번 돈, 겉은 번드르르 비단으로 감쌌지만, 그 속은 똥 찌꺼기 가득 찬 가죽 부대, 채색한 항아리 속 독사들이여!

법형, 문재인 정부 권력자들 유시민 씨 같은 사람은 무슨 짓을 해도 절대 수사하면 안 되는 초헌법적 특권 계급인 양 행동하였다오. 이는 한동훈 법무부 장관이 "권력이 물라면 물고 덮으라면 덮는 사냥개 같은 검찰을 만드는 걸 검찰개혁이라고 사기 치고 거짓말했답니다" 지난 문정부 검찰개혁 앞잡이, 권력의 조련사들 '검찰 충견' 만들려다 윤 사단에 되치기당해 권력 잃고 쪼그랑이 신세가 되었다오.

"검찰은 물어라" 하면 무는 '권력의 충견'이요, 사법부는 "덮어라" 하면 덮는 '정치의 시녀'로소이다.

"추악한 법조인아! 도대체 너희는 어디를 핥고 물었기에, 무엇을 덮었기에 그 큰 명예, 그 많은 재물 모았는가?"

전 세계에 없는 부끄러운 '전관 범죄'

전관예우인가 '전관 범죄행위'인가?

대한민국 사법부가 전 세계에서 가장 부패한 집단이란 오명을 갖고 있다. 지금도 법조 사회의 심장부라 불리는 서초동 법조타운! 그곳에는 검찰 수사와 법원 판결에 불복하는 수많은 사법 피해자가 울부짖고 있다. 이들은 스스로를 '전관예우', '유전무죄 무전유죄' 피해자라고 주장한다. 대한민국 '법法'을 상징하는 서초동 서울중앙지법과 대검찰청이 서 있는 서초 법조단지 내에서는 오늘도 '공정 수사, 공정 기소, 공정판결' 호소하며 판검사 비난하는 부끄러운 일이 일상으로 벌어지고 있다.

사법 피해자들이 '공정公正'을 부르짖는 이유는 '전관예우'라는 이름의 '전관 범죄행위'가 지금도 백주대낮에 일어나고 있기 때문이다. 전관예우는 법원이나 검찰의 고위직(대개 부장 판검사급 이상)을 지낸 법조인들이 변호사가 되면 이들이 맡은 사건은 굉장히 유리하게 진행된다. 따라서 전직 법조계 고위직 출신들이 변호사로 활동하며 전관예우라는 전 세계에 어디에도 없는 특별한 범죄행위를 일삼고 있다. 문제는 여기서 그치지 않는다. 그 이면엔 전관 변호사를 선임하지 못하는 가난한 사법 피해자들이 속출하면서 이들이 눈물로 억울함을 호소하고 있다.

이것은 바로 부패한 검찰 수사와 판사 재판이 공정하게 이뤄지지 않고 있다는 것을 의미한다. 그래서 관행처럼 굳어져 온 전관예우는 사실상 '전관 범죄행위'라는 사법 피해자들의 주장이 온당하다. 현재 이런 범죄행위가 법조 사회에서 관행적이고 지속해서 이뤄지고 있다. 법조 집단의 부패한 변호사는 전관예우를 '법조계 관행'이라고 말한다. 그러나 누가 봐도 이는 '전관 범죄행위'다. 대한민국 사법부에 대한 신뢰도는 아프리카나 남미 지역의 일부 군사독재정권만큼이나 부패해 있다는 여론조사가 이를 뒷받침한다.

판검사들이 현직에서 온갖 단물 다 빨고도 모자라 퇴직해서 대형로펌에 들어가면 가만히 앉아서 거액의 연봉을 챙긴다. 대형로펌은 전관이 취급할 사건을 이들에게 맡긴다. 사건 관련 검사는 기소 단계에서부터 편의를, 판사는 판결에 많은 혜택을 제공하면서 서로 이권을 챙기는 법조 카르텔이 전관예우다. 이게 어찌 전관 범죄행위가 아니란 말인가. 법조계 비리 관행이 지금도 대물림하면서 작동하고 있다. 그런데도 공정해야 할 법질서를 어지럽히고 문란케 하는 추악한 범죄행위를 '법조 관행'이라고 떠드는 너야말로 범죄자가 아니냐?

최근 성범죄를 저지른 판사가 대형로펌에 들어가 전관예우를 받은 사례가 언론에 보도됐다. 지방법원의 한 판사가 서울로 출장을 왔다가 호텔에서 성매매한 뒤에도 버젓이 법원에서 판결했다는 기사가 세상을 분노케 하고 있다. 이런 범죄행위가 법원 내에서 일어나고 있다. 이제 법조 사회에서도 '이대론 안 된다'라는 탄식의 목소리가 절로 흘러나온다. 현직 판사가 파렴치한 범죄를 저질렀는데도 법복을 벗은 뒤 아무런 문제가 없었다는 듯이 변호사를 개업하거나 대형로펌에서 전관예우를 받고 있다. 이런 부끄럽고 참담한 범죄행위를 묵과해서 될 일인가?

여기는 한국 판검사 피해자 100%인 9,500명이 모인 곳입니다

전관예우로 거액을 거머쥔 '고위직 판검사'

"이용훈 전 대법원장 5년간 60억 원, 박시환 전 대법관 1년 10개월간 22억 원, 황교안 전 법무부 장관 1년 5개월간 16억 원…" 입이 딱 벌어진

채 말문이 막힌다. 이런 사례는 차고도 넘친다. 이들은 최고위 법관을 지낸 자들로 전관예우를 받은 대표적인 법조인 군상들이다. 서초동 법조단지 내에서 울부짖는 사법 피해자들의 원성이 충분히 이해가 간다. 이제 온 국민이 나서 사법부 귀족주의와 순혈주의 자처하는 적폐 전관을 완전히 뿌리 뽑아야 한다. 지금 이 나라는 법조 공화국이며 우리 서민은 개돼지나 다름없다.

이 거액을 고위직 판사나 검사 출신 법조인들이 변호사 개업으로 짧은 기간에 벌어들인다. 박근혜 정부 때 국무총리 후보자로 지명된 안대희 전 대법관도 당시 변호사로 활동하며 거액의 수임료를 챙긴 사실이 밝혀져 논란이 돼 낙마한 적이 있다. 당시 안대희 후보자는 대법관을 마치고 변호사로 활동하며 불과 5개월 동안 무려 16억 원의 수입을 올린 것으로 드러났다. 월평균 3억 2,000만 원씩의 엄청난 돈을 챙긴 것이다.

하지만 과거 인사청문회에서 드러난 고위 법조인의 수임료 실태를 보면 안대희 후보자의 수입은 놀라운 일이 아니다. 지금까지 총액 기준으로 겉으로 드러난 것 중에서 가장 많은 돈을 번 사람은 앞서 언급한 이용훈 변호사다. 대법관을 마치고 대법원장에 발탁되기 전까지 5년간 변호사로 활동하며 60억 원을 벌었다. 당시 이용훈 대법원장 후보자는 인사청문회에서 "세금으로 21억 6천만 원을 냈고, 각종 비용 등을 공제하고 나면 순재산 증가는 22억 원에 불과하다"라고 해명했다.

이런 기막힌 일을 능가하는 사례가 이용훈에 이어 곧바로 나왔다. 우리법연구회 출신인 박시환 전 대법관이다. 박시환은 1년 10개월간 22억 원을 벌어들이는 타의 추종을 불허하는 '초능력'의 수완을 보였다. 그의 사건 내역에는 한 건에 5천만 원짜리 형사사건이 있다. 이는 전관예우에 기댄 것이라는 비난을 받았다. 당시 두 고위 법관들의 거액 수임료에 대한 비판은 실로 엄청나게 거셌다. 그런데도 둘은 모두 무난히 청문회를 통과했다.

이들은 당시 여당이었던 열린우리당 의원들의 엄호와 지원사격을 받았다. 특히 박시환은 좌파 성향의 판결로 좌파시민단체의 많은 지지를 얻었다. 한 정치권 관계자는 "그 당시만 해도 '전관예우'에 대한 실태가 우리 사회에 그다지 많이 알려지지 않아 지금보다 비난 여론이 훨씬 적었다"라며 "그래도 청문회를 무사통과한 것은 이용훈과 박시환이 노무현 대통령 탄핵 사건의 대리인으로 활동한 것이 도움이 됐다"라고 설명한다.

거액 수임료가 문제가 돼 결국 국회 인사청문회 벽을 넘지 못한 고위 검찰 출신도 있다. 이명박 정부 시절 감사원장에 지명된 정동기 변호사가 장본인이다. 그는 7개월간 대형로펌에서 일하며 7억 원을 벌었다. 이 사실이 알려지자 당시 야당이었던 열린우리당은 '월급=1억 원'을 받은 '특별 전관'이라는 비판을 퍼부었다. 가뜩이나 강부자, 고소영(고대-소망교회-영남 출신) 내각이라는 비아냥을 받던 이명박은 결국 정동기 감사원장 지명을 철회하지 않을 수 없었다.

지금도 대법관을 지낸 사람이나 검찰 고위직 출신 중에는 대부분 전관 변호사로 예우를 받아 엄청난 돈을 챙기고 있다. 특히 이들은 한결같이 관련 사건을 수임하고 있다. 불과 얼마 전까지 자신이 몸담았던 대법원이나 고등검찰청 등 동료 후배들이 근무하는 일과 관련된 사건을 수임하여 일을 처리한다. 기가 찬다. 그러니 전관예우를 누릴 수 있는 것은 현직 판검사들도 함께 연루된다는 것을 의미한다. 법조계에서 일어나는 이 더럽고 추악한 법조계 비리 카르텔이 '전관예우'인가 '전관 범죄'인가? 범죄행위라면 이제부터라도 수사하여 척결하라!

　일례로 현직 판사 2명이 각각 9,000만 원과 4,000만 원을 브로커 윤모 씨의 계좌로 송금했다가 8개월째 돌려받지 못하고 있다는 뉴스가 보도됐다. 우습고도 야비한 것은 대법원의 해명이다. 대법원은 "자체 감사 결과 순수한 채권 채무 관계이며 현재로선 이 판사들을 징계할 필요가 없다는 견해"라고 밝혔다. 법은 건전한 상식의 틀 안에 있다. 두 판사가 상관인 부장판사와 함께 식사 자리에 갔다가 브로커 윤모 씨와 친분을 유지하게 된 것이다. 그런데 사법부는 '판사가 상관과 함께 우연히 식사한 것밖에 없다'라고 말한다. 브로커에게 중간 정산한 퇴직금까지 빌려 준 상식 밖의 일이 아무렇지도 않단 말인가?

　또 직전 대법관들이 맡은 사건은 각하율이 현저히 높다는 것이 대법원의 전관예우를 방증한다. 박찬종 변호사는 "일반 변호사 각하 비율이 고작 1% 정도인데, 전관예우를 받는 대법관 출신 변호사 각하 비율은

6~7% 정도"라며 "전관예우가 여전히 존재하고 있다"라고 지적한다.

그는 또 "전직 대법관 출신 변호사가 맡은 사건을 봐준다는 것은 현직 대법원판사도 함께 연루되기 때문에 가능하다. 이른바 전·현직 법조인들이 더불어 '법관피아(법조 관료 마피아)' 역할을 함께하는 부조리한 세상이다. 지금 대한민국의 '법관피아'들은 전관이라는 타이틀을 악용해 불과 몇 년 내에 수십억 원, 심지어 수백억 원의 이득을 챙기고 있다"라고 주장한다. 그래서 가장 공정해야 할 법조인들이 스스로 사법 시스템을 파괴하고 나아가 대한민국을 망가뜨리고 있다.

대법관 전관예우 '도장값만 수천만 원'

권순일 전 대법관이 대장동 개발사업에 참여한 '화천대유자산관리' (화천대유)의 고문을 맡아 한 달에 1천500만 원을 받았다. 이로써 권순일이 대법관 출신으로서 전관예우 문제가 제기되고 있다. 현재 대법관 출신 변호사가 이름만 걸어놓고 '도장값'만으로 수천만 원을 받는다. 전관예우 폐단을 줄이는 규제방안이 일부 마련돼 있다. 하지만 제도가 현실을 따라가지 못하고 있다.

지난 2021년 9월 퇴임한 권순일 전 대법관은 그해 11월 화천대유에 고문직을 맡을 수 있었다. 이는 전직 대법관 취업제한 대상에는 자본금이 소규모인 회사는 포함되지 않기 때문이다. 공직자윤리법 제17조는 퇴직한 대법관이 3년 동안 업무 관련성이 있는 기관에 취업할 수 없도록 규정하고 있다. 업무와 관련성이 있는 곳이란 퇴직 전 5년 동안 소속

된 곳의 업무와 밀접한 관련성이 있는 곳들로 자본금 10억 원, 그리고 연간 외형거래액(매출액) 100억 원 이상인 사기업 또는 연간 외형거래액 100억 원 이상의 로펌 등이 대표적이다.

그러나 권순일이 고문직을 맡은 화천대유는 당시 기준으로 자본금 3억1천만 원에 불과했다. 고위 공직자의 취업제한 기관이 아니었다. 또 권순일이 어떤 일을 했느냐에 따라 다를 수 있다. 하지만 한 달 고문료로 1천500만 원을 받을 수 있는 법조인은 극히 드물기 때문이다.

실제로 이성문 화천대유 대표는 한 언론과의 인터뷰에서 '권순일 전 대법관의 서초동 사무실을 4번 정도 찾아갔다'라며 '자문한 게 맞다'라는 취지로 말한 바 있다. 한 변호사는 "권순일이 변호사로 등록하지 않고 화천대유 고문으로 일하며 법률 자문을 했다면 이는 분명한 변호사법 위반"이라고 한다. 이와 관련해 '한반도인권과통일을위한변호사모임'은 권순일을 변호사법 위반 및 사후수뢰 등 혐의로 대검찰청에 이미 고발한 상태다.

이 같은 사실 때문에 전관예우를 막기 위한 규정이 있지만 제 기능을 못 한다는 지적은 꾸준히 제기돼 왔다. 게다가 법조계에서는 대법원 상고심 의견서에 대법관 출신 변호사 이름을 올리려면 그 '도장값'만 수천만 원에 달한다는 이야기가 상식처럼 널리 퍼졌다. 전 대법관의 이름이 있으면 재판부가 기록을 보다가 신경을 써서 봐줄 것이란 기대감 때문이다. 이를 막기 위해 2015년 3월 전직 대법관의 취업제한 기간을 3년으로 두는 공직자윤리법 개정안이 시행됐다. 하지만 교활하기 그지없는 법조인에게는 다 무용지물이었다.

지금도 3년의 제한 기간이 풀리자마자 전직 대법관들은 '전 대법관'이라는 타이틀을 달고 대형로펌으로 달려가고 있다. 한 변호사는 "지난 2017년 2월 퇴임한 이상훈 전 대법관은 3년 제한이 풀리고 두 달 뒤인 2020년 4월 김앤장법률사무소에 둥지를 틀었다. 2016년 9월 퇴임한 이인복 전 대법관은 2020년 4월 법무법인 화우에 영입됐다.

앞서 2015년 9월 퇴임한 민일영 전 대법관도 사법연수원 석좌교수, 정부공직자윤리위원회 위원장을 지내다 2019년 9월 법무법인 세종으로 자리를 옮겼다"라면서 "대법관 퇴임 뒤 3년이 지나면 영향력이 조금은 떨어질 순 있겠지만 그래도 여전히 전관으로서의 영향력이 있어서 대형로펌이 받아주는 것"이라고 설명한다.

'만인은 법法 앞에 평등하다고?'

마치 '황금률(golden rule)'과도 같은 이 탁월한 명제가 우리 대한민국 사회에서는 전혀 다른 의미로 원용되고 있다. 요즘 모든 국민은 법 앞에 평등하지 않다는 것을 다 잘 안다. 그래서 이 황금률은 '부패한 법조 사회를 이끄는 법률가 만 명만 법 앞에 평등하다는 부끄러운 말로 전락하여 인터넷을 뜨겁게 달구고 있다. 그렇다면 공정한 사회를 만들고 삶의 질을 높이기 위해 필수 요소인 '평등'이란 말이 왜 '부패한 법조인들에게만 적용되는 퇴폐적 언어'로 타락한 것일까?

평등은 사회적 현실과는 무관한 절대적 가치가 될 수 있다. 그러나 어떤 평등인가라는 문제는 이론적 관점에 따라 다양한 주장이 제기된다. 우선 영국 케임브리지 대학 사회학 교수 브라이언 터너(1945~)는 〈시민과 자본주의〉에서 평등을 '모든 사람을 차별 없이 동등하게 존중하거나 대우하는 상태'로 정의한다. 또한 대한민국 헌법 11조도 "누구든지 성별, 종교 또는 사회적 신분에 의해 정치적, 경제적, 사회적, 문화적 생활의 모든 영역에 있어서 차별받지 아니한다"라고 명시돼 있다. 그런데 모든 사람을 동등하게 대하는 '어떤 평등'이 가능한지에 대한 설명은 부족하다.

이에 대한 설명은 매우 복잡하다. '정의, 공정, 평등'의 개념적 차이를 정확하게 구분하기도 힘들다. 서양철학의 역사를 살펴보면 정의를 상징하는 여신女神이 눈을 가리고 저울을 들고 있는 것처럼 정의는 항상 평등의 잣대로 실현된다. 고대 그리스 철학자 아리스토텔레스는 〈니코마코스 윤리학〉에서 정의를 법을 지키거나 올바른 행동을 한다는 의미뿐 아니라 평등의 한 형태로 본 것이다. 그래서 대부분 선진국에서는 공정한 저울을 마치 법의 상징처럼 사용하고 있다.

그러나 현대 문명사회에서 평등을 가장 잘 악용한 '이념理念'의 주체가 바로 공산주의 사회였다. 공산주의 국가는 모든 국민이 평등하다는 것을 '국시'로 이용하여 20세기 전반기(1917년)에서 후반기에 이르기까

지 전 세계의 절반을 피로 붉게 물들였다. 결국 1991년 공산주의 종주국 구소련이 무너지면서 '공산주의'의 몰락과 함께 평등이란 개념을 다시 한번 생각하게 한다. 또 아직은 몰락하지 않고 건재하지만 부패한 자본주의도 여전히 법 앞에 평등을 내세우고 있다. 하지만 평등은 인간의 한계를 초월하는 개념이다.

평등은 인간이 실천할 수 없는 깊은 종교적 영성에서 나온 개념이다.

'평등'은 종교적 영성靈性의 산물이야!

인류는 여전히 모든 사람을 동등하게 대하는 '평등(equality)'이 어떻게 가능한지에 대해 그 해답을 내놓지 못 찾고 있다. 자본주의사회마저 먼저 몰락한 공산주의와 다를 바 없이 '만인은 법 앞에 평등하다'라는 것을 여전히 이행하지 못하고 있다.

그러면 평등개념은 어디에서 출발했으며, 왜 국가의 바탕인 법이 만인에게 평등을 실천하기가 그토록 어려운 것인가? 이에 대한 분명한 해답이 필요하다. 특히 인간의 한계를 초월하는 '평등'을 실천하기 위해서는 고유한 개념을 정확히 인지할 때 비로소 실천이 가능할 수 있다.

먼저 법 앞에 '평등平等'이라는 개념은 인간이 만들어 필요에 따라 활용하고 있다. 그러나 평등은 고등종교의 깊은 '영성靈性'에서 나온 신령스러운 품성이나 성질을 가지고 있다. 우리 보통 인간이 평등을 실천하기란 거의 불가능하다. 종교적 영성에 대한 이해가 없이는 인간이 일상에서 평등한 삶을 살기란 매우 어렵다. 게다가 거대한 국가조직에서 모든 사람이 똑같은 '결(texture)'을 가진 평등을 실천한다는 것은 사실상 불가능하다. 이는 모든 국민의 시선이 고등종교의 영성에 닿아야 하기 때문이다.

종교적 영성에서 바라본 평등개념은 이렇다. 먼저 불교는 '진속평등眞俗平等'을 말하고 있다. 소승불교에서 대승불교로 진화한 불교 사회는 '만인은 법 앞에 평등한 게 아니라 업보業報 앞에 평등하다'라고 말한다, 이는 곧 세속을 떠나 진리를 추구하는 출가승이나 속세에서 진리를 추구하는 재자불자가 둘이 아니라는 것을 의미한다. 불교는 진眞과 속俗이 서로 다른 둘이 아닌 하나라는 불이不二를 평등으로 주창한 것이다. 이는 곧 '반야학般若學'의 정수이기도 한다.

그리고 기독교사회에서는 마르틴루터의 종교개혁 이후 나타난 '프로테스탄티즘(protestantism)'이 인간은 '신 앞에 홀로선 단독자'로 규정하면서 그 누구도 하나님 앞에서는 똑같은 피조물이라는 것을 강조한 것이다. 하나님이 창조한 피조물이 하나님 앞에서 서로 다른 가치를 지닐 수 없다. 평등은 이렇게 고등종교의 깊은 영성에서 출발한 매우 고귀한 개념이다. 따라서 고등종교의 영성을 통해 품성이 길러진 인간이 아니면 평등을 제대로 이해하고 실천하는 것은 불가능한 것이다. 그러므로 깊은 영성을 갖추지 않았다면 함부로 평등을 말하지 말라.

철학적 시선으로 살다 간 '가인과 효봉'

종교적 영성에 이르지 않고도 스스로 평등을 실천하려면 적어도 철학적 시선의 높이에 이르는 삶을 살아야 한다. 특히 여신이 든 저울추와 같은 평등을 입에 올리는 법률가는 적어도 법철학에 대한 자기 성찰을 통해 자기 시선이 철학의 높이에까지 다다라야 한다. 그렇지 않으면 법률이 갖는 무게에 짓눌릴 수밖에 없다. 법관이 스스로 깊은 철학적 사고를 통해 더 단단해지지 않으면 법을 집행하는 주인이 되는 것은 어렵다. 그래서 수많은 법관이 쉽게 법의 노예가 돼 타락하는 것이다.

무엇보다 법은 보통 인간이 감당하기 어려운 매우 강한 힘이 있다. 법의 무게에 짓눌려 법전의 노예가 된 법관은 쉽게 법의 힘을 악용해 돈과 명예를 추구하게 된다. 이런 법관은 평등한 잣대로 만인을 이해하고 법을 집행하기가 어렵다. 지금 우리 눈앞에서 펼쳐지고 있는 법조 사회의

'전관 범죄', '무전유죄'와 같은 비리 카르텔이 이를 잘 증명하고 있다. 종교적 영성을 체험하지 못한 사람은 자기 시선의 높이가 철학의 경지에 이를 수 있도록 끊임없이 자기를 반성해야 한다. 특히 법률가는 '나는 누구인가'라는 철학적 성찰을 통해 항상 깨어 있어야 의미 있는 삶을 살 수 있다.

그러면 '철학哲學(philosophy)'이란 무엇인가라는 명제에 귀결하게 된다. 실제로 철학은 인류문명을 이끌어 온 다양한 학문 가운데 가장 먼저 태동했다. 과거 시대 인간은 무작정 신神을 믿고만 살아오다 어느 날 갑자기 신의 지배에서 이탈하여 스스로 인간의 길道을 찾아 나선다. 그 노정이 바로 생각하는 힘의 원천인 철학에서 비롯된 것이다. 지금도 인류가 자기 길을 개척하는 데는 철학적 사고의 힘이 가장 크고 탁월하다. 인류는 철학을 통해 비로소 '나는 누구인가'라는 인식을 하게 된다. 따라서 철학은 인류 문명사회를 이끈 힘의 원동력이다.

서양철학은 한결같이 '인식론-형이상학-윤리학'이란 삼위일체의 논리적 구조로 구성돼 있다. 한 인생의 철학을 논하려면 먼저 '나는 누구인가'라는 인식론(epistemology)에 깊이 천착해야 한다. 인식론을 통해서 내가 누구라는 정체성이 정립된다. 그 다음에는 그것(나라는 정체성)을 어떻게 알 수 있느냐는 형이상학(metaphysics)이 논리적으로 증명돼야 한다. 이렇게 해서 내가 '누구인가'라는 인식론적 정체성이 확립된다. 이제는 내가 누구인가를 정확히 알았으니 '그러면 나는 어떻게 행동하고 살아야 하는가?' 이것이 윤리학(ethics)이다. 철학은 이렇게 분명한 논리적 구조로 잘 짜여있기 때문에 힘이 있다.

가인 선생의 인생스토리는 그가 철학적 시선의 높이로 삶을 사신 분임을 드러낸다. 가인은 법철학이라는 분명한 자기 의지를 가지고 살았다. 법관으로서의 책임성을 가지고 자기 임무를 철저히 수행하면서 법조인의 지조와 덕목을 계율戒律처럼 지킨 분이다. 그리고 효봉스님은 법철학을 뛰어넘으신 분이다. 효봉은 허망함이 뼈를 녹일 땐 그 허망의 좌절조차 완미玩味하려고 몸부림친 진정한 불교철학의 높은 영성에서 구도求道를 이룩하신 분이다.

따라서 철학적 시선을 가진 법률가는 법이란 무엇인가라는 명제를 놓고 고뇌에 찬 삶을 살게 된다. 이 철학적 시선을 법관의 자기 인생에 적용하면 '나는 누구인가?' 나는 법관이다. '나는 어떻게 법관이 되었는가?' 법관의 '소명'을 받아 고시 관문을 통과해 법관이 되었다. '그러면 나는 법관으로서 어떤 삶을 살아야 하는가?' 나는 정의롭고 공정하고 평등하게 인간을 판단하는 법관의 사명을 가지고 책임 있는 삶을 살아야 한다. 이러한 정신으로 다져진 법관은 지엄한 법전의 무게를 견딜 수 있다. 그리고 어떤 유혹이 찾아와도 부패하거나 부조리한 권력과 돈을 좇는 천박한 삶을 살지는 않는다.

고구마 줄기처럼 얽힌 '법조계 비리'

법조 카르텔 악惡의 상징 '50억 클럽'

관官이 업계나 특정 개인과 유착해 부당한 방법으로 이득을 취하면서 국민에게 피해를 안겨주는 것을 '관피아'라고 한다. 그런데 가장 공정해야 할 법조 사회에 부패카르텔이 만연하면서 나라의 근간이 뿌리째 흔들리고 있다. 주로 법조계 비리 카르텔은 판검사 하다가 변호사로 퇴직하면서 전관예우라는 관행을 통해 거액을 챙기는 경우를 말한다. 전관이 수임하는 주요 사건을 검사가 기소 단계에서부터 편의를 봐주거나, 판사가 판결을 유리하게 이끌어 암묵적으로 이권을 챙겨주는 행위다. 이러한 '유전무죄 무전유죄'의 전형적인 부패 고리가 현재 법조계서 일어나는 '비리 카르텔'의 한 유형이다.

최근에 일어난 법조계 이권 카르텔의 대표적인 범죄행위가 이른바 '50억 클럽'이다. 전직 최고위직 법관들이 얽힌 이 사건이 크게 불거지면서 걷잡을 수 없는 파장을 불러일으키고 있다. 핵심 피의자인 박영수 전 특별검사가 지난 8월 4일 전격 구속되면서 검찰의 수사 향방에 관심이 쏠리고 있다. 법조계에서는 박영수 딸이 대장동업자로부터 11억 원을 수수한 점을 박영수가 수수한 것과 마찬가지라고 보고 구속했다. 법원 판단에 비춰볼 때, 곽상도 전 의원의 아들 곽병채의 퇴직금 의혹에 대한 심층 수사도 이뤄지고 있는 것으로 알려졌다. 조만간 검찰의 칼날이 곽상도를 넘어 또 다른 50억 클럽 멤버인 권순일 전 대법관으로 뻗칠 것이다.

법조계에 따르면 서울중앙지검 반부패수사1부(엄희준 부장검사)가 구속된 박영수 조사를 바탕으로 '50억 클럽'의 명단에 언급된 인물들에 대한 수사를 순차적으로 이어갈 방침인 것으로 알려졌다. '50억 클럽' 의혹은 화천대유자산관리 대주주 김만배와 그 일당 회계사 정영학이 나눈 대화가 생생하게 담긴 이른바 '정영학 녹취록'이 공개되면서 현실로 드러났다. 그들이 나눈 대화 녹취록에는 박영수, 곽상도, 권순일 전 대법관, 김수남 전 검찰총장, 최재경 전 민정수석 등 법조계의 내로라하는 거물들이 김만배로부터 각각 50억 원씩을 받기로 했다는 내용이 고스란히 담겨있다.

그러나 한편에선 "검찰의 법조 대선배인 대법관, 검찰총장, 청와대 민정수석, 서울고등검찰청 검사장 등을 지낸 거물들이 명시돼 있다"라며 "검찰의 칼날이 더 깊이 파고들기는 어려울 것"이란 진단을 내놨다. 거대 야당의 이재명 대표가 연루된 의혹을 받는 '50억 클럽'에 거론되는 자들의 이름만 들어도 다 안다. 최근까지 법조 사회를 좌지우지해온 인간들이다. 하지만 명백하게 그 실체가 드러났음에도 불구하고 검찰이 이를 제대로 밝히지 못한다면 법조계는 스스로 부패집단임을 실토하는 셈이 된다. 그러면 법조계 부패 척결을 위해 범국민적인 집단행동이 일어날 것이 분명하다. 이것이 현재 대다수 국민의 '법 감정'이다.

법조계 비리 '50억 클럽' 이끈 '김만배'

희대의 법조 브로커 김만배는 1992년 1월 한국일보 공채기자로 입사한 뒤 일간스포츠, 민영통신사 뉴시스에서 근무했다. 이후 머니투데이 법조 담당 기자 출신으로 머니투데이 법조팀장을 거쳐 부국장에 오르면서 굵직한 법조 관련 단독 기사 몇 건을 취재하며 일약 유명세를 탔다. 하지만 김만배는 평소 기사 발굴보다 법조 인맥 구성에 더 열을 올렸다는 이야기가 널리 퍼졌다. 실제로 굵직한 단독 기사는 법조 인맥을 통해서 발굴이 더 수월해진다. 이런 허접한 인간한테 거물급 법조인들이 코가 꿰어 일어난 법조비리 사건이 바로 '50억 클럽'이다.

특히 김만배는 2006년 고등법원 모 부장판사가 사법사상 최초로 구속된 법조 브로커 사건, 대검찰청 중앙수사부의 론스타 수사, 그해 12월 검찰 간부 수명과 감사원 금감원 고위직이 연루된 김흥주 삼주산업회장 게이트를 단독 보도하면서 법조계 내에서 비중 있는 기자로 주목받는다. 김만배가 단독 보도한 김흥주 게이트는 김중회 금감원 부원장과 신상식 전 광주지방법원장이 연루돼 구속된다. 이는 DJ 정부 시절 실세로 군림한 금감원 인사가 대거 개입된 비리 사건이었다.

김만배(1965년생 59세)는 성균관대학교 84학번의 동양철학과 출신이다. 국민의힘 곽상도(59년생 65세) 전 의원과는 깊은 학연 관계가 있다. 지난 2009년 곽상도가 변호사로 개업했을 때도 관련 기사를 쓰는 등 과거부터 친분이 두터웠다. 김만배는 이러한 인맥을 십분 활용해 여야를 가리지 않고 대장동 개발사업과 관련한 '50억 클럽'이란 법조비리 카르텔을 형성하는 데 결정적 역할을 했다. 실제로 김만배가 대장동 개발비리 의혹 사건의 핵심 인물이다.

대장동 사건을 요약하면 이렇다. 당시 이재명이 성남시장으로 있던 2014년 성남시 대장동에 도시개발사업을 추진했다. 성남시는 대장동 일대 땅을 사들이는 데 1조 원 이상 큰돈이 필요하므로 민간사업자와 협력하기로 한다. 이듬해인 2015년 투자 공개모집을 거쳐 사업자를 선정한다. 그리고 프로젝트 금융투자회사로 '성남의 뜰'을 설립했다. 당시 성남도시개발공사(유동규 사장 직무대리)가 25억 원을, 나머지 민간사업자들이 합쳐 절반을 냈다. 그중 '화천대유'라는 회사는 전체 금액의 1%인 5천만 원만 투자했다. 또 화천대유의 소유주 김만배와 그 가족과 지인 6명이 세운 회사 '천화동인'이 6%인 3억 원을 냈다.

이후 가장 많은 금액을 낸 성남도시개발공사가 1순위로 이익을 배당받았다. 그리고 그 이상의 수익 발생 시 나머지 민간사업자에게 배당되는 방식을 채택했다. 이 같은 도시개발 프로젝트를 통해 성남도시개발공사는 1,822억 원을 배당받는다. 그런데 화천대유(1%)와 천화동인

(6%)이라는 회사는 전체 자본금의 고작 7%에 불과했다. 그런데도 무려 4,040억 원이라는 거액을 배당받는다. 비록 부동산 가격이 오르면서 개발수익이 커졌다고 하더라도 비정상적인 결과라는 의혹이 강하게 제기됐다. 그리고 이때 참여한 민간사업자가 투자에 비해 터무니없이 큰 이득을 챙기면서 마침내 의혹이 터져 나온 것이다.

그 의혹은 네 가지로 요약된다. 첫째는 모집공고 이후 단 하루 만에 사업자를 선정한 것이다. 이는 '사업자를 이미 정해놓고 공고는 형식적으로 낸 것이 아니냐'라는 의혹을 받았다. 둘째는 김만배가 소유주인 '화천대유' 임원급들은 대부분 거물급 법조인들이다. 권순일 전 대법관, 박영수 전 특별검사, 곽상도 전 민정수석, 김수남 전 검찰총장 등이다. 이는 정치권 로비를 위한 것이라는 의혹을 받기에 충분했다. 셋째는 자본금 외에 투자금을 유치했다고 하지만 이익배당 후순위가 1순위보다 더 많은 수익을 냈다는 것이다.

마지막으로 '화천대유'의 소유주인 김만배와 친분이 있는 곽상도의 아들이 단 6년을 일하고 나서 퇴직금과 성과급 명목으로 무려 50억 원을 챙긴 점이다. 그리고 곽상도는 '차명 투자를 통해 배당금을 받아 간 것이 아니냐?'라는 의혹에 휩싸이며 국민의힘 당을 탈당했다. 그리고 곽상도는 지금 검찰 수사를 받고 있다. 하지만 곽상도의 비리를 검찰과 법원이 밝혀낼 수 있을까. 무엇보다 거물급 법조인들이 얽히고설킨 천인공노할 이 사건을 현직 판검사들이 과연 제대로 수사하고 판결할 의

지나 있을는지 의문을 제기하는 법조인들이 많다. 그러나 우리 국민은 두 눈을 크게 뜨고 이 더러운 사건을 지켜보고 있다.

50억 클럽 '박영수 특검 탐심의 끝은?'

박영수(1952년생 72세) 전 특별검사는 2001년 김대중 정부 사정비서관을 지냈다. 2003년에는 서울지검 2차장으로서 SK그룹 글로벌 분식회계 사태 수사를 지휘하여 최태원 회장을 구속했다, 2006년에는 대검 중앙수사부장으로서 현대차 비자금 수사를 지휘하여 정몽구 회장을 구속기소 하면서 '재계의 저승사자'라는 별명을 얻는다. 이후 대전고검장과 서울고검장을 지냈다. 그리고 노무현 전 대통령이 자살하자 과잉 수사의 책임을 지고 임채진 검찰총장이 사직하게 된다. 후배인 김준규가 검찰총장으로 임명되자 관례이긴 하지만 박영수는 2009년 1월 15일 퇴임한다.

이후 변호사로 활동하던 박영수는 2016년 11월 30일 박근혜 정부의 최순실 등 민간인에 의한 국정농단 의혹 사건 규명을 위한 특별검사로 임명된다. 박영수는 국민의 정부 시절 인연이 있었던 당시 국민의 정부 박지원 비대위원장이 적극적으로 추천한 것으로 알려졌다. 황교안과 우병우와도 친분이 있는 사이여서 특검 후보로서의 공정성을 의심받기도 했다. 하지만 박영수는 특검에 취임한 이후 수사팀장으로 당시 윤석열 대전고검 검사를 임명한다. 그리고 조윤선 전 장관과 김기춘 전 비서실장 등 정부 인사와 삼성 이재용 부회장을 구속했다.

박영수는 사상 처음으로 당시 현직 대통령이던 박근혜 수사를 맡아 진두지휘했다. 그리고 '국정농단+특활비+공천개입' 등 19개 혐의에 대해 유죄를 이끌어내 징역 32년 형을 기소해 세간을 놀라게 했다. 박영수는 검찰 재직 시절부터 강력수사와 특별수사 분야를 두루 거치며 풍부한 수사경력을 갖췄다는 평을 받았다. 박영수는 검찰에 몸담았던 지난 31년간 대기업 비리 수사에서 두드러진 실적을 낸 인물이다.

그런 박영수가 돈과 권력의 탐심을 부리면서 이제는 비리 법조인의 대명사가 되었다. 박영수는 부산 저축은행 불법대출사건에서는 대출 브로커로 알려진 조모 씨를 변론했다. 포항 가짜 수산업자 사건에서는 포르쉐 렌터카 비용을 제공받았다. 또 SG증권발 주가조작 사건에는 라덕연 회장의 자문을 맡아서 자문료 6천6백만 원을 받았다.

그리고 박영수가 대장동개발사업과 관련돼 50억 원을 받기로 했다는 의혹이 사실로 드러났다. 그런데도 검찰이 수사를 뭉그적거리다가 박영수 딸이 연루되면서 제일 먼저 구속됐다. 박영수가 이런 의혹들과 관련한 사건에 개입한 사실이 드러나자 법조계 안팎에서는 "박영수가 왜 비리에는 끼지 않은 데가 없을까, 너무 많은 법조 권력을 휘두른 것이 되레 화근이 된 게 아닌가"라는 비난의 목소리가 쏟아져 나온다.

무엇보다 박영수 딸이 대장동업자로부터 11억을 수수한 것이 곧 박영수가 11억을 수수한 것과 마찬가지라고 본 법원이 박영수를 전격 구속했다. 이번 법원의 판단에 비추어 보면, 다음은 곽상도의 아들 곽병채가 받은 퇴직금 50억 원에 대해서도 심층 수사가 이뤄지지 않을 수 없게 되었다. 그리고 곽상도를 넘어 조만간 '50억 클럽'의 다른 멤버인 권순일 전 대법관과 김수남 전 검찰총장, 최재경 전 민정수석 등 '정역학 녹취록'에 담긴 대장동 로비에 연루된 인간들에 대한 수사도 더는 뭉개지 말고 본격적으로 이뤄져야 한다는 목소리가 높다.

전 대한법률구조공단 이사장 이헌 변호사는 "지난 8월 4일 박영수에 대한 구속 수사는 대장동 수사의 시작이자 마무리라고 본다. 딸의 대여금 11억 원 의혹을 비롯해 김만배, 남욱 등 대장동 의혹 핵심 인물과 박영수가 섞이는 과정이 검찰 수사에 모두 담길 것 같다"라고 설명한다. 그러면서 "박영수가 구속됨으로써 신병 확보 문제가 해결됐다. 곽상도 항소심 부분도 어느 정도 해소될 것으로 예상되며 재판 거래 의혹 등을 받는 권순일 전 대법관과 김수남 전 검찰총장, 최재경 전 민정수석 등에 대한 수사도 진척을 보일 수밖에 없다"라고 덧붙였다.

50억 클럽 핵심 '권순일은 누구인가?'

더불어민주당 이재명 대표가 연루된 대장동 사건의 논란에 핵심으로 거론되는 인물은 박영수에 이어 권순일 전 대법관이다. 권순일(1959년생 65세)은 충청남도 논산군에서 태어났다. 대전고등학교(56회)를 졸업한 뒤, 서울대학교 법과대학 법학 학사, 컬럼비아 대학교 로스쿨 법학석사(LL.M.), 서울대학교 대학원 법학 박사(상법 전공)를 취득했다. 법대 4학년에 재학 중이던 지난 1980년 제22회 사법시험에 통과해 만

21세의 이른 나이로 소년 등과한 몇 안 되는 인물이다.

2014년 대법관에 임명되기 전까지 권순일의 경력을 보자. 핵심 요직을 두루 경험한 판사로서 완벽한 엘리트 코스를 밟았다. 평판사 시절 법원행정처 조사 및 연구 심의관 근무 경력이 있다. 부장판사 시절 행정법원 재판장으로 근무했다. 고등법원 부장판사로 승진한 이후에는 짧은 기간 동안 지방법원과 고등법원에서 수석부장을 모두 역임한 사법부 최고 엘리트다. 이후 대법원에 파견되어 선임-수석재판연구관을 지냈다. 이는 자타가 공인하는 법원 내에서 법리상 가장 뛰어나다고 인정받는 고위 법관이다. 권순일은 대법원의 법원행정처 실장과 차장을 연달아 맡다가 대법관으로 임명됐다.

2017년 12월에는 제20대 중앙선거관리위원회 위원장에 임명된다. 위원회 호선으로 위원장에 선출된 자리다. 지난 2019년 안희정 전 충남지사의 성폭력 사건의 주심을 맡았다. 하지만 안희정과 동향인 충남 논산 출신이어서 권순일 대법관 자신이 재배당을 요구했다. 대법원이 이를 받아들여 주심이 김상환 대법관으로 바뀌었다. 가수 조영남 대작 사건도 권순일 대법관이 주심이었다. 특히 이재명이 대법원 무죄 취지 파기환송 판결이 난 것도 권순일 대법관이 사실상 캐스팅보트를 행사한 것으로 보도됐다. 이에 대해 권순일 본인은 해당 보도가 사실이 아니라고 적극적으로 해명했다. 하지만 여전히 의혹은 점점 커지고 있다.

권순일은 2020년 9월 7일 대법관 임기를 마치고 퇴임했다. 하지만 중앙선관위 위원장 사퇴를 거부해 논란이 일었다. 자리 욕심이 과하다는 비난을 받았다. 중앙선거관리위원회 문서에는 선관위 위원장은 주로 현직 대법관이 겸직하기 때문에 법으로 명시된 것은 아니다. 하지만 대법관 임기가 끝나면 선관위 위원장도 물러나는 게 관례였다. 그런데도 권순일이 자리 욕심을 부리자 당시 안철수 국민의당 대표는 "더 추한 모습을 보인다면 국민이 용납하지 않을 것"이라고 강하게 비판했다. 그러자 권순일이 더는 버티지 못하고 보름만인 2020년 9월 22일 중앙선거관리위원회 위원장 자리에서 물러났다.

권순일이 2021년 9월 대법관 퇴직 후에는 대장동 개발로 논란이 된 화천대유의 고문으로 활동한 것이 확인됐다. 따라서 법조계에서 '이재명의 무죄 상고심의 캐스팅보트가 권순일이었다'라고 보는 이유다. 이재명의 특혜를 받은 화천대유에 들어간 것 또한 특혜 중 하나라는 의혹을 받고 있다. 일단 권순일은 공직에서 물러나 쉬는 동안 친분이 있던 화천대유의 소유주인 김만배로부터 제안이 왔기에 받아들인 것이었고, 자신은 주심이 아니라 다수의견대로 간 것이라며 의혹을 강하게 부인하고 있다. 그러나 이를 믿는 법조인은 물론 일반인조차도 거의 없다.

나중에 변호사 등록 심사과정에 제출한 의견서에서 알려진 바로는 "김만배가 법률 분야 전문 언론사를 인수하고 싶은데, 향후 진로 및 발전 방안을 검토해 달라며 권순일에게 화천대유 고문자리를 제안했다. 또 해당 언론사를 인수하게 되면 회장직도 맡아 달라고 부탁했다"라면서 "사회 공헌 차원에서 그 제안을 수락해 화천대유 고문이 된 것이라고 주장했다"라고 한다. 그러나 이마저도 거짓말로 드러난다.

이 주장의 행간에 숨은 것은 김만배가 재판 청탁을 하러 대법원에 방문한 것이 아니라, 이와 같은 제안을 하러 방문했다는 것이다. 그러나 문제의 언론사는 이재명 파기환송 판결이 난 이후에야 김만배가 접근한 사실이 밝혀진다. 그리고 남욱은 "김만배가 자기에게 이재명의 선거법 위반을 뒤집었다고 자랑했다"라고 주장하고 있다. 이로써 권순일이 얼마나 얄팍한 거짓말을 하고 있었느냐는 것이 백일하에 드러나고 만 것이다.

대장동 일당 '정영학 녹취록'에도 이재명 선거법 사건이 대법원에 간 후 김만배가 대외비인 사건 진행 상황을 알고 있었음이 드러났다. 이는 권순일과 이 사건에 관한 이야기를 했으리라는 의혹에 신빙성을 더해 준다. 무엇보다 김만배가 권순일 대법관 사무실을 무려 8차례나 찾아갔다. 또 권순일이 대법관과 중앙선거관리위원장 임기를 마친 뒤 대장동 사건의 핵심 인물인 김만배가 소유주인 '화천대유'의 고문으로 활동했다. 특히 고문으로 재직하면서 매달 1천5백만 원의 고문료를 받았다. 화천대유 측에서 직접 돈을 줄 수 없으니 고문료 형식으로 돌려서 지급했을 가능성도 있는 만큼 이에 대한 확실한 수사가 필요하다.

덜된 인간에게 쥐여준 '우환의 칼날'

여기서 '50억 클럽'에 연루돼 비리 의혹을 받는 인간 군상들의 면면을 다시 한번 살펴보자. 이들은 어린 학창 시절부터 타고난 총명함으로 주변 사회는 물론 국가적으로도 촉망을 받으면서 성장한 '동량棟梁'이었다. 그리고 똑똑한 이들은 '국가를 공의와 정의, 평등'으로 이끌겠다는 부단한 각오로 명문대에서 법학을 전공해 사법고시를 통해 법조 사회로 진출했다.

그런 동량들이 법조계로 나아가 법조인이 되었다면 먼저 '나는 왜 법관이 되었는가'라는 질문에 대한 깊은 자기 성찰이 있어야 한다. 나는 똑똑하고 총명하니까 당연히 가장 좋은 대우를 받기 위해서 법관이 되었는가? 아니면 자타가 공인하는 '명석하다'라는 자기체면 때문에 법관이 된 것인가? 아니면 국가와 국민을 위해 기꺼이 헌신 봉사하기 위해서 법관이 되었는가? 이에 관한 질문을 자기한테 던져야 한다. 그렇지 않으면 권력의 칼날에 묻은 달콤한 부패 고리에 빠지기 쉽다. 인간은 누구나 예외 없이 권력이라는 속성에는 굉장히 나약함을 지진 존재이기 때문이다.

그런데 한때 '동량'으로 촉망받던 최고 법조 지식인들이 지금 가장 부패하고 타락한 집단으로 지탄받고 있다. 이는 자기 성찰이 없이 단순히 법관이 되는 것이 최고 목표였다. 그러다 보니 법관이 가져야 할 '책임성'보다는 법관의 권위를 악용하여 사익을 취하게 된 것이다. 에리히 프롬은 이런 사람을 '소유적인 삶'을 사는 인간이라고 지적한다. 자기 성찰이 없이 소유적인 삶을 사는 인간을 그는 '덜된 인간'이라고 표현한다. 덜된 인간은 참된 인간으로 일생을 살기가 낙타가 바늘귀로 들어가기보다 더 어려울지도 모른다. 부패한 권력의 맛에 깊이 길들었기 때문이다.

무엇보다 당대 최고의 사법 권력을 거머쥐고 수많은 범죄자를 지엄한 목소리로 호령해온 최고 법조인들이 지금 타락하고 부패한 법조비리 카르텔에 묶여서 허덕이고 있지 않은가. 덜된 인간에 맡겨진 권력의 칼날이 우리 사회에 얼마나 큰 우환거리가 되고 있는지를 지금 우리가 모두 똑똑히 목격하고 있다. 단 한번에 50억 원이라니 이게 도대체 말이나 되는 소린가. 지금 작가이자 빌딩 경비원으로 일하는 나는 월급 2백만 원을 받고 있다. 이 돈을 단 한 푼도 쓰지 않고 고스란히 208년 3개월을 모아야 하는 50억 원은 그야말로 거액이다. 가난한 월급쟁이들에게는 피가 거꾸로 솟는 법조인 비리 사건이다.

비록 부패한 법조인들이라고 해도 각자 세상을 보는 자기 시선을 가지고 있을 것이다. 그러면 고요한 상태에서 꼭 한번 자기 자신을 돌아보기를 바란다. 부패한 자기 삶이 가진 그 기준, 신념, 가치를 내가 만든 것인지, 법조비리 카르텔이라는 '우리'에서 굴러온 것인지. 또 비리 카르텔에 매몰돼 허둥거리고 있는 것이 몇 년이 되었는지, 그리고 그 신념을 가져서 얼마나 유익하고 보람 있는 인생을 살고 있는지를 깊이 한 번 성찰하기를 바란다. 그것이 무너지고 바뀌지 않으면 법조인 여러분은 남은 인생을 사람답게 살지 못한다. 비록 겉모습은 번드르르하게 부를 누리며 살는지는 몰라도 결국 불을 좇는 부나비처럼 돈과 명예만 좇아다니다 천박하고 부끄러운 삶으로 인생을 허망하게 마감할 것이다.

누구나 입으로는 자유로운 삶, 독립적인 삶, 주체적인 삶, 공정하고 정의로운 삶, 민주적인 삶을 말할 수 있다. 하지만 자기 안에 자리 잡은 더럽고 추악한 '전관 범죄'라는 비리 카르텔에 대한 신념이 얼마나 오래 자리 잡고 있고, 또 그 신념으로 긴 세월 동안 탐욕을 부려왔다면 이제 고요한 시간을 찾아 내면을 가만히 들여다봐야 한다. 그렇지 않으면 인간다운 인간의 길을 가는 것은 거의 불가능해진다. 무엇보다 이 나라 존립의 근간이 되어야 할 법조 시스템이 망가지면 국가를 파멸의 길로 이끄는 엄청난 죄악을 저지르게 된다. 그런 부끄러운 삶으로 얼마나 더 큰 영화를 누리겠다고 막장 드라마 같은 인생을 탕진하면서 살 것인가?

유전무죄 무전유죄 '이게 나라 꼴인가'

탈주범 절규 '유전무죄' 척결하라

"이 바보들아! 나는 초등학교 밖에 못 나왔어! 초등학교 밖에 못 나왔지만, XXX들. 난 그동안 생각했단 말이야! 이 사회에 적응하기 위해서 자기 인생을 버렸단 말이야! 그런데도 결국 오늘 이 사회에서 자기 행복을 찾기 위해서 노태우 대통령, 국민을 위한! 국민을 위한 노태우 대통령! 이 자리에 나타나지 않고 있어!"

> "낭만적인 바람막이 하나 없이 이 사회에서
> 목숨을 부지하기에는 너무나 살아갈 곳이 없었다"
> ―탈주범 지강헌의 절규―

당시 '유전무죄 무전유죄'에 분노한 수감자 지강헌의 주도로 지난 1988년 10월 8일 영등포교도소에서 충남 공주교도소로 이감되던 25명 중 12명과 함께 집단탈주를 감행한다. 서울 시내로 잠입해 10월 15일부터 16일까지 서대문구 북가좌동 고모 씨 집에서 당시 한의철(20세), 안

광술(22세), 강영일(21세) 등 3명과 지강헌(34세)이 인질극을 벌이다 경찰이 쏜 총탄에 3명이 사살당하고 한 명이 자수로 살아남는 참극이 벌어졌다.

가난한 집안에서 5남매 중 막내로 태어난 지강헌의 어린 시절 장래 희망이 시인이었다. 그는 매우 섬세하고 감성이 풍부한 사람이었다. 그러나 아버지, 어머니의 무관심으로 초등학교만 졸업했다. 이후 공부를 할 기회가 없었던 그가 배운 것이라곤 주먹질과 도둑질뿐이었다. 결국 상습절도범으로 체포되어 총 17년의 징역형을 선고받게 된다.

지강헌은 도둑질로 생계를 유지하며 경찰에 붙잡혀 처벌받고 나면 어떻게든 바르게 살아보려고 노력했다. 하지만 가난으로 기술도 제대로 배우지 못하고, 자격증 하나 없다 보니 변변한 직업을 가져본 적이 없다. 게다가 주위에는 바른길로 이끌어줄 어른도 없었다. 그래도 어린 시절부터 막연하게 '시인'이 되고 싶었던 그는 교도소에 갇혀 있을 때마다 책을 읽었다. 그리고 시상이 떠오를 때면 습작을 하는 등 시작詩作에 대한 열정의 끈은 놓지 않고 살았다.

그런 지강헌의 운명을 바꾼 것은 1980년에 제정된 '사회보호법'이었다. 이 법은 상습범죄자 등 '불순한 사회악'으로부터 선량한 국민과 사회를 보호하자는 취지로 제정된다. 이는 유사한 죄로 2회 이상 실형을 받고 그 형기의 합계가 3년 이상인 자가 다시 유사한 죄를 저질렀을 경우 등 상습성이 인정될 때 장기간 보호 감호처분을 내릴 수 있도록 규정한 것이다. 당시는 서슬 퍼런 군사 독재 시절이었다. 그리고 지강헌 역시 삼청교육대와 사회보호법 등 범죄자와 불량배들을 겨냥한 이 철퇴의 희생양이 되었다.

그런데 1988년, 온 나라가 올림픽개최의 감격과 흥분의 도가니에 휩싸여 있었다. 절도를 일삼아온 지강헌은 이 틈을 타 남의 집에 몰래 들어가 556만 원을 훔친 뒤 도주하다 체포된다. 그때 지강헌에게 내려진 형량은 징역 7년에 보호 감호 10년 등 모두 17년이었다. 지강헌은 눈앞이 캄캄하고 앞길이 막막해졌다. 이 시절 지강헌처럼 '사회보호법의 날벼락'을 맞는 재범자가 많았다.

당시 지강헌 등 사회보호법의 적용을 받은 범죄자들의 절망감을 더욱 증폭시킨 일이 벌어졌다. 이는 1988년에 터진 '전두환 전 대통령의 동생 전경환 부패 사건'이었다. 전경환은 공식적으로 그가 총재로 있던 새마을운동협회의 공금 73억 6천만 원 횡령하고 새마을신문사의 수익금 10억 원을 탈세했다. 또 4억1천700만 원을 수수하면서 불법 이권 개입 등 모두 일곱 가지 죄목으로 기소된 사건이었다.

그런데 중대 범죄를 저지른 전경환에게 내려진 형량은 징역 7년에 벌금 22억 원과 추징금 9억 원이 전부였다. 이마저도 곧 감형과 사면이 이루어졌다. 실제로 전경환은 수감된 지 3년 만인 1991년 6월 가석방된다. 그리고 이듬해 1월 대통령 특사로 사면 복권된다. 이제 대한민국 사회에서는 아무리 큰 범죄를 저질러도 권력이나 돈만 있으면 쉽게 풀려난다는 '유전무죄 무전유죄'라는 부조리한 권력형 비리 구조가 입증되면서 국민적 공분을 자아냈다.

마침 1988년 10월 8일, 영등포교도소에 갇혀 있던 죄수 25명을 태운 법무부 호송 차량이 충남 공주교도소로 이동하고 있었다. 특별할 필요가 없어 보이는 의례적인 재소자 이감이었다. 호송을 담당한 교도관들은 평소처럼 이감 대상 재소자들의 인적 사항을 확인하고 수갑을 채운 뒤 무기 소지 여부 확인 등 검색을 한 후 한 명씩 차례로 호송 차량에 탑승시키고 잠금장치를 이중 삼중으로 확인했다.

하지만 재소자들 사이에는 이미 교도관들이 감히 상상조차 하지 못한 음모가 꾸며지고 있었다. 서로 전혀 모르는 사이인 재소자들 사이에 '전경환 부패 사건'과 그에 대한 가벼운 형량이 공통의 화제가 되었다. 그보다 훨씬 더 가벼운 범죄를 저질렀는데도 처벌은 훨씬 더 무겁게 받았다는 것이 그들의 공감대를 만들었다. 서로 억울해하는 이들 사이의 교감과 연대 의식이 쉽게 형성된 것이다. 게다가 형량에 덧붙여진 기나긴 보호 감호 기간을 버텨낼 절망감이 이들의 공모를 한껏 부채질했다.

그래서 이들 25명의 재소자는 모든 것을 걸고 필사의 탈주 준비를 감행해온 것이다. 지강헌 등 탈주를 준비하던 이들은 교도소 식당이나 작업장 등에서 주운 쇠붙이 등을 오랜 시간 갈고 손질해 머리카락 속에 감출 수 있을 정도로 가늘고 예리한 특수 도구를 만들어 감방 안에 보관 중이던 간장통과 콜라병 안에 감춰두고 있었다. 모든 준비를 마친 이들은 오직 공주교도소로 이감되는 기회만 호시탐탐 노려왔다.

마침내 순조롭게 도로를 달리던 호송 차량에서 갑작스러운 소동이 일어난다. 호송 교도관들이 눈치채지 못하는 사이 지강헌 등 죄수들이 몰래 숨겨둔 도구를 이용해 수갑을 풀고 다른 죄수들의 수갑도 풀어준 뒤 서로서로 눈빛으로 교감하며 교도관을 공격하고 집단탈주를 감행한다. 결박이 풀린 죄수들의 갑작스러운 공격에 호송 차량은 멈춰 섰다. 이중 삼중으로 잠긴 출입문마저 열린다. 마침내 자유와 감금의 갈림길에서 25명 중 12명은 '위태롭고 불안한 자유'를 향해 탈주를 감행한다. 하지만 나머지 13명은 가혹한 형량이 억울해도 그나마 '안정되고 안전한 감금'을 선택했다.

호송 차량에서 탈주한 12명 중 8명은 추가 범죄를 저지르거나 룸살롱에서 술을 마시거나 고향 집을 찾던 도중에 붙잡히거나 자수를 하면서 길지 않은 자유에 종지부를 찍었다. 그러나 조기에 체포되지 않은 '지강헌, 안광술, 강영일, 한의철' 등 4명은 교도관에게서 탈취한 권총을 들고 서울 시내 가정집 여러 곳을 돌며 절도와 강도행각을 일삼아오다가 탈주 일주일 만인 10월 15일 밤 9시 40분쯤에 서울 서대문구 북가좌동 소재 고모 씨 집에 침입해 고씨 일가족을 인질로 잡는다.

당시 인질극을 벌인 4인조는 방송과 신문 등을 통해 대대적으로 보도됐다. 탈주범들의 인질이 된 고씨 가족은 침착하게 대응하며 그들의 긴장을 완화시켰다. 그 덕에 탈주범들도 마음의 안정을 찾으며 마치 친인척 집에 찾아온 듯 편안하게 식사하고 함께 대화를 나누며 밀린 잠을 청하기도 했다. 하지만 이들의 태도가 갑자기 돌변해 가족을 해칠 수 있다는 불안감과 두려움을 느낀 아버지 고씨가 다음 날인 16일 새벽 4시, 감시하던 인질범이 잠든 틈을 타서 몰래 집밖으로 탈출한다.

아버지 고씨는 곧장 인근 파출소로 달려가 신고한다. 이미 탈주범 사건으로 비상경계령에 대기 중이던 경찰 1천여 명이 곧바로 출동해 북가좌동 주택가 좁은 골목을 완전히 에워쌌다. 아버지 고씨가 사라진 사실을 알게 된 인질범들에게도 비상이 걸렸다. 새벽 4시40분, 아버지를 제외한 고씨 가족 전체를 인질로 잡은 지강헌 일당과 집을 완전히 에워싼 1천여 명의 집밖 경찰들 사이에는 일촉즉발의 위기가 감도는 대치 상황이 시작되었다.

이후 지강헌 일당은 마치 테러리스트처럼 자신들의 주장을 텔레비전으로 생중계해달라고 요구한다. 경찰은 그들의 요구를 수용했다. 몰려든 방송사 카메라와 마이크는 사상 초유의 '인질극 생중계'를 하게 된다. 갑자기 거물 취급을 받게 된 인질범들은 공명심과 과시욕이 고조된 가운데 탈주극을 벌이게 된 억울함과 절망감이 뒤섞인 채 정제되지 않은 말들을 마구 쏟아냈다. 그런 와중에 지강헌이 자신의 삶에 대해 늘어놓은 독백이 생중계된다. 특히 시인을 꿈꿨다는 이야기가 장안의 화젯거리가 되었다.

그리고 강영일이 동생에게 전해달라며 쓴 편지에 언급한 '유전무죄 무전유죄'라는 말이 이 사건 전체를 빨아들이는 블랙홀의 키워가 되어 전파를 탄다. 우리 사회의 부끄러운 민낯을 드러내는 '유전무죄 무전유죄'가 새로운 유행어가 된다. 그리고 그 이후 '유전무죄 무전유죄'는 오늘까지도 법조계의 오명으로 남는다. 그때부터 법조인의 강력한 부패고리인 '유전무죄 무전유죄'가 더욱 세간의 지탄을 받아왔다. 이는 돈있고 힘있는 자들은 죄를 저질러도 벌을 받지 않고 힘없고 돈없는 사람은 작은 실수에도 큰 벌을 받고 전과자가 되는 공평하지도 정의롭지도 않은 우리 사법제도를 풍자하는 부끄러운 말로 회자되고 있다.

그리고 10월16일 정오쯤 지강헌은 일행 중 가장 어린 축에 속하는 강영일에게 '밖에 나가서 경찰이 약속한 도주용 승합차가 준비되었는지 확인해보라'고 지시한다. 밖에 나온 강영일이 승합차가 준비되지 않은 사실을 확인하고 집 안으로 들어가려 할 때 지강헌은 땅바닥을 향해 총을 쏘며 강영일에게 자수를 권유한다. 끝까지 함께하겠다며 자수하기를 거부하던 강영일은 결국 지강헌의 뜻을 받아들여 자수한다. 네 명의 탈주범 일당 중 강영일만 유일하게 살아남는다.

한편 범인들이 인질극을 벌이는 동안 인질로 잡힌 고씨 가족에게는 조금도 해를 가하지 않았던 지강헌 일당을 신뢰한 고씨 가족은 탈주범에게 연민을 느낀다. 특히 고씨의 딸은 비극을 막기 위해 경찰의 강제진압을 만류하고 시간을 끌면서 인질범들을 달래고 설득한다. 하지만 그 사이에 안광술과 한의철은 지강헌에게서 총을 가져간 뒤 차례로 자살을 한다. 고씨 가족은 인질범을 살리기 위해 최선의 노력을 다하지만 결국 비극을 막지는 못했다.

두 공범이 자살한 뒤 자포자기 심정이 된 지강헌은 경찰에게 자신이 가장 좋아하는 팝그룹 비지스의 노래 빌리 〈홀리데이〉가 담긴 카세트 테이프를 달라고 요구한다. 경찰이 전달해준 〈홀리데이〉 노래를 크게 틀고 독백하던 지강헌은 깨진 유리 조각을 들고 목을 그어 자살을 시도한다. 그 순간 경찰특공대가 전격적으로 진입해 총으로 지강헌의 다리를 쏴 자살을 저지한다. 하지만 무릎을 관통한 총알이 복부마저 관통해 지강헌은 과다 출혈에 이은 쇼크에 빠진다. 대기 중이던 응급 구조 차량으로 인근 종합병원 응급실로 실려간 지강헌은 결국 과다 출혈로 숨을 거둔다. '유전무죄 무전유죄'로 촉발된 절망과 분노로 뒤섞인 참극은 막을 내린다.

당시 해당 병원 흉부외과 의사 한 사람은 블로그에서 "지강헌은 응급 수술을 실시했다면 살릴 수도 있는 상황이었다. 하지만 일반외과와 흉부외과 교수 사이에 책임을 서로 미루며 수술을 하지않는 바람에 지강헌이 사망했다"라는 고백의 글로 자신의 심경을 토로했다. 이 상황마저도 '유전치료 무전불치료'라는 슬픈 여운을 남긴다. 그리고 2006년에 한 영화사에서 지강헌 사건을 배경으로 영화를 제작하면서 그 제목을 지강헌이 즐겨 불렀다는 노래 〈홀리데이〉으로 결정한다.

(표창원의 사건 추적, 2012년 12월 3일분을 재구성한 내용이다.)

법관들의 민낯 '유전무죄 무전유죄'

지금도 법조 사회에서 일어나고 있는 부패와 부조리의 고리인 '유전 무죄 무전유죄', '전관예우', '국민의 법 감정 벗어난 온정주의', 게다가 '검사 스폰서', '법관 제 식구 감싸기', '정략결혼', '정치 판사' 등이 마치 칡덩굴처럼 얽혀있다. 이렇게 깊이 얽히고설킨 법조계 '비리 카르텔'이 우리 사회를 파멸로 이끌고 있다. 더 큰 문제는 이런 법조 사회의 만연 한 비리가 비단 어제의 일이 아닌 지금도 일상으로 벌어지고 있다, 그런 데도 이 더럽고 추악한 법조 사회 비리를 근원적으로 해결할 수가 없다 는 것이다.

현금 556만 원을 훔친 자보다 87억 7천 700만 원의 거액을 횡령하거 나 탈세한 인간의 형기가 훨씬 더 짧다. 이런 불만에서 터져 나온 탈주 범의 '유전무죄 무전유죄'의 절규가 36년이란 기나긴 세월이 흐른 오늘 에도 법조 사회에서는 그 추악한 비리가 끊이지 않고 있다. 법조인들 사 이에서도 여전히 '가진 자에게 유리한 판결이 강하게 이어지고 있다'라 고 실토한다.

법조비리가 여전하다고 보는 것은 '유전무죄 무전유죄'의 문제와 직결되는 전관예우가 여전히 횡행하고 있기 때문이다. 판검사가 변호사로 개업할 때 맡은 사건에 대해서 법원과 검찰에서 유리하게 판결하고 기소하는 법조계의 관행적 범죄행위가 근절되지 않는 한 법조 사회의 비리는 계속될 수밖에 없다. A 변호사는 "모든 비리가 결국 전관에 대한 예우 문제"라며 "그동안은 비공식적으로만 알려졌을 뿐이다. 그런데 최근 전관예우에 대한 많은 부분이 언론을 통해 드러나다 보니 점점 더 많은 사람이 이런 비리를 인정하고 있는 것이 아니냐?"라고 말한다.

그러면서 "특히 현재 형사사건에 대해 국선변호사들이 늘고 있다. 이런 상황에서 부익부 빈익빈 상황이 되어 사선변호사를 이용하는 사람들이 더욱 한정된다. 이로써 전관예우 문제가 더 부각될 수 있다"라고 지적한다. 그는 또 "재벌 범죄를 보면 범죄와 관련된 금액 부분이 크다"라면서 "절대적 금액으로 보면 재벌들이 '유전무죄 무전유죄' 논란에서 더 큰 혜택을 보는 것은 분명하다"라고 주장한다.

법원 근무경력이 많은 B 법무사도 "유전무죄 무전유죄는 지금도 여전히 진행 중이다. 이는 전관예우가 사라지지 않고 있기 때문이다. 전관예우가 없어지지 않는 한 유전무죄는 줄지 않고 오히려 더 늘어날 가능성이 크다고 생각한다"라며 "한가지 예로 법정구속 된 사건을 서울의 한 대형로펌이 이 사건을 맡자마자 바로 보석 되는 사례가 이를 방증한다"라고 꼬집었다. 그는 또 "우리나라의 법 판결에서는 국민의 법 감정에 미치지 못하는 판결이 나오는 것은 온정주의 탓"이라고도 설명한다.

실제로 우리나라 법은 온정주의가 많다. 그런데 문제는 그 온정이 부와 권력을 가진 자에게 쏠려 있다는 것이다. 의식 있는 법조인들은 법관이 온정주의에 빠지지 말고 원칙대로 엄정한 판결이 필요하다고 강조한다. 하지만 지금도 다양한 형태로 부패한 법조 카르텔이 작동하고 있다. 이런 상황에서 범죄행위나 다름없는 '유전무죄 무전유죄'의 관행을 없앤다는 것은 거의 불가능하다. 이런 비리를 근절하려면 법조계 혁명과도 같은 일이 일어나야 한다. 그만큼 우리 사회에서는 기득권 세력인 법조인의 부패와 부조리가 깊숙이 뿌리를 내리고 있다.

법조인 고위공직자 '전과자가 많다'

법조인 고위공직자 '범죄 의혹 및 행위'

법을 시행하고 집행하는 법조인 가운데서도 의외로 고위공직자들의 범죄율이 높은 것으로 드러나 충격을 더해준다. 실제로 가장 최근에 고위공직자로서 범죄자가 된 사람은 문재인 정부의 이용구 법무부 차관이다. 당시 변호사인 이용구는 2020년 11월 6일 밤 11시 40분경 귀가 중이던 택시 안에서 기사에게 욕설을 퍼붓고 목을 조르는 등 위협과 폭행을 가하는 사건을 일으켰다.

택시 기사는 경찰조사에서 "술 취한 승객이 택시 기사에게 행패를 부린다"라며 신고했다. 서초파출소 순찰차가 현장에 도착해 택시 기사로부터 "승객이 말한 목적지 아파트에 도착한다. 술에 취해 자고 있던 승객(이용구)을 깨웠다. 그러자 승객이 욕을 하면서 내 뒷덜미를 움켜쥐며 행패를 부렸다"라는 진술을 들었다. 그러나 경찰은 차가 멈춘 상태였고, 피해자가 처벌을 원치 않았다며 이 사건을 내사 종결 처리한다. 경찰은 이용구가 이른 시일 내로 당시 문재인 정부의 핵심 인사로 고위직(법무부 차관)에 임명될 것을 알고 있었다.

그래서 서초파출소 담당 경찰관은 초동수사에서 사건의 블랙박스 영상을 확인하고도 수사를 종결 처리한다. 하지만 사건의 중대함을 인식한 이용구는 기사에게 1천만 원을 건넸다. 이는 합의금일 뿐 영상 삭제의 대가는 아니라고 주장했다. 이후 이 사건은 묻히는 듯했다. 그러나 이용구가 다음 달인 12월 법무부 차관에 지명되고 언론이 이 사건을 보도하면서 다시 수면 위로 떠 올랐다. 이 과정에서 법무부 차관이 된 이용구가 택시 기사에게 거짓 진술을 요구하거나 처음 발표와는 다르게 윗선에서 사건을 조속히 묻으려고 시도한 정황이 발견된다.

이후 이용구는 법무부 차관에 임명된 뒤 언론을 통해 사건이 알려지고 재수사가 진행됐다. 그리고 이용구는 2021년 5월 불과 6개월 만에 차관직에서 물러났다. 검찰은 같은 해 9월 형법상 폭행죄가 아닌 특가법상 운전자 폭행죄로 이용구를 재판에 넘겼다. 이용구는 택시 기사를 폭행한 점을 인정하면서도 당시 술에 취해 심신미약 상태였던 점을 고려해달라고 재판부에 요청한다. 증거인멸교사 혐의에 대해서는 "영상을 지워달라고 한 이유는 택시 기사가 카카오톡으로 보내준 영상이 제삼자에게 전달되거나 유포될 것을 우려를 했기 때문이지 블랙박스 원본 영상을 지워달라는 뜻은 전혀 아니었다"라며 궁색한 말로 무죄를 주장한다.

그러나 검찰은 결심공판에서 이용구에게 징역 1년의 실형을 선고해

달라고 재판부에 요청했다. 검찰은 블랙박스 영상을 보고도 내사 종결한 전직 서초경찰서 경찰관도 특수직무유기 등 혐의로 재판에 넘기고 징역 1년 6개월을 구형했다. 그러자 당시 동료 택시 기사들은 "사건의 본질인 '택시 기사 폭행'은 가려지고 '특가법 적용 대상인지' 여부에만 논란의 양상이 맞춰졌다"라고 불만을 터트렸다. 그러면서 "다른 부처도 아니고 사건 당시 법무부 법무실장을 지낸 유명 변호사였다. 그런 자라면 누구보다 법을 잘 지켜야 하는데 그가 사회적 약자인 택시 기사를 폭행한 것은 법조인의 오만함에서 비롯된 것"이라고 맹비난했다.

결국 2022년 3월 15일 열린 첫 공판에서 서울중앙지법 형사32-2부(조승우, 방윤섭, 김현순 부장판사)는 특정범죄 가중처벌 등에 관한 법률상 운전자 폭행, 증거인멸교사 등의 혐의로 기소된 이용구에게 징역 6개월에 집행유예 2년을 선고했다. 그러자 이용구는 다시 '만취로 인한 심신미약'을 주장하며 항소했다. 그러나 2023년 3월 9일 특정범죄 가중처벌 등에 관한 법률상 운전자 폭행 등의 혐의로 기소된 이용구 항소를 기각한다. 그리고 1심과 같은 징역 6개월에 집행유예 2년을 선고했다. 결국 이용구 전 법무부 차관은 폭력 전과자가 된다.

또 이재명 더불어민주당 대표는 변호사 시절부터 지금까지 전과 4범이라는 부끄러운 딱지를 안고 살아왔다. 이재명의 범죄 사실의 첫째는 지난 2003년 파크뷰 특혜분양비리를 폭로하는 과정에서 취재 기자가 검사를 사칭하면서 취재했는데, 당시 함께 있었던 이재명 변호사가 이를 방조했다는 이유로 150만 원의 처벌을 받으면서 전과 1범이 된다.

이재명은 지난 2004년 성남시립의료원 설립 조례안을 발의할 때 당시 새누리당 의원들이 이를 부결시키자 성난 시민들이 의회를 점거했고, 당시 공동대표였던 이재명이 특수공무집행방해 혐의로 벌금 500만 원 처분을 받으면서 전과 2범이 된다. 이재명은 또 같은 해 식사 도중 이대엽 시장의 농협 부정대출사건의 증언을 수집하기 위해 술에 취한 채 급히 나가다 음주운전에 단속되면서 음주운전 전과자 딱지가 붙으면서 전과 3범이 된다. 그리고 지난 2010년 성남시장 선거 당시 지하철 산성역 지하통로에서 명함을 돌려 선거법을 위반해 전과 4범이 된다.

또 2023년 9월 21일 국회에서는 대장동 게이트와 관련된 혐의를 받는 이재명의 체포동의안을 가결했다. 이제는 국회에서마저도 이재명의 중대 범죄혐의를 인정한 셈이다. 그런데도 9월 26일 유창훈 판사는 "유력 정치인이기 때문에 도망갈 염려가 없다"라면서 구속영장을 기각함으로써 구속은 피했다. 그러자 한동훈 법무부 장관은 "이제 이 나라에서 사회적 유력자는 그 어떤 범죄를 저질러도 구속되지 않아야 한다"라면서 "전직 대통령과 대기업 회장들은 왜 구속되어 재판받았는지 설명할 수 없을 것"이라고 주장했다.

그런데도 이재명은 과거 전과 4범의 잡범에서 현재 '대장동 게이트'를 비롯해 여러 가지 중대범죄 혐의자로 검찰 수사를 받고 있다. 게다가 이재명 구속영장을 기각한 유창훈 부장판사는 김명수 전 대법원장이

임명한 판사로 좌파 성향을 지닌 인물로 알려져 있다. 지금 이재명의 구속영장을 기각한 유창훈 부장판사의 판결은 다수 국민으로부터 정치 판결이라는 강한 비난을 받고 있다.

한 법조인은 "이번 유창훈 판사의 더불어민주당 이재명 대표의 구속영장 기각은 정치재판 의혹을 지울 수 없다"라면서 "이를 최근 현직 대통령의 장모를 법정 구속한 사건에 비교하면 구속영장 집행이 판사 이념에 따라 너무 심하게 달라지는 고무줄 판결"이라고 지적했다. 실제로 윤석열 대통령의 장모 최은순 씨가 지난 2013년 경기 성남시 도촌동 땅을 매입하는 과정에서 4차례에 걸쳐 총 349억 원이 저축은행에 예치된 것처럼 잔액 증명서를 위조한 혐의 등으로 재판에 넘겨졌다. 지난 2021년 12월, 1심 재판부는 징역 1년을 선고했지만, 법정구속은 하지 않았다.

그러나 1년 7개월 뒤인 7월 21일 항소심 재판부는 원심판결 징역 1년을 유지하면서도 최 씨를 법정구속했다. 유창훈 부장판사는 "최 씨의 불법 정도와 그로 얻은 이익의 규모가 막대해 엄한 처벌이 불가피하다"라면서 "범행 규모와 횟수, 그리고 수법 등 죄질이 나쁘고 재범과 도주 우려도 있어 법정구속한다"라고 밝혔다. 하지만 한 변호사는 "1심 재판부가 징역 1년을 선고한 것을 항소심 재판부가 원심판결을 유지하면서 법정 구속한 것은 정도가 지나쳤다"라고 비난했다.

성완종 리스트에 오른 '정계 거물급'

검찰은 지난 2015년 4월 10일 총 55자가 적힌 메모지를 발견했다. 이는 스스로 극단적 선택을 한 고 성완종 전 경남기업 회장이 자신의 상의 주머니에 남긴 것이라고 발표했다. 검찰은 당시 성완종 전 회장이 직접 메모해 남긴 해당 메모지에는 주요 법조인 및 유명 인사들의 이름이 빼곡히 기록돼 있었다고 밝혀 세상의 이목이 쏠렸다.

앞서 한나라당 홍준표 대표는 2011년 6월 국회 의원회관 자신의 사무실에서 성완종 전 회장의 측근인 윤승모 전 경남기업 부사장으로부터 1억 원이 들어있는 쇼핑백을 당 대표 경선자금 명목으로 전달받은 혐의로 재판에 넘겨져 있었다. 성완종 전 회장은 2015년 4월 9일 스스로 목숨을 끊기 직전 한 기자와 전화 인터뷰를 통해 김기춘, 허태열, 홍준표 대표와 이완구 전 총리 등 정계 거물들의 이름과 로비 금액을 밝히면서 "이들에게 분명히 돈을 건넸다"라고 폭로했다.

이어 검찰 수사로 '성완종 리스트'로 불리는 성완종 전 회장의 자필 메모에 '홍준표 1억'이라는 문구가 있는 것으로 드러났다. 1심 재판부는 윤 씨의 진술을 토대로 유죄를 인정해 징역 1년 6개월과 추징금 1억 원을 선고했다. 다만 홍준표가 당시 현직 도지사 신분인 점을 고려하여 법정구속은 하지 않았다. 하지만 홍준표 대표는 그 사건으로 이미 심각한 정치적 내상을 입은 상태였다.

그런데도 항소심 재판부는 "홍준표와 친분이 없던 성완종 전 경남기업 회장에게서 돈을 받을 동기가 뚜렷하지 않고, 또 비자금 1억 원의 조성 경위도 뚜렷하지 않다"면서 "윤씨가 당시 이동 경로 등도 제대로 기억하지 못하는 등 추상적인 수준의 진술을 하는 데다 진술이 일관되지 않고 객관적 사실과도 모순된다"고 판단해 무죄를 선고한 것이다.

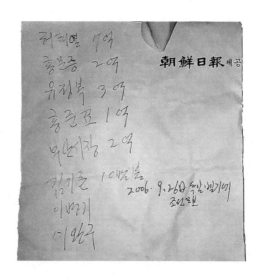

이어 "윤씨가 주요 증거를 검찰에 제출하지 않고 폐기해 성완종 전 회장과 홍준표 사이의 만남을 실제 주선했는지, 성 전 회장과 윤모 씨의 대화녹음이 있는지 등 사실관계 확인에 필요한 사정이 밝혀지지 않았다"라며 "윤 씨에게 허위진술의 동기도 있다"라며 무죄 판단 이유를 밝혔다. 대법원은 원심을 그대로 받아들여 무죄를 선고했다. 또 고 성완종 전 경남기업 회장으로부터 3천만 원의 불법 정치자금을 받은 혐의로 재판에 넘겨진 당시 이완구 전 국무총리도 함께 무죄가 확정됐다.

법조인과 고위공직자 '군 면제율 높다'

병무청은 지난 1999년 10월 29일 사상 처음으로 고위공직자 병역이행 사항을 관보에 게재했다. 건국 이래 세칭 '사회지도층 인사들'의 부끄러운 병역 민낯이 만천하에 드러나기는 처음이었다. 그래서 엄청난 국민적 관심을 불러 모았다. 결과는 '유전면제 무전 입대'라는 세간의 의심이 사실이라는 점이 명확하게 드러났다.

공개 대상은 사법부, 입법부, 행정부의 3권과 지방자치단체 등의 국가 주요 기관에 소속된 고위공직자와 직계비속 1만2천674명이었다. 구체적 공개 대상은 ▲고등법원 부장급 이상 판사나 검사장급 이상의 검사 ▲국회의원과 지방의회 의원 ▲정부 부처 장·차관을 포함한 1급 이상 공무원 ▲소장 이상 군대 고위 장성급 ▲병무청 4급 이상 직원 5천885명이다. 또 이들의 아들과 손자 등 3대에 걸친 직계비속 6천789명의 병역사항도 일반에 공개됐다.

고위공직자 가운데 현역 복무를 한 사람은 4천70명으로 전체의 69.2%였고 비현역이 무려 30.8%를 차지했다. 이는 10명 가운데 3명 이상이 현역 복무를 하지 않은 것이다. 또 방위(11.3%)와 여성(2.1%)을 제외한 병역 완전 면제자가 17.4%였다. 직급별로는 국회의원 면제율이 28.2%(81명)로 가장 높았다. 이 가운데는 특히 변호사 출신의 국회의원 비율이 더 높았다. 이를 두고 여의도 정가에서는 '국회의원 금배지를 달려면 군대부터 면제받아야 한다'라는 우스갯소리가 나돌았다.

그리고 직급 가운데 유일하게 전부가 병역의무를 이행한 군을 제외하면 모든 고위공직자 직계비속은 적어도 25% 이상은 군 복무를 하지 않은 것으로 나타났다. 무엇보다 고위공직자 등의 군 면제 사유 가운데는 무려 절반 이상(53%)이 단순 질병이었다. 이는 '체중미달, 척추디스크, 안과 질환, 두드러기, 지적장애' 등이었다. 그래서 군 면제를 받기 위한 '거짓 질환'이라는 의혹을 사고도 남았다. 그러나 일반인들 군 면제 사유는 저학력이 가장 많았다. 실제로 80년대 초반 이후 중졸은 군대 면제를 받았다. 게다가 유죄판결이나 생계 곤란, 고아 등 대부분 사회적 약자들이었다. 이들 중에는 단순 질병으로 군 면제를 받은 사람은 거의 없었다.

당시 병역은 '국민 정서법'과 밀접하게 연관돼 큰 파장을 불러일으켰다. 특히 이회창 한나라당 총재는 장남과 차남이 모두 체중미달로 군 면제 판정을 받은 것이 드러나 '병풍' 의혹에 시달렸다. 훗날 의혹이 사실이 아닌 것으로 밝혀졌다. 하지만 이회창 총재의 정치 행보에는 엄청난 타격이었다. 게다가 당시 신모 전 국회부의장을 비롯한 16명은 탈영 및 병역기피로 병역의무를 피한 것으로 나타나 충격을 안겨주었다.

또 고 박원순 전 서울시장의 아들 박모 씨도 2011년 8월 공군훈련소에 입소했다가 귀가한 뒤 재검한 결과 추간판탈출증으로 공익근무 복무 대상 판정을 받았다. 과정이 석연치 않다는 의혹이 일자 박 씨는 2012년 2월 공개적으로 MRI 촬영을 했다. 양모 씨 등은 박 전 서울시장의 아들 박 씨가 '대리 검사'를 했다고 주장해 재판에 넘겨져 벌금형 처분을 받았다. 하지만 고 박원순의 아들 박 씨가 자신의 병역 비리 의혹을 제기한 이들의 재판에 증인으로 출석하지 않겠다며 출국해 의혹을 키웠다.

이후 고위공직자의 병역이행 사항은 줄곧 일반에 공개됐다. 그때부터 병역은 고위공직자 자격을 따지는 매우 중요한 요건이 되었다. 가깝게는 현 정부에서 보건복지부 장관 후보로 지명됐다가 낙마한 정호영 후보자가 있다. 정 후보자는 아들이 사회복무요원으로 근무하는 과정에서 '아빠 찬스' 의혹이 일었다. 결국 경찰 수사로 무혐의로 결론 났다. 하지만 정 후보자는 이미 사퇴한 이후였다.

이밖에 황교안 전 국무총리는 1977~1979년 성균관대를 다니며 징병검사를 연기했다. 그리고 1980년 7월 '만성 담마진(두드러기)'을 사유로 5급 전시근로역(당시 제2국민역) 판정으로 병역을 면제받았다. 그리고 이듬해인 1981년 사법시험에 합격했다. 법조인은 아니지만, 이준석 전 대표는 산업기능요원으로 복무했다. 이준석은 특히 산업기능요원으로 복무 중 무단결근한 혐의(병역법 위반)로 고발되기도 했다. 그러나 그 사건에 대해서는 지난 2012년 검찰이 무혐의 처분을 내렸다.

투명한 병무 행정을 정착시키기 위해서는 특히 법조인을 비롯한 고위공직자 병무 사항을 정기적으로 공개하는 선에서 그쳐서는 안 된다. 병역면제 사유가 불분명한 경우 검찰과 경찰 등 사법기관이 철저한 수사를 통해 병무 비리를 끝까지 추적해 발본색원해야 한다. 신성한 국방 의무에 대한 당국의 확고한 의지가 뒤따르지 않으면 법조인과 고위공직자 병역 비리는 끊이지 않을 것이다.

조국 사건은 '법조인과 지식인 사회의 민낯'

조국이 청와대 민정수석비서관에서 물러난 뒤인 2019년 8월 9일 문재인 정부 법무부 장관 후보에 지명된다. 그러자 조국 장관과 그 주변에서는 무수한 부정부패 의혹들이 제기됐다. 당시 자유한국당은 이 총체적 상황을 '조국 게이트'라고 불렀다. 오직 비리로 얼룩진 조국은 결국 법무부 장관 임명 35일 만에 사퇴했다. 이어 부인 정경심과 조국의 동생 조권, 감찰 무마 의혹의 중심인물인 유재수 등 조국의 주변 인물들이 줄줄이 구속된다. 조국 사태는 더불어민주당과 문재인 정부의 집권 기간에 가장 큰 인사 스캔들로 기록됐다.

조국 사태는 여기서 그치지 않는다. 더 큰 관심과 파장을 불러일으킨 가족 문제로 비화한다. 논란의 중심에는 배우자가 있었다. 조국 아내 정경심은 비리 및 사모펀드 관련 범죄, 증거인멸 및 은닉 관련 범죄를 저질러 유죄 선고를 받고 징역형에 처했다. 딸 조민도 7대 허위스펙 기재 및 입시비리로 고려대와 부산대 의학전문대학원 입학 취소 처분을 받았다. 마침내 자녀 입시비리와 '유재수 감찰 무마' 혐의로 기소된 조국 전 법무부 장관은 1심에서 징역 2년의 실형을 선고받았다. 기소된 지 3년여 만에 나온 법원의 판단이었다. 그래서 재판 지연이라는 강한 비난을 받았다.

서울중앙지법 형사 합의 21-1부(재판장 마성영)는 판결 당시 사문서위조, 업무방해, 청탁금지법 위반 등의 혐의로 재판에 넘겨진 조국 전 장관에게 징역 2년과 추징금 600만 원을 선고했다. 다만 "피고인에 대한 조사가 완료돼 증거인멸 우려가 있다고 보긴 어렵고, 사회적 유대관계에 비춰볼 때 도주할 우려가 있다고 보기 어렵다"라며 법정구속은 하지 않았다. 이를 두고 법조 사회에서는 사법부가 집행하는 구속영장의 기준이 마치 고무줄과도 같다고 비판했다.

재판부는 또 조국의 자녀 입시비리 관련 혐의를 대부분 유죄로 인정했다. 조국의 딸과 아들의 서울대 인권법센터 인턴예정증명서, 인턴십확인서, 공주대 생명공학연구소장 명의 체험활동확인서 등 허위 서류를 발급받아 자녀의 대학원 입시에 활용한 혐의를 받았다. 배우자 정경심 전 동양대 교수와 함께 아들의 조지워싱턴대 온라인 시험문제를 대신 풀어준 혐의도 있다. 재판부는 "피고인이 대학교수의 지위에 있으면서도 수년 동안 반복 범행한 죄질이 불량하고 입시제도의 공정성에 대한 사회적 신뢰를 심각하게 훼손했다"라고 판단했다.

재판부는 조국 전 법무부 장관의 딸 조민 씨가 지난 2016~2018년 부산대 의학전문대학원에 다니면서 노환중 전 부산의료원장의 도움으로 여섯 학기 연속 장학금을 받았는데, 검찰은 조국이 민정수석에 임명된 2017년 5월 이후 받은 장학금을 뇌물로 판단했다. 하지만 재판부는 "직무관련성과 대가성을 인정할 수 없다"라며 뇌물이 아니라고 결정했다. 대신 "딸 조민이 받은 장학금은 조국이 직접 받는 것과 같이 평가할 수 있다"라면서 청탁금지법 위반 혐의를 유죄로 판단했다.

마침내 2019년 12월 31일, 서울중앙지방검찰청 반부패수사2부(고형곤 부장검사)는 126일간의 수사를 마무리 짓고 조국을 불구속기소를 했다. 조국에게 적용된 혐의는 뇌물수수와 부정청탁금지법·공직자윤리법 위반, 위계공무집행방해, 업무방해, 위조공문서행사, 허위작성공문서행사, 사문서위조, 위조사문서행사, 증거위조교사 및 증거은닉교사 등 모두 11개에 달한다.

지난 2022년 1월 27일 자녀 입시비리와 자본시장법 위반 등 혐의로 기소된 조국의 아내 정경심 전 동양대 교수에게는 실형이 확정됐다. 대법원 2부(주심 천대엽 대법관)는 정경심의 유죄를 인정하면서 징역 4년을 선고한 원심을 그대로 확정했다. 벌금 5천만 원과 추징금 1천여만 원도 그대로 유지됐다. 조국 전 법무부 장관의 일가와 정경심 교수 사건의 주요일지는 일일이 다 열거할 수가 없어 생략한다.

한마디로 조국 일가의 비리는 백화점식 부패로 얼룩진 대한민국 지식인 사회의 한 단면일 뿐이다. 따라서 대한민국 법조 사회를 비롯한 지식인 사회의 가족을 조국 일가처럼 현미경식으로 들여다본다면 어떨까? 분명 수많은 지식인이 마치 조국과 같은 부패한 삶을 살고 있을 것이 분명하다. 최고 직업으로 꼽히는 변호사와 의사는 많은 자녀가 부모와 같은 길을 걷고 있다. 살아보니 그보다 더 달콤하고 행복한 직업이 없다는 것을 스스로 경험했기 때문일까.

지금 새롭게 시행되고 있는 '법전원'이나 '의전원'은 권력이나 돈을 가진 자들의 자녀들에게 훨씬 더 유리하다는 것은 삼척동자도 안다. 실력도 실력이지만 스펙이 차지하는 비중이 만만찮지 않기 때문이다. 이를 두고 세상은 '아빠 찬스'라고 분노한다. 스펙의 경우 대부분 법조인이나 의사, 그리고 권력과 돈을 가진 자들에게 훨씬 더 유리하다. 그래서 조국 사태는 가진 자들에게서 나타난 부끄러운 삶의 한 유형이다.

조국 씨 '붕어·개구리·가재'가 화났어요!'

그동안 조국이 살아온 삶의 궤적을 보면 권력과 돈을 가진 자들의 삶이 참으로 가소롭고 천박하다는 것을 알아차리게 된다. 당시 조국의 민정수석 시절에 가족 사건이 불거지자 인터넷이 온통 들끓었다. 한 네티즌은 "조국의 자식 교육 '내로남불'에 '붕어·개구리·가재'가 화났다"라는 글을 올렸다. 네티즌들은 "자기 딸은 기어코 불법과 편법으로 외고-이공계-의전원 보내놓고 '행복한 개천' 얘기했나요?"라고 비아냥거렸다.

한편 조국은 트위터에서 "우리들 '개천에서 용 났다' 유의 일화를 좋아한다"라면서 "모두가 용이 될 수 없으며, 또한 그럴 필요도 없다"라고 말했다. 이어 "더 중요한 것은 용이 돼 구름 위로 날아오르지 않아도, 개천에서 붕어, 개구리, 가재로 살아도 행복한 세상을 만드는 것이다"라면서 "하늘의 구름 쳐다보며 출혈 경쟁하지 말고 예쁘고 따뜻한 개천을 만드는 데 힘을 쏟자!"라는 '개천에서 용 났다' 식 일화에 감동하는 문화에 대해 비판적 트윗을 남겨 큰 논란을 일으킨 바 있다.

특히 조국 사건이 불거지면서 좌파 성향 분위기에 찬물을 끼얹는 용기가 있는 발언들이 줄을 잇기 시작했다. 한 이용자는 "댓글 분위기에 적응이 안 되네요"라며 "내 딸은 외고 의전원 보내서 인생 톱으로 살라고 꽃길 깔아주고, 남 자식에게는 개천에서 붕어 개구리로 행복하게 살면 된다고 하는 게 아무 문제 없어요?"라고 강한 불쾌감을 표출했다. 다음은 불편한 속내를 드러낸 네티즌들의 글 몇 개를 올린 것이다.

"진짜 별로예요. 김진표도 자기 딸이 대원외고 다닐 땐(여기도 외고에서 연대경영 가서 말 많았죠) 전국에 특목고 확대해야 한다더니, 다 다니고 나니 외고에서 비어문계열 진학이 너무 많다며 폐지해야 한다고 그랬었어요. 다들 자기애들이 제일 설립목적에 위배되게 해놓고서 개 난리 지랄이야"

"제 친척 중 하나도 외국에서 대학 나왔는데 부산대 의전 들어갔다고 해서 엄청나게 놀랐어요. 원래 그다지 공부 잘하는 애 아니었고, 부모가 돈과 지위는 있어요. 역시나 의전계의 학생부 종합전형이었군요" "학생부 종합전형은 이우학교나, 국제학교를 위해 만든 제도인 듯합니다. 특목고는 없애지만, 이우학교는 남겨두죠. 이우학교, 서고연(SKY) 잘 보내던데요, 그러나 애만 잘한다고 들어갈 수 없는 학교…. 조국 같은 (스펙 있는) 학부모 면접이 필수니까요"

"조국 씨 그래놓고 무식하고 시대에 뒤떨어진 죽창가를 주야장천 노래를 부르고 있는 당신이 진짜 바라는 세상은 어떤 세상인지 궁금하오!"

법조인아 너희는 도대체 '어디를 핥고 있나'

〈장자〉 잡편의 '열어구'에 나와 있는 구절이다. 이는 장자가 친구 조상의 부패하고 무례한 행위를 책망하는 말로 유명하다. 장자가 살았던 송나라에는 친구 조상이라는 사람이 있었다. 그런데 조상이 진나라에 사신으로 가면서 수레를 두어 대 받는다. 당시 수레는 요즘으로 치자면 일반인에게는 최고급 승용차요, 군대로는 전차나 다름없다. 그때는 천승, 만승이라 하여 수레 대수로 나라의 규모와 제왕의 위상을 가늠했다. 또 국록을 받는 대신들은 수레를 몇 대나 가졌느냐가 권위의 상징이었다. 사신으로 간 조상이 진나라에서 일을 무슨 일을 잘했는지 수백 대의 수레를 받는다. 마침내 크게 성공한 조상이 고향 송나라로 돌아온다.

조상은 당시 송나라 유명 학자인 장자를 찾아간다. 장자는 비좁고 냄새가 나는 꾀죄죄한 골목에서 신을 삼아 팔아서 연명하고 있었다. 문헌을 보면 장자는 몹시도 빈한한 것으로 보인다. 그는 가족이 있었으며, 자주 돈을 꾸러 다닐 정도로 형편이 어려웠다는 일화도 있다. 평소 두통이 있어 얼굴도 파리했다. 잘 먹지를 못해 비쩍 마르고, 허름한 옷을 걸친 채, 마치 거지 같은 삶을 산 것으로 묘사되고 있다. 조상이 보기에도 그 큰 학자가 사는 모습이 무척 초라해 보였던 모양이다. 조상이 그런 장자를 보고 비아냥거리며 "나는 진나라를 한 번 갔다 와서 수레가 수백 대나 생겼다"라고 자랑한다.

이에 장자는 "조상이 너는 진나라를 다녀왔다며, 내가 듣자 하니 진나라 왕은 곪은 상처의 고름을 짜서 아프지 않게 입으로 핥아서 낫게 해주면 수레를 한 대주고, 치질을 핥아서 낫게 해주면 수레를 다섯 대를 준다고 하고 한다. 아픈 데가 점점 더 더러워지면 수레 대수가 많아지고, 군왕에게 무릎을 꿇고 머리를 조아리며 더러운 곳을 핥으면 핥을수록 더 많은 수레와 큰 벼슬자리를 준다고 하니, 비위가 나빠도 죽으라고 참고 핥는 일들이 벌어지는 곳이 진나라가 아니더냐?"라고 조롱한다.

또 장자는 "그런데 조상이 너는 도대체 무엇을 핥고 왔기에 그 많은 수레를 받았느냐? 그저 비단옷만 입혀준다면 제사상에도 기꺼이 오르겠다고 하는 부패한 너는 도대체 어디에서 무엇을 핥았느냐? 그것을 핥는 동안에 네가 본래 가지고 태어났던 너의 자존과 독립이라는 것은 도

대체 어디에 두었느냐?"고 묻는다. "법조인들아, 너희는 도대체 무엇을 핥았기에 그 명예 또 그 많은 재물을 모았느냐?" 장자의 이 준엄한 물음이 지금 우리 사회의 부패하고 부조리한 '전관 범죄'를 일삼는 법조인들에게 던지는 질문처럼 들리는 이유는 무엇일까.

법조 지식인이 '가장 부패한 대한민국'

지식인이 극도로 부패한 시대에 박경리 선생이 남긴 고언이 문득 뇌리를 스친다. 선생의 대표작 〈토지〉는 6·25전쟁과 재건기를 배경으로 한 가족사의 이야기를 그린 대하소설이다. 한국 사회와 역사, 그리고 가족과 개인의 삶에 대해 깊고 넓은 통찰을 담고 있다. 한국 문학의 명작 중 하나로 인정받는 〈토지〉는 1897년부터 일제 강점기라는 가혹한 시간의 강을 건너 해방에 이르기까지 반세기에 걸쳐 한 가족이 토지에 사랑과 희망을 품고 온갖 간난을 이겨내는 모습을 장엄한 드라마로 풀어냈다.

선생의 작품 〈토지〉는 탁월한 문학적 기술과 묘사로 가득 찬 명작이다. 특히 여성 특유의 섬세한 인물묘사와 자연환경의 아름다움을 통해 독자를 작품 속으로 끌어들이며 고유한 문체와 감성으로 한국인의 일상과 정서를 찰지고도 감미롭게 승화시키고 있다. 선생이 오롯이 토해낸 글을 온전히 이해하기 위해 때론 지식인들조차도 사전을 뒤적여 우리말을 다시 일깨워야 한다.

그런 선생을 생전에 한번 뵙고 싶었다. 하지만 내 머리에 담긴 몇 알 안 되는 언어 개념으로 그를 만난다는 것이 너무도 부끄럽고 두려웠다. 그래서 옷깃마저 스친 추억할 그 어떤 인연조차 내겐 없다. 작은 글을 쓰는 나는 박경리라는 고봉 준령을 오를 수 없다. 너무도 까마득해서 지레 주눅이 든다. 하지만 지면을 빌려 선생을 진혼鎭魂하려고 한다.

박경리 선생은 평소 입버릇처럼 "법조 지식인들의 부패는 스스로 자각 없이 근절되기 어렵다. 특히 정치인들은 지식인들을 악용해 나쁜 짓 하고 지식인들은 정치인들에게 혜택을 조금 받고 그들이 살 수 있도록 물을 대준다. 칼은 요리하기도 하지만 사람을 죽일 수도 있다는 걸 법조 지식인들이 받아들여야 한다"라고 외친 선생의 고함이 내겐 한줄기 날선 칼날처럼 매섭게 들린다.

비단 박경리 선생의 말씀뿐이겠는가. 동서양을 막론하고 표현은 조금씩 다를지라도 '대한민국을 망치는 자들은 법조인들'이라는 주장은 헤아릴 수 없이 자주 입에 오르내리고 있다. 우리나라는 법조계를 비롯해 학계와 관료 등 배운 자들의 부패가 굉장히 심각하다. 특히 법조계 부패가 기승을 부리고 있는 지금 200년 전에 펴낸 다산 정약용 (1762~1836) 선생의 〈목민심서牧民心書〉가 다시금 우리 사회에 회자膾炙되고 있다.

다산의 〈목민심서〉는 강진의 귤동 유배지에서 구상하고 자료를 수집하여 집필한 역작이다. 선생은 기나긴 유배 생활이 끝날 무렵인 1818

년 봄날에 초고가 비로소 이루어졌던 것으로 학자들은 추정하고 있다. 요컨대 〈목민심서〉는 선생의 깊은 통찰을 통해 '민民'과 '관官'의 문제에 깊이 천착穿鑿한 주옥같은 명작이다. 다산은 또 '1표 2서'로 불리는 〈흠흠신서〉와 〈경세유표〉를 집필함으로써 국가를 이끄는 법조인 및 행정인과 경제인에 이르기까지도 모든 지식인에게 큰 울림이 되고 있다.

알려진 대로 〈목민심서〉는 당대 지식인그룹인 관리의 덕목을 주장한다. 오늘날 우리 부패한 법조계를 비롯한 학계와 공직사회에 경종을 울리는 〈목민심서〉를 우리가 갈망하면서 핵심으로 꼽는 대목이 바로 '율기육조律己六條'이다. 당시에도 지금 법조 사회의 비리처럼 부패가 극에 달했던 조선 후기 지방의 사회상태와 정치의 실제를 민생 문제 및 수령의 본무本務와 결부시켜 소상하게 밝힌 명저다. 이후 200년이 지났어도 우리에게 지금까지도 금과옥조처럼 빛나고 있다.

무엇보다 선생이 가장 강조한 것은 청렴이다. 청렴은 목민관 본연의 자세라고 말한다. 다산은 "사람은 누구나 정도의 차이는 있을지언정 탐욕을 가지고 있다. 중요한 것은 탐욕적인 본성을 자꾸 씻어내고자 억제하는 노력이며, 이를 위해서는 사회 전체가 부정부패를 몰아내고자 하는 강한 자기 의지가 있어야 한다. 어느 국가사회든 지도자인 지식인이 청렴하지 못하면 비참한 종말을 맞게 된다"라고 경고한다.

이 밖에도 목민관이 가져야 할 자세와 태도에는 오늘날 특히 우리 법조계를 비롯한 학계와 공직사회에 던지는 메시지가 많다. 그중에서도

'유비무환有備無患'의 자세로 재난에 대비하라는 내용은 지금 이 시대 우리에게 너무나 살갑게 들린다. 특히 공직자들의 도덕적 해이로 인해 수많은 생명을 손상하게 하는 '인재人災'를 예방하기 위해서는 다산 정약용 선생의 목소리에 귀를 기울여야 한다.

특히 다산의 형옥刑獄에 관한 형법서인 〈흠흠신서〉를 통해 법을 집행하고 시행하는 법조 지식인 관료에 대한 경계警戒를 강화했다. 무엇보다 국가의 근간인 법조 사회가 부패하면 어느 나라도 선진국으로 발전하기 어렵다는 것을 가르치고 있다. 지금 누구보다 많이 배우고 똑똑한 법조 지식인들이 국가 요직에서 국정을 이끌고 있다. 따라서 이들이 부패하면 당연히 국가의 미래를 기대하기 어렵다. 다산 정약용은 또 나라를 경영하는 일에 대해 '죽음으로써 남겨 임금께 올리는 글'이란 의미를 담은 〈경세유표〉까지 저술한 진정한 지식인이자 큰 애국자였다.

판검사는 '법률에 매력을 발견하라!'

인간이 무엇을 배우기 위해서 시간과 정성을 쏟는다는 것은 그것을 통해 더 나은 어떤 변화를 경험하려는 것이 목적이어야 한다. 그러나 어떤 변화도 경험되지 않았다면 그 배움은 무익하다. 우리가 무엇을 배우고 익히는 것이 가치가 있으려면 지식만 증가하는 것이 아니라, 이를 통해 내 삶의 일상이 더 고급스러워지고 아름다워져야 한다. 그렇지 않으면 배우고 익힌다는 것이 무슨 의미가 있겠는가. 법조인이 권력 비리를 통해 부를 형성하는 것이 부끄럽지 않다면 이는 자기 영혼이 이미 망가졌다는 증거다.

법조인들처럼 똑똑한 머리를 타고난 인간이 아무리 다양한 지식을 소유하더라도 그 지식이 국가사회의 '공적헌신公的獻身'에 이바지하지 못한다면 무슨 소용인가. 지금 부패 고리에 얽혀서 사는 자기 (나쁜) 습관 하나 바꾸지 못한다면 그 지식은 모두 헛된 것이고 거짓이다. 그런 인간은 지식이 증가하면 할수록 더 더럽고 추악한 일들만 저지르면서 살게 된다. 그들은 더 많은 돈을 벌기 위해 온갖 탐욕과 번민 사이를 우왕좌왕하면서 아까운 인생을 탕진하게 된다.

따라서 일상에서 어떤 값진 변화도 일어나지 않는 법률 지식의 탐구는 차라리 하지 않는 것이 더 낫다. 그 총명한 머리로 차라리 다른 분야를 전공했더라면 국가사회에 좋은 영향을 끼칠 수 있을 것이다. 만약 훌륭한 인재가 자기 변화가 일어나지 않는 법학을 공부하게 되면 법률 지식을 통해 그들은 더 독살스러워지고, 더 교활해지게 된다. 법조인이 사용하는 법률 지식의 쓰임이 그런 것이기 때문이다. 그래서 똑똑한 청년들은 사법고시라는 어려운 관문을 통과하게 되면 법조인으로서 먼저 권력이나 권위보다 자신의 직업적 '책임성'에 대한 성찰이 필요하다.

법조인이 보기에는 그들이 사는 법조 울타리 밖에서 살아가는 우리 일반 국민이 어리숙하게 보일는지도 모른다. 하지만 더 똑똑하고 더 많이 배운 법조인들이 얼마나 사기꾼이고 얼마나 독살스럽고 얼마나 교활한지를 똑똑히 지켜보고 있다. 지금 법조인들의 부패와 타락으로 인해 수많은 사람이 사법 피해를 보고 있다. 하지만 이보다 더 큰 문제는 사법당국의 고장 난 부패 시스템이 이대로 굴러간다면 대한민국의 미래는 파국을 맞을 수밖에 없다는 것이다.

물론 법관으로 훌륭한 삶을 사는 사람들도 있다. 소수에 불과하지만, 항상 자기 손에 쥐어진 권력의 칼날을 경계하며 사는 법조인들이 있다. 이들은 지엄한 법복이나 법관의 자리보다 법률法律에서 '매력'을 발견한 사람들이다. 그래서 자신들이 추구해온 법률에 감동할 줄 안다. 법률에서 매력과 감동을 발견한다는 것은 우리가 불후의 명작을 읽거나 불후의 예술작품을 대할 때 느끼는 매력이나 감동과도 같은 것이다.

법률에 매력을 느끼고 감동할 줄 아는 법조인은 자신을 '덜된 인간이' 아니라 '참된 인간'으로 끌고 가려고 애쓰는 진짜 법관으로 거듭나게 될 것이다. 이런 사람들은 매우 드물다. 하지만 우리나라 법조계의 사표가 된 가인과 효봉스님 같은 분들이 지금도 분명히 살아 있다. 이런 법조인들의 정직하고 따뜻한 숨결이 지금 꺼져가는 이 나라 대한민국의 사법부의 명줄을 지탱하고 있을는지도 모른다. 이러한 사람들이 많이 늘어날 때 우리 사회는 더 아늑하고 행복한 삶을 누리는 터전이 될 것이다.

Part 2
판검사 '영웅인가, 악마인가'

법조계 부패 척결이

'마지막 친일 청산'이다.

사랑에 속고 돈에 울고 권력에 짓밟힌 '홍도야!'

너도 울고 갈 '법조계 신파극'이

이 땅에서 재연되고 있단다.

판검사는 직업의식 내다 팔아 스폰서를

받고 성매매를 해도 별로 죄가

안 되는 추악한 세상이 바로

대한민국이란다.

법조계 부패 척결이 마지막 '친일 청산'

일제 청산 외치면서 '일본을 빼닮은 지식인'

일본의 중세와 근세에서 군주인 천황은 단지 상징과 신앙적 존재였다. 실질적 통치권은 막부(1192~1868년)에 있었다. 세습 군사독재자 막부幕府의 우두머리 쇼군將軍이 통치를 담당했다. 일본인은 무사 계급이 막부를 떠받치는 체제로 이어지면서 온 국민의 정서가 사무라이 칼날의 권위주의에 길들었다. 700년 가까이 계급 질서에 대한 수직적 권위주의 문화가 일본인의 의식을 사로잡아왔다. 비단 일본만이 아니라 한일중 동양 3국은 모두 유교 전통문화의 질서 아래 계급구조만 달리 변천해왔을 뿐, 한결같이 계층 질서에 익숙한 노예근성의 DNA를 갖고 있다.

한 세기에 앞서 서양을 배운 일본은 여전히 천황을 상징적 존재로 둔 채 자유민주주의 국가를 건립했다. 하지만 일본인 의식에는 사무라이의 피가 흘렀다. 자유민주주의를 실현할 기본 바탕을 갖지 못했다. 우리도 해방 이후 자유민주주의 체제를 도입했다. 우리 역시 일제를 통해 길든 탁한 피를 정화하지 못했다. 그래서 한일 양국은 모두 지금도 체제만 자유민주주의 국가일 뿐 구미 서양과 같은 완전한 자유민주주의를 실행하지 못하고 있다. 현재 우리가 살아가는 자유민주주의 체제에는 핵심인 '책임성'은 없고, 다만 '권위'와 '자유'만 누리려는 천박한 의식만이 가득하다.

무엇보다 한일 양 국민은 서구처럼 피로 자유민주주의를 쟁취한 경험이 없다. 양 국민의 의식 속에는 여전히 반상의 피가 흐르고 있다. 누구 한 사람 뛰어난 실력자가 나타나면 주저하지 않고 그를 영웅시하려는 경향이 있다. 이러한 천박한 자유민주주의와 천민자본주의 의식을 가진 두 나라에 활착한 사법고시라는 법 제도가 세상에 없는 독특한 법조 권력의 바탕이 된 것이다. 그래서 가장 어려운 관문인 사법고시에 합격한 사람을 너무도 당연하게 '영웅'으로 맞이하게 된다. 이는 우리의 의식이 여전히 천박한 계층 질서라는 정신구조에 속박돼 있기 때문이다.

1945년 8월 15일 해방으로 국권을 회복한 조선은 이승만 정부를 중심으로 대한민국이라는 자유민주주의 국가를 설립했다. 하지만 국민의 절대다수는 지금까지도 자유민주주의를 누릴만한 역사의식과 책임성이 굉장히 결여되어 있다. 무엇보다 우리 국민은 내 앉은 자리, 선 자리 하나도 제대로 갈무리하지 않는다. 길거리에는 담배꽁초가 나뒹굴고, 남자 화장실에는 '한 발자국만 당겨 서 주세요.'라는 구절이 우리를 향해 호소하고 있다. 청소하는 손길이 바쁘게 움직이지만, 여전히 지린 내가 진동한다.

흔히 '정치 수준은 국민 수준'이라고 말한다. 그런 정치 수준의 척도인 대한민국 국민의 의식 수준은 2023년 현재 OECD 국가 중에서 가장 낮은 것으로 드러났다. 특히 영국의 한 여론조사기관의 발표에 따르면 대한민국은 2016년 현재 경제력은 전 세계 10위에 랭크됐다. 하지만 사법부의 신뢰도는 167개국 중에서 155위로 전 세계에서도 최하위 수준이었다. 또 대한민국 정부 기관에 대한 신뢰도 역시 밑바닥 권인 111위로 나타났다. 이는 아프리카지역에서 군사쿠데타로 세워진 일부 군부독재 정부와도 버금가는 부끄러운 수준이다.

법조인이 누리는 특권은 '일제 잔영'

일제 강점기인 1931년 12월 10일 자 동아일보 3면에 경성제대 3학년의 장후영이 약관 23세에 고등문관시험에 합격한 소식을 사진과 함께 대서특필하고 있다. 그는 3년 뒤인 26세에 고등문관 사법과 시험에 합격하자 주변에서는 20대 중반의 새파란 청년에게 '영감令監(당시 군수나 국회의원을 높여 부르던 호칭)'이란 칭호를 썼다.

장후영이 3년 뒤인 29세 때에 전라남도 목포법원에 판사로 임관되어 부임했다. 당시 50세가 넘은 아버지뻘 되는 지방 유지들이 의관을 갖추고 찾아와서 큰절을 올리며 인사를 드리는 사람들이 줄을 이었다고 신문은 전하고 있다. 일제 강점기에 반상班常은 철폐됐다. 하지만 일본문화의 천민 유산인 구조적인 계급의식이 우리의 핏줄기를 타고 노도하게 흐르고 있었다.

지난 60~70년대 우리 어린 시절은 군郡지역 내에서 누구 한 사람이 사법고시에 합격했다는 소문이 들리면 고을 전체가 떠들썩했다. 그 당시는 전국에서 100여 명 안팎의 고시 합격자를 뽑았다. 한 고을에서는 10여 년 만에 한 명 정도의 사법고시 합격자가 나올까 말까 하던 시절이었다. 조그마한 시골 동네에서 사는 사람들이 그런 소문을 듣는다는 것은 아마 '전설의 고향'보다 더 큰 관심과 흥미를 불러 모을 정도로 온 고을이 들썩였던 기억이 난다.

사법고시 합격이라는 한 인생에 대한 사연은 어느 무협 소설주인공의 무용담을 뺨칠 정도로 흥미진진했다. 사법고시가 무엇이기에 그토록 사람들의 입에 회자膾炙됐단 말인가. 당시 농촌지역은 너나없이 가난하고 배고픈 시절이었다. 그래서 사법고시 합격이 필부의 눈에는 일약 모든 것을 해결해주는 〈알라딘〉 요술램프의 '지니'와 같은 마법을 가진 인간으로 비치기도 했다. 실제로 당시 부패한 법관들의 사법농단은 '지니'보다 더 무서운 실력을 발휘했다.

사법고시는 자주 '등용문登龍門'에 비유된다. 잉어가 중국 황하강 상류 급류인 '용문龍門'을 오르면 용이 된다'라는 전설에서 유래한다. 그래서 우리 한국 사회에서 사법고시를 패스한다는 것은 어마어마한 입신출세를 의미했다. 무엇보다 엄청나게 과분한 권력이 주어졌다. 그야말로

한 지역사회에서 그는 곧 영웅이나 다름없는 '위대한' 인물로 인정받았다. 자신은 물론 심지어 그가 속한 문중까지도 함부로 대하지 못하는 특별한 신분 상승이 있을 정도였다. 사법고시 합격은 개천의 실지렁이가 용이 되는 새로운 특권층으로의 계층이동이었다.

대한민국의 사법고시 원년은 일제 강점기 때부터 시작됐다. 일제시대 조선의 판검사 중 조선인의 비율은 고작 10~20% 정도였다. 일제 초기에 법조인이 되는 길은 법원 서기 출신 중에 능력이 뛰어난 사람들을 교육시켜 예비시험 및 본시험을 통해 채용했다. 예비시험은 고등학교나 대학교 예과 이상 졸업자는 면제됐다. 본시험은 필수과목으로 '헌법, 민법, 상법, 형사소송법, 민사소송법'과 선택과목으로 '철학개론, 윤리학, 논리학, 심리학, 사회학, 국가, 국문 및 한문, 행정법, 파산법, 국제사법, 경제학, 사회정책, 형사정책'으로 나뉘었다. 시험은 도쿄에서 연 1회 실시됐다.

일제시대 조선인 사법시험 합격자는 총 273명이었다. 또 조선 변호사 고시와 만주 고시가 있었다. 고시 낭인은 조선과 일본, 만주 등 3국을 떠돌며 시험을 봤다. 그때부터 똑똑한 인간은 권력을 따라 도는 부나비 인생을 즐겼다. 그리고 1925년 일제 중반기에 이르러 고등문관 시험합격자 임용제도가 도입된다. 고등문관시험은 오늘날의 '사시-행시-외시'와 유사했다. 바로 그 고등문관 시험의 첫 합격자가 인천 영종도 출신이다. 대한민국 3~4대 대법원장을 지낸 조진만 판사다. 1925년 조선인으로는 최초로 조선에서 일본 고등문관시험 사법과에 합격해 1927년 해주지방법원 판사로 출사한 뒤 1961년 대법원장이 됐다.

고등문관시험에 합격하면 일본 정부의 관보에 실리고 신문기자의 인터뷰 신청이 쇄도했다. 비록 일제 강점기기는 하지만 이때부터 고등문관시험에 합격하면 그 가문까지 영광을 받았다. 조선시대 장원급제자와 같이 그가 속한 고향에서는 성대한 환영회를 고을 단위로 열었다. 그는 마치 한 고을의 영웅처럼 대단한 명성을 누리게 된다. 그래서 한국의 사법고시는 일본의 그것을 그대로 빼닮았다. 그리고 법관이 누리는 권위와 명예도 일본과 똑같다. 지금 법조인이 누리는 특혜를 철폐하고 바로 잡는 것이 마지막 남은 일제의 잔영인 친일을 청산하는 길이다.

천박한 '짝퉁 영웅'의 시대는 지나갔다

법조인이 '천박한 영웅'인 시대는 지나갔다. 자유민주주의 사회에서 합리적 의사결정 시스템을 어떻게 가졌는지, 그리고 그 시스템에 올바른 능력을 갖춘 사람들이 얼마나 참여하고 있는지가 국민의 선택 기준이 된다. 권력은 나눌수록 커진다는 것은 대통령을 비롯한 모든 국민이 잘 알고 있다. 근본적으로 국가 통치는 뛰어난 한 사람이 아닌 시스템으로 이뤄져야 한다. 구미 선진국은 이미 그렇게 돌아가고 있다.

미국은 대통령이 바뀐다고 해서 행정부에서 바뀌는 것은 거의 없다. 선진국은 대통령이나 총리 한 사람의 권력이 아닌 시스템으로 움직이기 때문이다. 급변하는 미·중 패권전쟁 와중에 미국은 대통령이 바뀌었다. 트럼프 전 대통령과 조 바이든 대통령은 서로 정치적 앙숙이었다. 하지만 그들의 대외정책에는 어떤 변화도 찾아보기 어렵다. 국가정책이 시스템으로 돌아가고, 그 중심에는 '국익'이라는 지고한 가치가 자리하고 있기 때문이다.

그러나 정치 후진국 우리 대한민국은 다르다. 박근혜와 문재인이, 그리고 지금 윤석열 대통령과 문재인 간의 외교정책은 서로 거꾸로 돌고 있다. 이는 시스템에 의해 의사결정 구조가 형성돼 있지 않기 때문이다. 우리는 여전히 제왕적 대통령제 아래서 '국익'이 가치가 아닌 권력을 거머쥔 제왕을 향해 머리를 조아리는 정치가 이뤄지고 있다. 무엇보다 국가권력의 핵심인 검찰과 사법부가 해바라기처럼 대통령을 따라서 돌고 돈다. 권력의 '충견'들이 제왕적 대통령을 향해 일사불란하게 움직이는 추한 꼴이 볼썽사납다.

특히 대통령의 '충견'들이 권력을 빙자한 각종 법조 비리 카르텔(권력 독점의 연합형태)이 독버섯처럼 기생하고 있다. 그들이 위세를 부리며 국민의 혈세를 빨고 있는 사이 이 나라 대한민국은 이미 오래전부터 부패와 부조리의 공화국이란 늪에 빠져 있다. 그런데도 이 더럽고 추악한 각종 범죄적 법조 비리 카르텔은 깨질 기미조차 보이지 않고 있다. 여기에는 필요충분조건이 작동하고 있다. 하나는 제왕적 대통령제이고, 다른 하나는 부패한 법조인들이 스스로 '제왕'의 충견 노릇을 자처하며 권력의 단맛을 핥고 있기 때문이다.

지금도 부패한 법조인은 국민이 잠시 위임한 권력을 마치 사적 도구인 양 마구 휘두르고 있다. 그래서 흔히 부패한 법조인들을 향해 '양아치보다 못한 것들'이라고 비하한다. 양아치들이야 어차피 스스로 자기 자신의 양심을 밖으로 내다 버린 인간들이다. 하지만 부패한 법조인들은 국가발전과 국민의 안녕질서를 위해 맡겨준 권력을 공적헌신이 아니라 개인의 영달과 치부를 위해 자기 마음대로 악용하고 있다.

한때 '영웅' 대접을 받아오던 법조인들이 지금은 의식 있는 국민의 눈에는 한심하고 천박한 존재로 비친다. 부패한 법조인들은 '법조 우리' 속에 의탁한 채 돈과 권력에 얼이 빠져 살고 있다. 애국심의 무無성찰로 여전히 타락한 소영웅주의에 사로잡힌 채 '악마'와 같은 삶을 살고 있다. 한때 어리석은 국민이 잠깐 영웅으로 착각하는 사이 이들은 진짜 영웅처럼 살았다. 그러나 이들의 밑천을 들여다보면 추악하기가 보통 사람들보다 훨씬 더 심각하다. 이들이야말로 제왕적 대통령에게는 '충견'이요, 국민에게는 '기생충' 같은 군상들이 아닐 수 없다.

오늘 우리 대한민국을 빛낸 진짜 '영웅'

헤겔은 〈역사철학〉에서 "하인에게 영웅은 없다"라는 명언을 남겼다. 그 주석이 더 걸작이다. 이유는 '영웅이, 영웅이 아니어서가 아니라, 하인이 하인이기 때문'이라는 것이다. 아무리 위대한 영웅호걸이라도 사람인지라 어떤 결함을 지닐 수밖에 없다. 그런 인간 영웅의 시시콜콜한 행동을 지근거리에서 들여다보는 하인의 눈에 비치는 영웅도 자기와 다를 바 없는 유치한 인간으로 보인다는 말이다.

물론 헤겔이 큰 인물에게 흔히 따라다니는 위선이나 비리를 정당화하려는 것은 아니다. 다만 역사의 근본 의미나 법칙을 묻는 역사철학적 구도로 볼 때, 시대의 큰 흐름을 포착하고 통치의 결과나 정책으로 구현해 역사의 행로를 앞당기는 인물을 영웅 또는 '세계사적 개인'으로 평가하고자 하는 것이다. 하지만 지금 우리나라 법조인들이 법복을 입거나 벗거나 그 행동 이면을 자세히 들여다보면 이들은 하인이 본 영웅보다 훨씬 더 추한 모습으로 그려지고 있다.

동서고금을 통해 영웅이 존경받을만한 인물이라는 것은 '자신의 내부에 가해지는 가혹한 시련을 이겨내는 힘' 때문이다. 사람은 자기 자신에게 엄격하기가 쉬운 일이 아니다. 하지만 진정한 영웅이란 이런 과정을 겪고 난 다음에 태어난다. 영웅이란 뛰어난 인물은 '한 시대의 가치를 규정하거나 높인 사람'이다. 그래서 어느 국가사회든 '영웅'이란 굉장히 중요하고 또 꼭 필요하다.

오늘 대한민국이 세계 10대 경제 대국으로 성장하는 데는 '진짜 영웅'들이 따로 있다. 우리의 경제발전이 마치 기적처럼 일어난 것은 이들 영웅이 있었기 때문이다. 현재 우리가 누리는 자유민주주의의 축복은 이승만의 대한민국 정부수립에서 비롯된다. 특히 이승만의 농지개혁은 오늘의 자유민주주의를 건설하는데 결정적 기여를 했다. 농지개혁을 통해 북한 공산주의자들의 가짜 평등 유혹을 뿌리칠 수 있었다. 만석꾼의 나라, 양반이 독점했던 조선을 모든 국민이 공평하게 자기 재물을 소유할 수 있는 토대를 마련한 정부가 이승만이 세운 대한민국이다.

다음은 박정희라는 걸출한 반공주의자다. 그는 독재자였다. 하지만 깨끗했다. 박정희는 기업가들이 각자 자기 꿈을 실현할 수 있는 토대를 만들었다. 여기에서 이병철, 정주영, 구인회, 최종현 회장과 같은 인물들이 진정한 기업가 정신을 발휘할 수 있었다. 이들 두 걸출한 정치인과 훌륭한 기업인들이 이 나라를 오늘날 경제 대국으로 일군 주인공들이다. 이승만과 박정희가 만들어 놓은 토대에서 삼성, 현대, 엘지, 에스케이와 같은 1세대 기업가들이 기업가 정신을 가지고 한국 경제를 발전시킬 수 있었다. 이분들이야말로 오늘 대한민국을 일궈낸 '진짜 영웅'들이다.

홍도야! 너마저 울고 갈 '법조 신파극'

'홍도야 울지 마라(노래)'

사랑을 팔고 사는 꽃바람 속에 / 너 혼자 지키려는 순정의 등불/홍도야 울지 마라 오빠가 있다 / 아내의 나갈 길을 너는 지켜라(1절)

"사랑을 팔고 사는 꽃바람이 몰아쳐도

너만은 지켜야 할 순정의 등불을. 홍도야!"

(오빠! 전 이제 더 이상 참을 수가 없어요.

죽기보다 괴로워요. 오빠!)

"홍도야 울지 마라. 오빠가 있다.

이 세상 모든 사람이 널 비웃어도.

나만은 알고 있다. 네 마음. 네 참, 뜻을(간주)"

구름에 쌓인 달을 너는 보았지 / 세상은 구름이요 홍도는 달빛/ 하늘이 믿으시는 내 사랑에는 / 구름을 걷어주는 바람이 분다(2절)

연극 '사랑에 속고, 돈에 울고'라는 1936년 7월 서울 서대문구 충정로에 있는 동양극장에서 초연됐다. 일제 강점기에 엄청난 인기를 모은 '신파극新派劇'이다. 흔히 '홍도야 울지 마라'라는 제목으로 더 잘 알려졌다. 이 연극은 우리나라 최초의 연극 전용 상설극장이었던 동양극장의 마르지 않는 돈줄이었다. 광복 이전 우리나라 연극 역사에서 최다 관객 동원을 기록한 걸작품이기도 했다. 당시 동양극장 앞은 전차가 다니지 못할 정도로 구름 인파가 몰려왔다. 서대문 경찰서는 질서유지에 진땀을 흘렸다고 신문은 전한다.

특히 공연 기간 내내 서울 시내의 기생들이 떼로 몰려들었다. 기생들은 주인공인 홍도와 자신들의 처지를 동일시하면서 동양극장은 연일 눈물과 통곡으로 울음바다가 되곤 했단다. 한편 장안의 기생들을 구경하러 극장을 찾은 한량들도 경향 각지에서 모여들었다. 당시 이 연극을 본 어느 기생은 자신의 비참한 처지와 현실이 홍도와 너무나 흡사하여 의분을 참지 못하고 마침내 한강에 투신자살한다. 이 애달픈 사연이 당시 언론에 보도돼 연극과 노래는 일약 유명세를 치르게 된다.

이후부터 동양극장 앞과 주변은 온통 화류계花柳界의 슬픈 사연을 다룬 이 연극을 보러온 기생들로 넘쳐났다. 어느 하루는 마치 약속이나 한 듯 500여 명의 기생이 손수건을 준비하고 한꺼번에 몰려와서 이 연극을 보면서 구슬프게 흐느꼈다. 이 때문에 그날 밤은 서울 장안 권번(일제강점기 기생들의 조합)이 완전히 텅텅 비었다고 한다.

왜 이 연극이 특히 기생들에게 그토록 화제가 되었을까? 그 까닭은

이 신파극 주인공 홍도가 울부짖는 노래가 기생들의 박복한 삶과 고달픈 처지를 마치 자신의 자화상처럼 생생하게 다루었기 때문이다. 이 연극은 한국 연극역사에서 최고의 장기 공연 작품 중 하나로 기록되었다. 훗날 이 연극을 일컬어 '여성 수난극의 전형, 또는 한국형 최루극催淚劇의 원조'라고도 부른다.

실제 연극의 줄거리는 이렇다. 연극 '사랑에 속고, 돈에 울고'라는 일제의 탄압이 가장 극심한 때였다. 홍도는 오빠를 출세시켜 주기 위해 자청하여 기생이 된다. 화류계 생활에서 갖은 수모와 고생으로 학비를 모아 오빠를 졸업시켰다. 여동생의 도움으로 학업을 마친 오빠는 우는 아이들도 멈추게 하는 무서운 일제 순사巡使가 되었다. 한편 홍도는 오빠의 친구인 영호와 달콤한 사랑에 빠진다. 영호는 부모의 반대를 뿌리치고 홍도와 결혼한다. 하지만 부잣집 아들 영호는 곧바로 외국 유학을 떠난다. 그리고 홍도의 과거를 알게 된 시어머니는 결국 홍도를 집에서 쫓아낸다.

유학에서 돌아온 영호는 부모의 뜻에 따라 부잣집 딸과 약혼한다. 이를 알게 된 홍도는 약혼식장에서 약혼녀를 칼로 찌른다. 현장에 달려온 경찰관은 다름 아닌 홍도 오빠였다. 하지만 그는 준엄한 법에 따라 홍도를 체포해야만 했다. '아, 이런 운명의 장난이 또 어디 있으리오!' 통곡하는 홍도가 몸을 제대로 가누지 못하고 쓰러질 때, 오빠는 홍도를 위로하며 노래 한 곡을 부른다. 그 노래가 바로 '홍도야 울지 마라'다. 이 장면에서 관중석은 온통 눈물바다가 된다. 특히 처지를 비관한 기생들이 급기야 자살에까지 이르게 된 것이다.

사랑에 속고 돈과 권력에 짓밟힌 '여성女生'

기막힌 홍도의 원혼들이 지금도 장안(서울) 거리를 떠돌며 울부짖고 있다. 몰지각한 일부 스폰서 받는 검사들이 실제로 최근 술집 아가씨들을 내연의 처로 삼아 몸을 농락하면서 허세를 부리고 있는 일들이 사실로 드러났다. 전 법무부 장관의 사위인 K모 검사가 스폰서 비리에 연루돼 조사받는 과정에서 내연의 처를 두어 충격을 주었다. 이런 유사한 일은 이미 검찰총장을 지낸 C모 씨도 내연의 처에, 자식까지 둔 사실이 드러나 낙마하는 일이 있었다. 고시 합격으로 추상같은 권력을 거머쥔 법조인들이 누구보다 자신에게 엄격해야 하지만 지금도 '홍도의 비애'보다 더 가혹한 이야기가 전개되고 있다.

특히 불과 사반세기 전만 해도 가난했던 시절에는 돈과 권력 때문에 진짜 기막힌 사연들이 수도 없이 일어났다. 실제로 80년대까지는 고시 합격자 명단이 곧잘 '뚜쟁이' 손에 건네졌다. 뚜쟁이 손에서 벌어지는 '정략결혼'은 가히 신파극의 주인공 홍도마저 오히려 위로받을 지경이었다. 결혼한 뒤 고시에 합격하자 이혼까지 하면서 돈과 권력을 좇는 짐승보다 못한 일들이 벌어지곤 했다. 이별을 통보받은 여인들의 진정서로 법관에 임용되지 못하는 사례도 종종 있었다. 지금도 유사한 일들이 이어지고 있다.

뚜쟁이에게 건네진 고시 합격자 명단은 대개 'A, B, C, D' 네 등급으로 나뉜다. S대를 나오고 20대에 고시 합격한 사람을 A등급으로 해서 차등이 분류된다. 당시 한 뚜쟁이는 "수억 원이 뒷돈으로 거래된다"라고 귀띔했다. 이미 40여 년 전 수억 원은 지금의 수십억 원이다. 그러니 누가 그런 유혹을 뿌리칠 수 있단 말인가. 많은 합격자가 첫사랑을 배신하고 젖과 꿀이 흐르는 '신천지新天地'로 향했다. 특히 뛰어난 실력을 갖춘 A등급 중에는 법조계 스타 집안으로, 또는 중진급 정치인이나 재계의 사위로 발탁돼 출세와 부를 동시에 보장받는 길을 선택했다.

'귤이 회수淮水를 건너면 탱자가 된다'라고 했던가? 그 총명하고 모범적인 청춘들이 '사법고시'라는 혹독한 강을 건너 '등용문'만 오르면 오만하고 교활한 인간으로 둔갑하는 이유가 대체 뭘까. 법관이 자아를 초월해 만인에게 더 큰 행복과 자유를 안겨줄 수 있는 '공적 헌신'의 가장 중요한 알맹이인 '정의와 공의, 평등'과 같은 반드시 지켜야 할 내용은 쏙 빼먹고 저토록 저열하고 천박하게 굴절되다니 이 나라가 지탱해 온 것이 기적이 아닐 수 없다.

법法 앞에 만인을 평등하고 공정하며 정의롭게 판단해야 할 법조인의 싹수가 시작부터 곪아버린 것이다. 돈과 권력 앞에 양심을 내다 판 부패한 법조인이 이 나라의 법을 어떻게 집행하며 이끌어 왔을까. 그 답은 한국의 법조인이 세계에서 양심이 가장 더럽게 썩어 문드러져 있는데 있다. 일부 부패한 판검사는 지금도 법조 비리 카르텔을 통해 돈과 '성性'

까지 챙기며 권력을 전기의 보도처럼 휘두르고 있다.

  이제 범국가적으로 이들의 부패와 부조리한 삶을 여기서 멈추게 할 엄격한 제도적 장치를 마련해야 한다. '만인은 법 앞에 평등하다'라고 외치면서도 돈과 권력 앞에 잣대가 구부러지고, 오랜 세월 권력을 행사하고도 법복을 벗으면서 거액을 챙기는 부패하고 부조리한 인간들이 더는 설치지 못하도록 혁명과도 같은 사법 개혁이 일어나야 한다. 그리고 법조인이 부패하면 더는 법을 직업으로 삼지 못하도록 강력한 법조계 부패 방지시스템을 마련해야 한다.

직업의식 내다 판 '검사 스폰서'의 나라

"대한민국 국민 여러분! 검사 스폰서에 대한 이야기 들어보셨지요? 정말 기막힌 일들이 검찰 내부에서 비일비재하게 벌어지고 있답니다. 그런데도 검사를 스폰서해온 용기 있는 한 범죄자가 자신의 더 큰 피해를 무릅쓰고 담대히 밝힌 내용을 재구성해 스폰서 받는 검사의 세계를 한 번 들여다보려고 합니다"

장면 1. 묻어버린 진실 '검사 향응 제공'

"검사들에게 술 마시게 해주고, 재워주고, 섹스하게 해주는 향응 제공이 제 임무였다. 술값과 잠자리 비용은 모두 내가 계산했다. 나는 검사들을 상대로 성 접대한 것만도 최소 100번이 넘는다. (검사 스폰서 홍모 씨의 말)"

"술집 마담인 나는 검사들의 장모로 통했다. 검사들의 파트너를 내가 직접 정해서 함께 잠자리를 마련해 주었기 때문이다. (룸살롱 마담의 증언)"

"나는 술집에서 검사들을 상대로 성 접대 대상이 된 것만 해도 최소 수십 회에 이른다. 무엇보다 수치스러운 것은 함께 술 마시는 도중에 어떤 검사님이 진짜 벗으라고 할 때이다.(술집 여자 종업원 증언)"

‘묻어버린 진실’이란 제목으로 최승호 PD와 검사를 스폰서해온 홍모 씨가 PD수첩(2010년 4월 20일 방영분)에서 못다 한 이야기들이 사실로 드러나면서 세상은 또 한 번 경악했다. 검사 스폰서 이야기는 직업의식을 내다 팔아버린 일부 부패하고 타락한 영혼의 검사들이 관행적으로 벌이고 있는 일이어서 누구나 한두 번쯤은 듣고 있는 이야기들이 실재하고 있다는 것이다.

이렇게도 적나라하게 그 진실을 소상히 밝혀서 알려준 것은 처음이다. PD수첩을 들여다보면 그동안 소문으로만 파다하던 ‘스폰서와 검사의 실태’를 기록한 문건이 입수돼 검사들에게 각종 향응 제공과 성 접대를 해왔다는 충격적인 내용들이 너무도 소상하게 기록돼 있다. 이 나라 최고의 엘리트로 자부하며 법을 집행하고 있는 검사들이 어떻게 이토록 부패하고 타락할 수 있단 말인가?

당시 보도된 검사의 스폰서 스캔들의 자초지종을 리메이크(재구성)한다. 검사장(3명)과 부장검사(17명), 평검사(8명) 등 현직 검사만 모두 28명이다. 그리고 전직 검사를 지낸 변호사 29명 등 전·현직 검사 57명의 실명이 거론된 그 유명한 ‘검사 스폰서 사건’이다. 지금도 누구나 그 내용을 인터넷에서 검색하여 볼 수 있다. 이 문건을 작성한 당사자 홍두식(가명) 사장은 “관련된 전·현직 검사들만 최소한 100명 정도 성 접대를 했다”라고 털어놨다.

홍 사장은 20대 어린 나이에 부친이 물려준 건설회사를 운영하면서 검사들의 스폰서 역할을 하게 된다. 이유는 홍 사장 자신이 어린 나이에 큰 회사를 운영하다 보니 어쩔 수 없이 검찰에 일종의 '보험 성격'과도 같은 것을 들지 않을 수 없었다고 한다. 홍 사장이 제공한 문건을 검증한 결과 접대 대상은 당시 한모 창원지검 차장검사(나중에 대검 감찰부장을 지냄)였다. 룸살롱까지 이어진 술자리에는 2명의 부장검사가 더 참석한 것으로 기록돼 있다.

그리고 기록에는 한 사람(이 모 부장검사)이 성 접대를 받은 것으로 나와 있다. 술값과 성 접대 비용은 당연히 홍 사장이 담당했다. 당시 성 접대를 받은 것으로 기록된 이 모 부장검사의 확인 전화에서는 "술집에서 만난 것은 사실이다. 하지만 성 접대를 받은 사실은 없다. 첫날 만나서 어떻게 그런 짓을 할 수 있느냐"는 반박이었다.

그날 술자리가 벌어졌던 룸살롱은 홍 사장이 자주 검사들을 접대하던 술집이었다. 당시 그 술집의 한 아가씨는 "특히 검사들이 폭탄주(맥주+양주)를 아주 즐겨 마셨다"라면서 "어떤 경우는 20잔 이상씩 마시곤 했다"라고 증언한다. 이날 술자리에 참석한 당시 한모 창원지검 차장검사는 스폰서와 동석하게 된 경위를 알기 위해 전화를 하자 이렇게 말한다. "그 사람(홍 사장)이 뭐 하는 사람이죠?"라고 되묻는다.

홍 사장에게 "한모 차장검사는 몇 번이나 모셨던 것 같아요?"라고 물었더니 "횟수로 치면 당시 부산에 계실 때만 해도 10회가 훨씬 넘죠. 한 달에 2번 정도는 접대했으니까요"라고 답했다.

또 홍 사장은 진주지청 시절부터 알고 지낸 검사가 있었다. 그가 부산지검 형사1부장으로 부임했다. 그리고 이후 부산지검장을 맡고 있었던 박 모 검사장이다. "그가 당시 형사 수석부장이니까 스폰서가 있어야 할 것 아닙니까?" 홍 사장이 부산지검 검사들을 접대한 횟집이다. 그 집 주인은 그를 첫 번째 손님이라며 완전 고정 VIP 손님이라고 인정한다. 그리고 이후 많은 검사를 데려와서 먹였다고 했다. 항상 계산은 홍 사장의 몫이었다.

홍 사장의 스폰서 역할은 고급음식 대접에서 그치지 않는다. 그는 "부산지검 검사들을 모실 고정 룸살롱을 정해놓고 이들을 접대했다"라고 한다. 그 룸살롱 주인은 "홍 사장이 검사들을 엄청 많이 데려왔다"라고 전했다. 그 룸살롱 마담은 "당시 몇 년 동안 홍 사장이 검사들을 술집으로 수없이 데리고 왔다"라고 증언한다. 그는 또 "내가 아가씨들의 파트너를 정해준다고 해서 전부 내가 '검사 장모'로 통했다"라고 털어놨다. 그러면서 "내(룸살롱 마담)가 책을 쓴다고 하면 부들부들 떨 사람들 엄청나게 많다"라고 덧붙였다.

취재 당시 한 법학과 교수는 "우리가 여러 건을 통해서 스폰서라고 하는 실체를 알고 있음에도 불구하고 그것이 아직 해결되지 않는 이유는 수사 및 기소권을 검찰 스스로에게 맡겨서는 검찰 정화를 기대할 수가 없기 때문"이라고 주장한다. 그러면서 "부패한 검찰이 스스로 검찰에 적폐 청산의 칼을 들이댄다는 것을 기대한다는 것은 '고양이에게 생선가게를 맡기는 격'이라며 어느 모로든지 불가능하다"라고 지적한다.

장면 2. 은폐된 '검사들의 성매매'

두 번째 이야기는 검찰이 은폐한 현직 검사들의 '성매매 혐의'에 관한 내용이 담긴 카카오톡을 그대로 인용하여 그들만의 세계를 들여다보자.

"이따 저녁에 다시 뭉치자. 8시까지 피트인(강남 청담동 술집) 갈게. 여의도 증권거래소 60주년 행사 잠시 참석하고 바로 갈 거야" (김 모 전 부장검사)

"나는 9시까지" (김 모 전 부장검사 고교 동창 스폰서 K모 씨)

"난 일찍 가서 파트너(술집 아가씨) 골라둘 게 ㅋㅋ" (김 모 전 부장검사)

"오늘 김모(전 부장검사)가 먼저 갈 거야. 나는 9시까지. (아가씨) 4명만 맞춰. 나는 필요 없고 애들(아가씨) 사진 보내봐" (검사 스폰서 K모씨)

"넹" (술집 마담)

"2차 간 애들(아가씨)한테 월요일 오전에 출근해서 (성매매 비용) 송금해준다고 해라. 계좌번호 좀 주라 하고. 좀 수고해줘" (검사 스폰서 K모 씨)

"국민은행 5*****이00이요. 그리고 6***** 84-0***** 국민 백십만 원입니다~~" (술집 마담)

"ㅇㅋ" (검사 스폰서 K모 씨)

"이번 주도 아자 여" (술집 마담)

"각 백십 원 입금했다" (검사 스폰서 K모 씨)

지난 2016년 9월 초에 세상을 떠들썩하게 만들었던 김 모 부장검사의 '고교동창생스폰서' 사건이다. 이 사건의 주인공은 서울 남부지검의 증권범죄합동수사단장을 지냈던 김 모 전 부장검사다. 당시 이 사건도 진실을 파헤친 뉴스타파가 방영한 내용 중에서 묻혀있었던 검사들의 성매매 사실을 중심으로 재구성한 것이다.

박 모 전 국회의장의 사위인 김 모 전 부장검사는 검사들 가운데에서도 최상위 1%에 속하는 엘리트 코스를 걸으면서 승승장구한 인물이다. 그는 2007년 삼성 비자금 특별수사단 파견, 2009년 UN 파견, 2011년 대검 범죄정보담당관, 2013년 전두환 전 대통령 추징금 환수팀장 등을 지낼 정도로 검찰 내부에서도 화려한 이력履歷을 지닌 특수통 엘리트 검사였다.

그런 김 모 전 부장검사가 자신의 고교동창생 김 모 씨로부터 현금 3천400만 원을 포함해 5천여만 원의 금품과 향응을 제공받은 혐의로 구속기소 된, 이른바 '고교동창생스폰서사건'이다. 당시 서부지검은 김 모 전 부장검사의 비위 사실을 보고받고도 무려 4개월 동안 방치하다가 언론보도로 사회문제가 된 이후에야 비로소 특별감찰 팀을 꾸려 수사에 착수한다.

이로써 검찰 제 식구 감싸기라는 강한 비난을 받았다. 당시 분노한 네티즌들은 검사를 향해 '떡검(성매매 검사)', '개검(권력의 충견 검사)'이라고 목소리를 높였다. 그리고 두 달 뒤, 그러니까 김 모 전 부장검사의 사건이 터지고 6개월 만에 술집 마담 송 모 씨는 검찰 조사를 받는다. 다음은 대검 특별감찰 팀의 조사 내용을 간추린 것이다.

"검사 : 3월 3일 피트인(청담동 술집)에 몇 명이 왔는가요?

술집 마담 : 김 모 전 부장검사, K 모 씨(스폰서), 다른 지인들 이렇게 5명 정도 왔고 아가씨는 네 명만 앉혔습니다.

검사 : 당시 술값은 얼마나 나왔는가요?

술집 마담 : 350만 원 정도 나온 것 같습니다.

술집 마담 : 그리고 김 모 전 부장검사하고 다른 사람하고 2차도 갔는데 그 비용은 위 돈에 포함되어 있지 않고 따로 K 모 씨(스폰서)가 아가씨들 계좌로 보내줬어요(진술 조사 중에서…)."

이 카카오톡의 대화와 술집 마담 송 모 씨의 진술 내용으로 보아 스폰서 K 모 씨와 김 모 전 부장검사가 함께 술을 마신 뒤 성매매를 한 것은 분명해 보인다. 스폰서 K 모 씨의 휴대전화기에는 성매매에 관한 추가적인 증거가 더 나왔다. 다음은 지난 2016년 2월에 이뤄진 스폰서 K모 씨와 술집 마담 송 모 씨와의 통화녹취 내용이다.

"옛날에 2월인가 3월 인가쯤 내가 기억나는데 (김 모) 전 부장검사랑 그때 2차 나간 애 있었잖아. 걔 이름이 뭐냐? 김 모 전 부장검사도 기억이 안 나서…. 지원(가명)이? 그래, '어' 그때 110만 원씩 줬나, 내가? 그 얼마지? '맞어 110인가 120인가 줬던 거 같애'"

당시 이 사건을 수사한 검찰은 이런 내용을 모두 알고 있었다. 사건을 조사한 대검 특별감찰 팀은 스폰서 김 씨의 휴대전화에서 카카오톡 대화 내용을 입수했다. 그리고 술집 마담으로부터 이른바 2차 성매매에 관한 진술도 확보한 상태였기 때문이다.

그리고 검사를 스폰서해온 K모 씨는 당시 사건을 조사한 수사 검사들에게 성매매 혐의도 함께 수사해 처벌해달라고 강력하게 요구했다고 말한다. 그러나 수사 검사들은 "성매매까지 언론에 알려지게 된다면 검찰의 도덕성에 큰 타격을 받게 된다"라면서 "성매매 까서 검찰조직 싹 죽일 거냐?"라며 묵살했다는 것이 검사를 스폰서 해온 K모 씨의 주장이다.

이후 김 모 전 부장검사는 1심에서 징역 2년 6월을 선고받는다. 그러나 2심에서는 징역 1년 집행유예 2년으로 감형을 받아 구속 11개월 만에 풀려난다. 그는 석방되면서 "기회가 주어진다면 한 사람의 자연인으로서 가장 낮은 곳에서 사회에 봉사하면서 앞으로 잘 살아가도록 하겠습니다"라는 말을 남긴다. 하지만 그는 친정 검찰에 깊은 내상을 남긴다.

김 모 전 부장검사의 사건으로 세상이 왁자지껄할 즈음, 죄수 신분으로 서울 남부지검에 수사를 도왔던 제보자 A 씨는 당시 검찰 내부의 분위기를 잘 기억하고 있었다. "김 모 전 부장검사 사건이 터졌을 때는 남부지검 전체의 분위기가 매우 뒤숭숭했으며, 특히 검사들이 굉장히 위축돼 있었고, 수사관들마저도 숨죽여 지냈다"라고 당시 상황을 전한다.

그리고 A는 구치소에서 김 모 전 부장검사의 고교 동창 스폰서로 알려진 K모 씨를 만나 깊은 이야기를 나누기도 했다고 털어놨다. 친구 김 모 전 부장검사의 스폰서 역할을 한 K모 씨는 "자신의 입장에서 굉장히 전투적으로 모든 것을 까발리려고 했다"라고 말한다. 그러면서 "일단 밝혀야 한다"라면서 적극적으로 출정을 다녔는데, 운동시간 등 가끔 만나 이야기를 들어보면 "저 사람들(검사들)은 밝힐 의지가 전혀 없다. 다 제 편이니까"라는 이야기를 자주 했다고 전한다.

이 이야기는 당시 징역 6년 형을 받고 구치소에 수감된 김 모 전 부장검사를 스폰서 한 K 모 씨를 통해서 나온 이야기다. 변호인을 통하여 검사 스폰서 K 모 씨와 연락을 주고받으면서 그의 주장을 알아봤다. 그리고 객관적 자료를 통해 객관적 자료를 검증한 사실들이다.

무엇보다 검사를 스폰서해온 K 모 씨는 자신이 엄청난 피해를 볼 것이라는 사실을 알면서도 이런 내용을 굳이 언론에 알리려고 한 것은 분명한 한 가지 이유가 있었다. 대한민국 법조계가 더 이상 썩어서는 안 된다는 것이었다. 검사 스폰서 K 모 씨는 이 같은 취지에서 자신의 큰 피해를 무릅썼다고 주장한다.

기적의 계산법 '검사는 향응 접대 받아도 무죄'

피해자 4,000여 명, 피해 규모 1조 6천700억 원에 이르는 대형 경제 범죄 사건 '라임 사태'의 핵심 인물인 김봉현 전 스타모빌리티 회장으로부터 유흥업소 향응접대를 받은 혐의로 기소된 전·현직 검사들이 항소심에서도 무죄를 선고받는다. 이는 '정의로운' 대한민국 재판부가 뒤늦게 술자리에 참석한 사람들까지 포함하면 1인당 접대금액이 100만 원이 넘지 않는다는 법조인이 관련된 피고인들의 주장을 받아들였기 때문이다. 이러한 '기적의 계산법'으로 향응접대를 받은 검사와 검사 출신 변호사가 무죄를 선고받는다.

올해(2023년) 8월 24일 서울남부지법 형사항소3-1부(부장판사 조성필·김상훈·이상훈)는 청탁금지법 위반 혐의로 기소된 김봉현 전 스타모빌리티 회장과 나 모 검사, 검사 출신 이 모 변호사에 대해 무죄를 선고한 원심을 유지했다. 재판부는 "향응 받은 금액이 100만 원에 미치지 못한다는 원심 판단은 정당한 것으로 충분히 수긍할 수 있다"라면서 "검사의 항소를 기각한다"라고 밝혔다.

당시 나 모 검사와 검사 출신인 이 모 변호사가 강남의 한 유흥업소에서 향응접대를 받았다는 사실은 지난 2020년 김봉현 전 회장의 옥중 입장문을 통해 알려졌다. 김봉현 전 스타모빌리티 회장은 강남구의 한 유흥업소에서 검사 출신 변호사를 통해 라임 수사팀에 합류할 검사들을 접대하고, 그들 중에서 한 명이 이후 김봉현 자신의 수사팀에 포함됐다고 폭로한다.

검찰 조사 결과 김봉현 전 회장은 2019년 7월 18일 검사들에게 술 접대를 한 것은 사실로 드러났다. 김봉현 전 회장과 이 모 변호사, 나 모 검사는 처음부터 끝까지 술자리를 지켰다. 그리고 다른 검사 2명은 중간에 자리를 떴다. 추후 조사에서는 김 모 전 청와대 행정관과 이종필 전 라임자산운용 부사장도 술자리에 들른 사실이 확인됐다. 당일 김봉현 전 회장이 술값으로 지급한 금액은 총 536만 원이었다.

검찰은 이 모 변호사와 나 모 검사가 받은 향응 수수액이 청탁금지법 위반 기준인 100만 원을 넘었다고 판단해 2022년 8월 징역 6개월을 구형했다. 이는 '회장님' 명의로 1번 방 계산서에 명시된 술값 및 접대비 536만원은 김봉현 전 회장과 이 모 변호사, 나 모 검사와 다른 검사 2명이 참석한 술자리의 비용이라는 것이다. 이 경우 5명의 접대비는 1인당 96만 원이 된다. 하지만 검찰은 기소된 3명은 2명이 술자리를 떠난 이후에 밴드와 유흥접객원 팁 비용 등을 추가로 받아 1인당 총 향응으로 수수한 금액이 114만 원으로 보고 기소를 한 것이다.

그러나 기소된 검사와 검사 출신 변호사의 피고인들은 이 자리에 김 모 전 청와대 행정관도 함께 있었으므로 접객원 팁과 밴드비를 3명이 아닌 4명이 나눠 받은 것으로 계산해야 한다고 주장했다. 이 경우 접대비는 93만9,167원이 되어 청탁금지법 위반 기준인 100만 원에 미달하게 된다. 이에 따라 1심 재판부는 "여러 정황에 비춰볼 때 검찰이 제출한 증거만으로는 향응접대 가액이 1회 100만 원을 초과했다고 증명되지 않는다"라면서 무죄를 선고했다.

검찰은 이에 불복해 즉각 항소했다. 그러나 항소심 재판부 역시 검사와 검사 출신 변호사가 포함된 피고인 측 주장을 받아들여 기각했다. 하지만 이는 애당초 대가성이 있었던 사건이라 뇌물죄로 적용했어야 했다. 그런데도 사건을 부정 청탁으로 기소한 것이다. 이 바람에 사건은 뇌물죄에서 액수가 쟁점이 된 사건으로 둔갑한 것이다. 그러자 네티즌들은 '검사와 판사가 짜고 치는 고스톱'이라며 분노했다.

김봉현 전 스타모빌리티 회장이 주도한 '라임 사태'는 지난 2019년 7월 라임자산운용이 코스닥 기업들의 전환사채(CB) 등을 편법 거래하며 부정하게 수익률을 관리한다는 의혹이 불거져 나오면서 주식이 폭락했다. 당시 피해자만 해도 4,000명이 넘었다. 그리고 피해 규모가 무려 1조 6천700억 원에 달하는 대형 경제 범죄 사건이었다. 시민단체는 검찰의 봐주기 기소로 무죄가 나왔다고 맹비난하고 있다.

'추하고 부패하고 실력 없는 검사'는 떠나라!

지난 문재인 정권 말기에 가장 '핫한' 이슈 중 하나가 검찰 개혁에 관한 이야기였다. 그러나 개혁의 대상으로 지목받은 검사들이 당시 윤석열 검찰총장을 비롯한 한동훈 검사장 등의 라인이었다. 문재인 정부는 검찰 개혁을 한답시고 조국을 장관으로 발탁했다. 그러나 가족 비리로 엄청난 국민적 저항을 받은 지 불과 35일 만에 물러났다. 그리고 박범계와 추미애를 법무부 장관으로 앉히고 둘 다 연이어 윤 총장을 거세게 압박했다. 급기야 추미애 때는 윤석열 총장을 징계하는 초유의 사태가 벌어지고, 결국 압박을 견디다 못한 윤 총장은 스스로 물러난다.

그러면 문재인 정권의 검찰 개혁에 당시 윤석열 총장과 한동훈 검사장 등이 왜 그토록 미운털이 박혀 곤욕을 치러야 했을까? 추하거나 부패하거나 실력이 없는 검사들이었기 때문일까? 우리는 잘 모른다. 그러나 최근 한동훈 법무부 장관이 한 언론 인터뷰에서 그 해답이 나와 있다. "유시민 씨나 지금 이(문재인 정권) 권력자들은 마치 자기들은 무슨 짓을 해도 절대 수사하면 안 되는 초헌법적인 특권 계급인 양 행동했습니다. 그러기 위해 권력이 물라면 물고 덮으라면 덮는 사냥개 같은 검찰을 만드는 것을 '검찰 개혁'이라고 사기 치고 거짓말했습니다"

앞으로 진정한 검찰 개혁을 완수하기 위해서는 먼저 '추한 검사'부터 솎아내야 한다. 실제로 검사들의 행동양식을 들여다보면 그들은 결코 도덕적이지 않은데도 불구하고 엄청 고결한 척하는 집단으로 알려져 있다. 이를테면 성범죄에 연루된 검사들을 보자. 어느 검사장은 길거리에서 음란행위를 하고, 부장검사는 여검사와 여직원을 성희롱하고, 평검사는 검사실에서 여성 피의자와 성관계했다. 음주운전에 적발된 검사는 헤아릴 수조차 없다고 한다. 이제 이들 추한 검사부터 솎아내야 한다.

국민은 또 '부패한 검사'야말로 공공의 적이라고 목소리를 높이고 있다. 검사들이 정말 깨끗하지 않은 사람들이 많은데도 엄청 청렴한 척한다는 것이 우리 국민이 느끼는 감정이다. 무엇보다 금품 비리로 처벌된 검사들이 수없이 많다. 어느 검사장은 사업가에게 공짜 주식을 챙겼고,

또 특수부 검사는 다단계업체에서 돈을 받았으며, 형사부 검사는 그랜저 승용차를 받았다. 언론에 안 나왔을 뿐이지, 돈 욕심을 내다가 옷 벗은 검사가 한둘이 아니다. 그런데도 이들은 모두 버젓이 변호사로 옷을 갈아입고 더 호화로운 삶을 누리게 된다. 이런 '추한 검사'와 '부패한 검사'는 정말로 나쁜 공직자들이다.

그러나 요즘에는 또 이에 못지않게 민폐를 끼치는 '실력 없는 검사'가 수없이 많다고 한다. 흔히 명문대 졸업하고 그 어렵다는 사법시험까지 통과한 사람들이다. 하지만 구속영장 한 줄 제대로 못 쓰고 공소장 한 단락도 잘 적지 못하는 검사가 부지기수라고 하는 소리가 검찰 내부에서 터져 나오고 있다. 무에서 유를 창조하는 신통한 능력까지는 바라지도 않는다. 옛날 자료와 사건을 참고해서 욕 안 먹을 만큼만 서류를 작성하면 된다. 그런데 이것마저도 안 되는 검사들이 많다는 것이다.

지금도 검찰에는 '추한 검사, 부패한 검사, 실력 없는 검사'가 늘고 있다고 한다. 하지만 정작 문제는 이런 검사들은 제 발로 나가지도 않는다는 것이다. 그런데도 이들은 자신이 추한 줄도 모르고, 부패한 줄도 모르고, 실력이 없다는 것을 인정하지도 않으려니와 인정한들 고칠 생각은 아예 없다. 물론 실력이 없는 건 범죄는 아니다. 하지만 국민에게 피해가 크다. 일례로 경찰이 송치한 '7억 원 오류(사실은 7,000만 원)'를 바로잡지 않고 그대로 재판에 넘긴 검사처럼 '성의 없는 검사'까지 속출하고 있으니 검찰의 현실이 부끄럽고 암담하다.

지금도 온 국민이 검찰 개혁을 여망하며 부르짖고 있다. 하지만 당장 시급한 것은 검사 개인부터 개혁돼야 한다. 개혁의 시작은 검사가 자신이 '추하거나 부패하거나 실력이 없다'라는 것을 깨닫고 물러나는 데 있다. 이제라도 문재인 정부가 밀어붙였던 검찰 사냥개 만들기보다는 온 국민이 원하는 진정한 검찰 개혁을 보고 싶다. 한동훈 법무부 장관의 확신에 찬 언론 인터뷰처럼 더는 검찰을 충견으로 만드는 일은 없어야 한다는 소망을 가져본다.

판사는 성범죄를 저질러도 '된다고?'

판사는 성 매수해도 '감봉 징계만 받는다!'

지난 2016년 8월에 한 부장판사가 서울 강남의 어느 오피스텔에서 성 매수를 하다가 적발됐다. 이 판사는 법관 징계위원회에서 감봉 3월이란 징계만 받았다. 그리고 검찰에서도 초범이고 이미 징계를 받았다는 이유로 성범죄혐의는 인정되지만 처벌은 받지 않는 기소유예를 내렸다.

그리고 2017년 초에는 대법원이 성 매수를 한 해당 판사가 제출한 사표를 수리하면서 그 판사는 퇴직한다. 이어 그는 같은 해 2월 서울변호사협회에 변호사등록을 신청했다가 서울변호사회가 철회를 권고하자 일단 받아들인다. 하지만 서울변호사회는 3개월 뒤인 5월에는 이 판사가 다시 낸 변호사등록신청을 받아주었다. 법원에서 감봉 3개월의 징계를 받은 데 대한 충분한 자숙기간을 거쳤다는 것이다.

또 다른 판사가 관련된 성범죄 사례는 2017년 7월 서울지하철에서 여성의 신체 일부를 휴대전화로 촬영하다 붙잡힌 사건이다. 법원은 이 판사에게도 감봉 4개월의 징계만 내렸다. 검찰도 약식기소만 하면서 이 판사는 벌금 300만 원의 처벌을 받았다. 이는 금고 이상의 형을 받지 않았기 때문에 파면을 면할 수 있었다. 이 판사는 그다음 해인 2018년 법원을 떠난 뒤에 2020년도 대형로펌에서 취업을 할 수가 있었다.

같은 법조계에서마저도 대다수가 "성범죄혐의가 인정된 판사들이 법원에서 솜방망이 징계만 받고 있다. 그래서 이들은 대한변협으로부터 변호사등록을 할 수가 있었다. 그리고 모두 대형로펌에 들어가 전관예우를 받으며 당당하게 변호사 활동을 하고 있다"라면서 "이 같은 판사 비리가 가벼운 징계를 받는 것은 현형 법 제도에 문제가 있다"라고 지적한다.

현행 법관징계법에 따르면 판사는 징계사유가 있더라도 정직과 감봉 견책만 받게 돼 있다. 그래서 판사가 탄핵당하거나 금고 이상의 형을 받은 경우에만 파면된다는 헌법 제106조 1항에 따른 것이다. 따라서 우리나라는 성범죄나 성 비위를 저지른 판사들도 가벼운 징계만 받고 퇴직해서 대형로펌에서 전관예우를 받으면서 변호사 활동을 할 수가 있다.

그러나 구미 선진국에서는 성 비위를 저지른 판사들은 파면이나 해임을 당하고 있다. 영국에서는 지난 2014년 한 지방법원 판사가 법원 여직원의 허리와 팔을 만졌다는 부적절한 행동을 해 파면을 당했다. 또 다른 한 판사는 법원 자문 위원에게 부적절한 신체접촉과 무리한 언행을 했다는 이유로 스스로 사임한 사례도 있었다. 독일에서도 지난 2009년에 아동 관련 음란물을 수집한 판사에 대한 해임을 할 수 있다는 판례가 나왔다.

그래서 법조계에서부터 '판사징계가 일반 공무원과 비교하면 상대적으로 너무 가벼워서 형평성에 맞지 않는다'라는 지적이 나오고 있다. 일반 공무원의 경우 직무태만이나 체면 및 위신 손상의 징계사유가 있으면 파면이나 해임 등의 중징계를 내릴 수 있다. 그런데도 유독 우리나라 판사만이 이토록 가벼운 처벌을 받고 있다. 이는 성 비위로 옷을 벗어도 변호사를 할 수 있도록 하기 위해서란다.

그러나 영국은 판사 임용부터 퇴직 이후 변호사 면허(license)를 막고 있을 정도로 법관의 일상에 대해 엄격하다. 따라서 같은 법조인들마저 "성범죄나 성 비위는 일반 공무원이라면 파면이나 해임이 될 수 있다"라면서 "그런데 판사는 가벼운 솜방망이 처벌만 받는다"라고 지적한다. 그는 또 "판사는 일반 공무원보다 오히려 훨씬 더 높은 도덕성이 요구되는데도 불구하고 고작 감봉만 받는다는 것은 국민이 이해할 수 없다"라고 주장했다.

'짝퉁?' 골프채 받은 부장판사 '무죄판결'

한 유통업자로부터 '짝퉁' 골프채를 받은 혐의 등으로 재판에 넘겨진 현직 부장판사가 무죄를 선고받자 검찰이 이에 항소하는 사건이 있었다. 인천지검은 알선뇌물수수와 정보통신망법 위반 혐의로 불구속기소 한 A(54) 부장판사의 무죄판결에 불복해 항소했다고 지난 11월 2일 밝혔다.

검찰은 "A 부장판사가 실제로 골프채를 받았고 사건 검색시스템에 접속하기도 했다"라면서 "무죄판결을 한 1심 재판부가 법리를 오해했기 때문에 다시 판단을 받기 위해 항소했다"라고 밝혔다. 검찰은 지난 8월 열린 결심 공판에서 "모범을 보여야 할 판사 신분인데도 뇌물을 수수했다"라며 A 부장판사에게 징역 1년의 실형을 구형했다.

그러나 인천지법 형사14부(류경진 부장판사)는 10월 26일 선고공판에서 "마트 유통업자 B(54) 씨와 A 부장판사가 청탁의 의미로 골프채를 주고받았다고 보기에는 증거가 부족하다"라며 무죄를 선고했다. 이 사건은 A 부장판사가 지난 2019년 2월 22일 인천시 계양구 식자재 마트 주차장에서 B 씨로부터 52만 원 상당의 '짝퉁' 골프채 세트와 25만 원짜리 과일 상자 등 총 77만9천 원 상당의 금품을 받은 혐의 등으로 기소됐다.

A 부장판사는 또 지난 2018년에는 "사기 사건 선고공판 때 법정에서 구속될지 알아봐 달라"는 B 씨의 부탁을 받고 법원 내 사건 검색시스템에 불법으로 접속한 혐의도 받았다. 애초 A 부장판사가 받은 골프채는 수천만 원에 달하는 명품 브랜드로 알려졌으나 감정 결과는 가짜 '짝퉁'

으로 드러났다. 하지만 네티즌들은 이것마저도 '진짜가 가짜로 둔갑한 것 아닌지 아리송하다'라고 비난을 쏟아냈다.

앞서 대법원 법관징계위원회는 지난 2021년 6월 품위유지 의무 위반 등으로 A 부장판사에게 감봉 3개월과 징계부가금 100여만 원의 처분을 내린 바 있다.

판사는 만취 운전해도 '고작 정직 몇 개월'

현직 판사는 법원 공무원 징계기준을 따르지 않기 때문에 훨씬 가벼운 징계를 받고 있다. 헌법상 신분이 보장되는 법관은 탄핵이나 금고 이상의 형 선고에 의하지 않고는 파면되지 않는다. 또 법관징계법도 판사 징계 종류로 견책·감봉·정직만을 규정하는 등의 별도 징계 절차를 갖고 있기 때문이다.

실제로 법원은 혈중알코올농도 0.184% 만취 상태로 500m를 운전한 판사에게 지난 3월 정직 1개월 처분을 내렸다. 이어 2019년 0.163% 상태로 3㎞를 운전한 판사에게도 감봉 2개월만 징계했다. 그러자 네티즌은 "판사가 아닌 법원 공무원이었다면 강등 및 정직 등 중징계 사안이었다"라면서 판사 '솜방망이 처벌'에 큰 논란이 일었다. 이에 대해 법원행정처는 "법관징계위원회에서는 구체적 타당성 등 여러 가지 사정을 고려하여 개별 법관에 대해 징계처분을 하고 있다. '법원 공무원 징계양정 등에 관한 예규'의 음주운전 부분은 개정의 타당성 및 필요성 여부를 검토 중"

이라고만 밝혔다.

또한 앞서 검찰에서도 혈중알코올농도 0.2% 이상의 음주운전 시 최대 '면직' 징계가 가능하도록 규정을 두고 있다가, 지난 2022년 9월 14일 일반 공무원들보다 낮은 수준의 징계라는 언론보도에 최대 '해임'까지, 가능하도록 규정을 개정한 바 있다. 그러나 현행 도로교통법은 혈중알코올농도 0.2% 이상의 음주운전은 2년 이상 5년 이하 징역이나 1천만원 이상 2천만 원 이하 벌금으로 처벌하도록 강한 규정을 두고 있다.

검찰에 적용되는 음주운전 징계가 일반 공무원에 견줘 낮다는 사실이 드러나 징계 규정이 개정됐다. 그런데도 여전히 일반 공무원에 비해 낮은 편이다, 하지만 법원 공무원에게 적용되는 음주운전 징계기준도 일반 공무원 기준에 미치지 못하는 것으로 나타났다. 2022년 9월 21일 '법원 공무원 징계양정 등에 관한 예규'를 보면, 법원 공무원에게 적용되는 음주운전 징계 수위의 기준을 '혈중알코올농도 0.08%'에 두고 판단하고 있다. 초범이면서 혈중알코올농도 0.08% 이상이면 최대 강등 처분을 받을 수 있게 돼 있고, 0.08% 미만이면 '감봉 및 정직'에 처한다고 정하고 있다.

그러나 이는 인사혁신처가 지난해 12월 개정한 '공무원징계령 시행규칙'보다는 낮은 수준이다. 인사혁신처는 징계기준을 세분화해 초범 기준 혈중알코올농도 0.08% 미만이면 '정직 및 감봉', 0.08% 이상 0.2% 미만이면 '강등 및 정직', 0.2% 이상이면 '정직 및 해임'할 수 있다고 정하고 있다. 행정부 소속이 아닌 법원 공무원들은 법원행정처가 마련한 별도 기준에 따라 다른 공무원보다 약한 징계를 받는 셈이다.

함량 미달한 사법부 '판사가 부린 객기'

지금도 대한민국 법정에서는 부끄러운 일들이 종종 벌어지고 있다. 피의자가 재판 중인 판사에게 "판결 똑바로 하라"고 말하면 무슨 일이 벌어질까? 실제로 이런 항의를 한 A 씨가 있었다. 그는 방화혐의로 재판 중이었다. 자신에게 불리한 말을 하는 검사에게 험한 말로 "왜 없는 말을 지어냈느냐?"고 목소리를 높였다. 그리고 이후 재판하는 판사에게도 "네가 뭔데 재판을 기각해, 네가 신이냐? 뭔 재판을 이렇게 해"라며 소란을 피웠다. A 씨는 결국 방화죄 징역 4년에 법정 모욕죄로 징역 4개월이 추가됐다.

또 판사의 선고에 불만을 표시하다 형량이 많이 늘어난 사례도 있다. 무고혐의로 징역 1년을 선고받은 B 씨가 판사의 선고를 듣다가 "재판이 개판이다"라고 말했다. 이에 판사가 교도관에게 끌려 나가던 B 씨를 다시 불러들인다. 그리고 전혀 반성하지 않는다며 즉석에서 징역 1년을 3년으로 대폭 늘렸다. 이 재판은 결국 '판사 갑질' 논란으로 이어지면서 사회문제가 됐다. 그리고 대법원이 이에 대해 낸 의견은 "B 씨의 태도를 문제 삼아 형량을 바꾼 건 적합하지 않다"라고 판시했다.

이에 대법원이 내린 결론은 "판사가 판결문에서 한번 내린 내용을 잘

못 읽은 게 아니라면 재판 도중 선고를 변경하는 것은 정당하지 않다"라는 것이다. 결국 이 사건은 다시 심판받게 된다. 여기서 법정 모욕죄는 형법 제138조에 해당하는 것으로 '재판을 방해 또는 위협할 목적'으로 모욕 또는 소동한 자는 3년 이하 징역 또는 700만 원 이하의 벌금형에 처한다.'라고 명시돼 있다. 그런데도 즉석에서 판사의 기분에 따라 함부로 형량을 높인다는 것은 그 법관이 얼마나 함량(덕) 미달이며, 천박하고 오만한 성품의 소유자인가를 잘 보여준다.

여기서 '덕(함량)' 또는 '인성'이란 자기를 자기이게 하는 내면의 어떤 힘을 말한다. 그래서 덕을 잘 갖춘 사람은 자신이 가진 '인식'이나 '생각의 틀(frame)'을 세상에 적용하려 하지 않는다. 그래서 세상의 흐름을 있는 그대로 받아들일 수 있는 능력을 갖추게 된다. '함량(덕)'이 있는 판사라면 재판장에서 큰 목소리로 불평을 했다고 해서 형량을 높이는 좀스러운 일은 하지 않는다. 여기서 자기를 자기이게 하는 내면의 어떤 '힘(함량)'은 오만한 권력에 취한 자들이 갖기가 얼마나 어려운 것임을 알 수 있게 한다.

판검사 입건이 1만 건인데 '재판은 0건'

지난 2022년 판검사가 피의자로 입건된 사건 1만여 건 가운데 정식 재판에 넘겨진 사례는 단 1건도 없는 것으로 확인됐다. 법무부는 사건 처분에 대한 민원성 고소와 고발이 대부분이라고 설명했다. 하지만 전체 형사사건 기소율이 40%가 넘는 것과 비교하면 지나치게 낮다는 지적이 나온다. 특히 판검사를 향한 고소와 고발이 늘어나는 것 자체가 사법부의 불신을 방증한 것이다.

10월 19일 법무부에서 제출받은 '판검사 공무원 범죄 접수 및 처리 현황'에 따르면, 지난 2022년 한해 검사가 피의자로 입건된 사례 총 5,809건 중 기소·불기소 등 법적 처분이 내려진 사건은 총 5,694건으로 집계됐다. 이 가운데 정식 재판에 넘겨진 경우는 1건도 없었다. 벌금 및 과태료 처분을 내려달라며 약식 기소된 사례만 1건(0.02%) 있었다. 2,609건(45.82%)이 불기소 처분을 받았고, 3,084건(54.16%)은 보완 수사 및 타관 이송 등 기타 처분이 내려졌다.

같은 기간 판사가 입건된 사례는 총 4,812건이었다. 이들도 검사와 마찬가지로 약식 기소된 사례가 1건(0.02%), 불기소 처분을 받은 경우는 1,952건(40.73%)이었고 정식 재판에 부쳐진 사례는 역시 한 건도 없었다. 올해도 1~8월 기준 판사와 검사에 대해 고소 및 고발된 사건은 총 2,250건이었다. 하지만 대부분 불기소 처리되었다. 그래서 정식 재판에 회부되거나 약식 기소된 경우는 단 1건도 없었다.

이에 대해 법무부 관계자는 "판검사들은 사건관계인이 재판 결과에 불복하면서 민원 성격의 고소·고발을 많이 받게 된다"라고 밝혔다. 그러면서 "최근엔 판검사들의 주요 범죄 사건은 공수처(고위공직자 범죄수사처)가 담당하다 보니 법무부 자료만으로는 전체 판검사 기소율을 판단하기에는 어려울 수도 있다"라고 설명했다.

그러나 박용진 더불어민주당 의원은 "터무니없이 낮은 판검사의 정식 재판 회부 비율은 전형적인 법조 카르텔로 볼 여지가 있다"라면서 "관보와 자료로 제출된 성매매와 성희롱, 교통사고처리 특례법 위반, 금품향응 수수, 보관금 횡령 등의 범죄가 어떻게 처리됐는지 그 결과조차 밝히지 않고 있다"라고 강하게 비난했다.

서초동 한 변호사는 "이는 전형적인 법조 카르텔에서 비롯된 것이 분명하다. 돈 없고 배경도 없고 힘이 없는 사람들이 전전긍긍할 때 (권력 있는) 누군가는 죄를 지어도 맘이 편하다. 이런 게 바로 국민이 사법부에 분노하고 검찰의 불공정을 의심하는 이유"라고 지적했다.

그는 또 "형사사법 체계나 사법부에 대한 불신이 얼마나 심각하면 1년에 만 건 넘게 고소·고발이 이뤄지는지 봐야 한다. 대다수 국민은 법조 카르텔이 실재한다고 인식하고 있다. 판검사가 기소되는 것과 일반 사건에 대해 비율만 놓고 단순 비교하는 건 논리적 비약이다. 하지만 법무부 차원에서 이런 의혹을 불식시키기 위해 구체적 자료를 정리할 필요가 있다" 주장했다.

신성한 법정의 주인은 '정의Justice야'

법정에서 주인 행세하는 '비뚤어진 판사'

신성한 법정의 주인은 판사 자신이 아닌 '정의(justice)'라는 것을 명심해야 한다. 대한민국 판사의 오만은 자신이 법정의 주인으로 군림하려는 데 있다. 판사는 공정과 평등을 토대로 정의로운 판결을 하는 한 개인일 뿐이다. 판사는 단지 그 법정을 정의롭게 주관하는 주관자다. 그러나 판사가 그런 본분을 잊고 자신이 주인 행사를 하려는 것이 우리 사법부의 비뚤어진 모습이다.

그래서 인간을 판단하는 법관은 보통 사람들보다 인성이 좋고 내면이 커야 한다. 인성이 좋으면 좋을수록 이 작고 사소한 일들을 쉽게 다루면서 인생을 아등바등하지 않는다. 인성이 나쁘고 '소가지'가 쑥대 대롱같이 비좁은 인간들이 신경질이 많고 교만함이 하늘을 찌른다. 모든 일을 자기 뜻대로 진행하려고 생각하기 때문이다. 그런데 자기 인성이 굉장히 좋아버리면 이런 작고 좀스럽고 사소한 일들이 아예 거슬리지도 않게 된다. 그래서 국가 대사를 맡은 인물은 자기 내면의 인품을 키워야 한다.

지금 우리 법조 사회처럼 자신만이 잘났다고 떠들어대는 '함량(덕)'이 부족하고 사고의 두께가 얇디얇은 인간들이 모여 사는 사회에서 이런 일들이 종종 벌어진다. 특히 '좀비' 같은 인간들이 사회적 존경과 인정을 받는 구조로 되어 있는 한, 그런 사회에 갇혀서 사는 인간은 자기 한계를 비춰볼 거울이 없다. 또 자기 한계를 볼 수 없는 한, 이런 인간은 자신의 한계를 벗어나서 인간다운 덕을 발휘한다는 것은 사실상 불가능하다.

인간의 의식과 삶을 규제하는 가장 강력한 한계 중에서 대표적인 것이 법복을 입고 설치는 법조 사회의 무리다. 법조인들은 스스로 자기 교만에 빠진 사람들이 대부분이다. 부패한 집단의 '우리'에 갇혀 지내는 사람은 자기를 들여다보고 거기서 이탈하려는 노력이 쉽지 않다. 하지만 그런 어리석은 자부심과 교만함으로 인생을 사는 사람들은 자신도 모르게 나르시시즘(narcissism)에 빠져 자기 신념만 더 강화할 뿐이다.

장병우 법원장의 비뚤어진 판결문 '황제 노역'

장병우 광주지방법원장의 '황제 노역' 판결은 지난 2014년 3월 허재호 전 대주그룹 회장과 관련된 일종의 판사 비위 사건을 말한다. 장병우 법원장은 이른바 일당 5억 원의 '황제 노역' 판결을 해 온 국민을 분노케 했다. 결국 장병우는 2014년 3월 29일 보도자료를 통해 최근 자신을 둘

러싼 여러 가지 보도와 관련해 한 법원의 장으로서 책임을 통감하고 사표를 던졌다.

사건의 경위는 이렇다. 한때 그룹 계열사를 41개까지 확장하며 재계 52위까지 올랐던 허재호 전 대주그룹 회장은 2007년 500억 원대 탈세와 100억 원대 횡령 혐의로 기소돼 1심에서 징역형 집행유예에 벌금 508억 원과 일당 2억 5천만 원의 노역장 유치를 선고받았다. 하지만 2010년 항소심에서는 벌금은 절반인 254억 원으로 확 줄었다. 그리고 재판부는 벌금을 내지 않는 대신 노역하면 (1심 일당의 두 배인) 하루에 5억 원을 차감해 준다는 판결했다.

항소심 판결 다음 날 곧장 뉴질랜드로 도피한 허재호는 1년 뒤 판결 확정 후에도 벌금을 내지 않고 도망가 있었다. 그리고 2014년에 귀국해 광주교도소에 수감됐다. 허재호는 "벌금을 낼 돈이 없다"라며 약 50일 간 일당 5억 원짜리 노역하는 것을 선택했다. 이 사실이 뒤늦게 언론을 통해 알려지자 온 국민이 분노했다. 전 대주그룹 회장 허재호는 닷새 만에 노역을 중단하고 판결대로 벌금을 내겠다며 국민 앞에 고개를 숙였다. 그러자 뒤늦게야 판사들이 일어나서 국민의 눈높이에 맞게 판결하자는 반성을 쏟아낸다.

하지만 이것이 오늘날 우리 대한민국 사법부의 부끄러운 민낯을 보게 되는 또 하나 추악한 판사의 재판 비위 사건의 하나로 기록되었다. 전형적인 '유전무죄 무전유죄' 판결이라는 비판 속에서 허재호가 벌금을 내 기억에서 잊혔다. 하지만 일당 5억 원의 '황제 노역' 판결에 결정적인 역할을 한 인물이 바로 현직 판사인 허재호 자기 사위였음이 밝혀지면서 또다시 세상을 분노하게 했다.

그 실상은 전 대주그룹 회장 허재호가 지난 2010년 자기 사위인 김 모 판사에게 광주의 같은 아파트에 살던 당시 광주고법 항소심 재판장인 A 전 부장판사를 주선했다. 자신이 검찰에 제출한 자술서가 1심 판결에 반영되지 않았으니, 허재호가 이를 항소심 판결에 반영해 달라는 부탁을 사위인 김 모 판사가 직접 전달했다. 허재호는 이 과정을 설명하면서 여러 차례 '로비'라는 단어를 사용했던 것으로 알려졌다.

허재호가 제출한 자술서는 실제 논란이 된 항소심 판결에 감경 요인으로 반영되었다. 2014년 황제 노역 논란이 불거졌을 당시 A 전 부장판사와 허재호 가족이 지분 100%를 보유한 가족회사 간의 주택거래도 논란이 됐다. 대주건설이 시공한 새 아파트로 A 전 부장판사가 이사하면서 기존에 A 전 부장판사가 살던 아파트를 허재호 가족회사가 사들인 것이다.

그런데도 당시 대법원은 허재호 일가와 A 전 부장판사의 관계에 대한 각종 의혹이 언론에 연일 보도되는 상황에서도 별다른 조사 없이 A 전 부장판사의 사표를 수리했다. 이유를 알아보려고 취재진이 접촉을 시도했다. 그러나 A 전 부장판사는 응하지 않았다고 한다.

하지만 전 대주그룹 회장 허재호 사위인 김 모 판사는 대리인을 통해 "당시 신임 판사였던 자신이 친분도 없는 고위 법관에게 그런 부탁을 하는 것 자체가 전혀 상식에 맞지 않는 일"이라고 주장했다. 그러면서 "지역사회 유력 인사들을 통해 영향력을 행사할 수 있는 위치에 있었던 (장인) 허재호 전 대주그룹 회장이 자신에게 그런 요청을 할 이유도 없었다"라고 밝혔다.

하지만 더욱 심각한 문제는 이러한 철면피한 판결을 한 장병우 전 광주지방법원장은 파면을 받은 것이 아니었다. 장병우는 사표를 낸 뒤에 곧바로 아무런 일도 없었다는 듯이 멀쩡하게 변호사 사무실을 개업해 운영하고 있다. 이것이 썩어 문드러진 우리 대한민국 사법부의 추악하고 부패한 또 다른 모습이다.

김명수 대법원 임기 내내 '사법농단 사태 악용'

김명수 대법원장은 자신을 대법원장으로 만들어 준 이른바 '사법농단 사태'를 재임 기간 내내 악용하고 있다는 비난을 받고 있다. 1·2·3심 무죄선고를 받은 신광렬 판사와 조의연 판사를 김명수 대법원이 무려 2년 7개월 지나서 다시 징계를 강행한 것이다. 따라서 법원 내부에서는 정작 징계받고 탄핵당해야 할 사람은 '김명수 대법원장과 대법원'이라는 말이 나왔다.

이는 '사법행정권 남용사건'으로 대법원에서 무죄가 확정된 신광렬·

대법원 앞에 김명수 사퇴를 주장하는 수십 개의 근조화환이 놓여 있다

조의연 부장판사에 대해 대법원이 최근 다시 징계를 의결해 논란이 됐다. 그래서 법원 내부에서는 "정작 징계받고 탄핵을 당하여야 할 김명수 대법원장이 두 판사를 징계하겠다는 것은 모순"이라는 비판이 제기된 것이다. 언론 취재를 종합하면, 대법원은 최근 법관징계위원회를 열어 신광렬 부장판사에게 감봉 6개월, 조의연 부장판사에게 견책 징계를 의결했다.

그러나 신광렬·조의연 부장판사는 "사법행정권 남용 의혹 사건으로 무죄가 확정됐지만, 대법원에서 징계받은 것은 있을 수 없는 일"이라며 징계처분에 불복해 소송을 냈다. 신광렬·조의연 부장판사는 지난 2016

년 '정운호 게이트' 사건을 수사 중이던 검찰이 관련자 구속영장을 청구하면서 보낸 수사기록에서 법관 비리 관련 내용을 수집해 법원행정처에 보고한 혐의를 받고, 2019년 3월 기소됐다. 이에 대해 당시 대법원은 "사법부의 국민 신뢰 확보 차원에서 비리 의혹 법관징계 등에 필요한 정보를 주고받은 행위이므로 공무상 비밀누설로 볼 수 없다"라며 무죄를 확정했다.

당시 신광렬 부장판사는 서울중앙지법 수석부장판사, 조의연 부장판사는 영장전담 판사이었다. 이런 상황에서 지난 2022년 대법원이 "법관으로서의 품위를 손상하고 법원의 위신을 실추시켰다"라며 신광렬·조의연 부장판사 징계를 의결하자 일선 판사들은 '이해할 수 없다'라는 반응을 보였다. 대법원이 이들에 대해 징계 청구를 한 것은 2019년 5월이었다. 이에 한 판사는 "대법원이 무죄를 확정한 사람들을 2년 7개월이 지나 징계하겠다고 하는데 과연 김명수 대법원장에게 그럴 자격이 있느냐"고 반박했다고 한다.

특히 법원 내부망에서는 "김명수 대법원장은 무죄가 된 판사들을 탄압하는 악행을 그만둬야 한다"라는 글까지 돌았다. A4용지 1장 분량의 인쇄본 형태로 판사들 사이에서 급속히 퍼지며 떠돌았던 이 글에는 "김명수 대법원장은 자신을 대법원장으로 만든 이른바 '사법농단 사태'를 재임 기간 내내 악용하고 있다"라면서 "징계받고 탄핵당해야 할 사람은 무죄를 받은 판사들이 아니라 자기 가족, 자기 편만 챙기고 편파적

인사 농단 자행하는 바로 김명수"라는 것이다.

당시 해당 글은 법관징계위원회 구성의 편향성도 강하게 질타했다. 법원 내부망에서는 "2019년 3월 징계위원으로 선임된 김칠준 변호사는 친정권 인사들이 연루된 대부분의 형사사건에 관여했고, 또 김선택 고려대 교수는 이른바 '사법농단 판사'에 대한 탄핵과 엄벌을 주장해 왔던 인사"라면서 "법관징계위원장인 민유숙 대법관은 김명수 대법원장 제청으로 임명된 첫 대법관이었고, 징계위원인 김문석 사법연수원장은 김 대법원장과는 가족끼리 교류할 정도로 가깝다고 알려진 사이"라는 주장까지 나왔다.

이에 대해 다수 현직 부장판사들은 "전적으로 공감한다"라며 "법관으로서 품위유지 의무를 위반한 사람은 공관에 며느리가 소속된 대기업 법무팀을 초청해 물의를 빚고, 여당이 탄핵을 추진한다는 이유로 임성근 고법 부장판사 사표를 받아주지 않았으면서 '그런 적이 없다'라고 거짓말을 해 법원 위신을 실추시킨 김명수 대법원장"이라고 지적했다. 또 다른 판사는 "무죄 받은 신광렬 부장판사가 '감봉' 징계를 받았다면 김명수 대법원장은 더한 중징계를 받아야 한다"라고 주장했다. 신광렬 부장판사와 조의연 부장판사는 "사법 신뢰를 위해 필요한 행위라고 법원이 판단했는데도 징계를 내린 것은 받아들일 수 없다"라며 행정소송을 제기했다.

공정성 잃은 대한변협회의 '퇴행退行'

어느 집단보다 청렴성을 더 강조해야 할 집단이 대한변호사협회다. 이는 국가의 근간이 되는 법을 집행하고 시행해온 법관들이 퇴직하거나 사법고시 및 법전원을 졸업하고 변호사 시험을 통과한 변호사들의 모임이기 때문이다. 그러나 성범죄혐의로 사법처리를 받고 사직한 판사 출신에게 엄정한 절차를 거치지 않고 변호사등록을 허용하는 것이 큰 문제인 것으로 지적되고 있다.

현행 변호사법에는 공무원 재직 중에 기소되거나 파면, 해임, 면직, 또는 정직을 받으면 위법행위와 관련해서 퇴직하면 등에는 변호사등록을 거부할 수 있다고 돼 있다. 그런데도 실제로는 성범죄나 성 비위로 정직 처분을 받은 판사도 변협이 등록신청을 받아주고 있다. 이에 대해 법조인들은 "변호사법에 위법행위와 관련해서 퇴직했고 이에 따라서 변호사직무를 수행하는 것이 현저하게 부당한 경우 대한변협은 변호사등록을 거부할 수 있다"라고 강조한다.

그런데도 변호사협회는 성 비위 전력 판사를 변호사로 인정하고 있다"라고 주장한다. 그러면서 "이는 법조인끼리 서로서로 허물을 덮어주는 '제 식구 감싸기'가 횡행하고 있기 때문"이라며 "이 같은 상황에서 성 비위 전력이나 의혹이 있어도 전관에다 실력을 갖춘 변호사는 대형 로펌이 서로 영입하려고 경쟁하고 있다. 세상만사가 모두 돈과 권력 판이다"고 지적한다.

법조인들이 말로는 '공정·정의·평등'을 내세우면서도 실제로는 서로 보이지 않는 곳에서는 법조 사회 내에서는 여전히 비리 카르텔이 작동하고 있다. 이를 감시하고 견제해야 할 대한변호사협회가 제 식구는 서로 밀어주고 덮어주는 세상이다. 이를 보고 세상의 네티즌들은 부패한 판사를 '판레기(판사 쓰레기)' 또는 '적판(적폐 판사)', '성판(성매수 판사)'라고 부르고 있는 것이다.

사법고시·로스쿨에 목맨 나라 '한국과 일본'

지금도 유독 한국과 일본에서는 판검사만 된다면 10년쯤은 인생을 바칠 수 있다고 생각하는 청춘들이 많다. 이 나라 국정을 이끌어 온 우리의 전·현직 대통령 중에는 여러 해 노력 끝에 판검사가 되거나 고시 합격으로 법관이 된 사람들이 여럿 있다. 무엇보다 판검사가 된다면 이보다 더 좋은 세상이 어디에도 없기 때문이다. 대한민국은 늦게라도 사법고시에 합격하면 판검사가 되거나 적어도 변호사가 되어 많은 권력이나 사회적 혜택을 누릴 수 있다는 천박한 권력 독점 의식이 만연하고 있다.

특히 지난 2009년 사법시험이 폐지되고 로스쿨(법학전문대학원) 제도를 도입한 이후 15년이 지났다. 현재 판검사는 로스쿨 출신으로 일정한 자격조건을 갖춘 자를 대상으로 임용하고 있다. 검사는 법무부에서 각 로스쿨의 성적 상위 10% 이내의 학생들을 상대로 임용을 하고 있다. 그리고 판사는 먼저 사법연수원 수료 또는 로스쿨을 졸업하고 5년 이

로스쿨이 고비용 교육구조로 전환되면서 빈익빈 부익부 현상이 심화하고 있다.

상 법원조직법 제 42조 제1항 각호의 직에서 종사한 자에게 판사 임용 자격이 주어지고 있다. 현재 전국적으로 25개 대학에서 로스쿨 제도를 도입하여 운영하고 있으며, 현재 전국 로스쿨 정원은 모두 3,255명에 이른다.

하지만 로스쿨은 지금 여러 가지 문제점을 드러내면서 사법시험보다 더 실패한 제도라는 평가가 나오고 있다. 2023년도 변호사 자격시험에서 합격률이 53%로 전체 응시자 3,255명 중 1,530여 명이 탈락해 사시 낭인과 같은 로스쿨 낭인을 양산하고 있다. 따라서 이제는 변호사 시험을 위한 학원까지 성행하고 있다. 더 큰 문제는 로스쿨이 고비용 교육

구조로 전환되면서 빈익빈 부익부 현상이 심화하고 있다는 것이다. 이로써 만인 평등을 부르짖는 법조계가 출발부터 가진 자들에게 유리하고 가난한 자에게 불리한 사회구조를 법조인 스스로 미리 체화하고 있다는 지적을 받는다.

특히 로스쿨 평균 등록금이 연간 1,400만 원이다. 여기다 과목당 최고 100만 원이 넘는 변호사 시험 전문학원 수강료까지 부담해야 한다. 이걸 모두 합하면 로스쿨 3년간의 교육비만도 수억 원에 이른다. 이런 현실에서 소득분위 상위층 출신 학생이 전체 로스쿨의 절반에 가까운 48%를 차지하고 있다. 또한 변호사 시험 합격자 77% 이상이 'SKY' 출신이란 점에 주목하면 로스쿨은 고소득층과 명문대학 출신자들에게 유리한 제도라는 지적이 나온다. 이에 따라 로스쿨이 '현대판 음서제'라는 비난을 받는 것이다.

무엇보다 사법시험을 폐지하고 로스쿨 제도를 도입한 지 15년이 지난 지금도 검찰과 사법부를 비롯한 법조계의 부정과 부패 현상은 조금도 개선되지 않고 있다. 서초동 법조단지 내에서는 수많은 사법 피해자들이 검찰의 수사와 법원의 판결에 대해 불신과 불만을 토로하고 있다. 사법 피해자들은 '유전무죄 무전유죄', '전관예우', '법조 비리 카르텔'을 형성한 판검사들을 비난하며 사법 피해를 호소하고 있다. 저들이 날마다 사법 피해를 부르짖고 있는 것은 대한민국 법조 사회의 부정과 부패가 여전하기 때문이다. 이는 로스쿨을 통해 임용된 판검사마저도 마찬가지로 선배 세대의 부패구조를 그대로 답습하고 있다는 것을 보여주고 있다.

앞서 지적한 대로 영국의 한 여론조사기관 조사 내용에 따르면 대한민국은 2016년 현재 경제력 전 세계 10위에 랭크돼 있다. 그리고 일 인당 국민소득 3만 달러 이상에 인구 5천만 명이 넘는 국가인 '30~50클럽'의 국가로는 세계 7위에 올랐다. 그런데도 가장 청렴하고 공정해야 할 사법부의 신뢰도가 전 세계 167개국 중에서 155위다. 대한민국의 사법부가 얼마나 망가지고 부패해 있는가를 보여주는 분명한 지표이자 팩트다.

우리는 청렴하고 공정해야 할 법조 사회가 가장 부패했다는 것을 잘 안다. 그런데도 '수사-기소-판결'이라는 모든 권력을 거머쥔 판검사와 또 그들과 연결돼 함께 사법농단을 부리는 변호사그룹을 그 누구도 감히 건드릴 수가 없다. 이는 우리 법조계가 굉장히 부패한 카르텔로 구성돼 있다는 것을 방증한다. 무엇보다 일부 부패한 검찰은 최고 권력의 충견 노릇을 서슴지 않고, 또 부패한 사법부는 정치권력의 시녀 노릇을 하고 있다. 여기다 변호사는 부패한 판검사를 통해 법조 기강을 허물어뜨리며 '로비야말로 변호사 능력'이라고 거들먹거린다.

이제 법조계의 부조리한 범죄행위를 바로잡기 위해서는 혁명과 같은 법조 쇄신이 꼭 필요하다. 국민의 분노가 폭발하기 전에 법조인 스스로가 '비단옷을 입고 제사상에 올라가는 내가 진짜 나냐? 아니면 제사상에 오를 것을 알고 비단옷을 거부하고 차라리 더러운 도랑을 선택하는 것이 진짜 나냐? 나는 어디에 설 것인가를 스스로 잘 선택해야 한다.' 부패한 대한민국 법조인들이 스스로 각성하여 법조 사회가 정화되지 않는다면 앞으로 언제 어떤 일이 일어날는지 아무도 예측할 수가 없다. 지금 우리 국민의 부패한 법조계에 대한 인내심이 점점 임계점에 다다르고 있다.

카를로스 곤이 폭로한 '일본 검찰'

"일본의 형사사건 유죄율은 99.4%에 이르며, 검찰은 피의자의 방어권을 전혀 보장하지 않는다"

거액의 탈세 혐의로 구속된 뒤 보석으로 풀려나자마자 세기의 탈출극을 벌인 카를로스 곤 전 닛산 자동차 회장이 지난 2020년 1월 8일 레바논에서 일본 검찰을 향해 던진 말이다. 일본 정부는 이례적으로 새벽에 기자회견을 열어 "유죄 판결을 받을 가능성이 큰 경우에 기소하는 방식으로 검찰권을 운영한다"라면서 곤 전 닛산 회장의 주장을 즉각 반박했다.

그런데 카를로스 곤이 성토한 도쿄지검 특수부의 수사 행태를 보면 우리 대한민국 서울중앙지검과 거의 판박이다. 일본에서 기소되면 유죄를 받을 확률이 99%가 넘고, 검찰은 자백을 강요하는 반인권적인 수사를 하고 있다는 것이 곤의 주장의 골자다. 불행하게도 그의 말은 대부분 사실이다. 심지어 일본의 구속영장 발부율은 최근 많이 떨어진 상황인데도 97~98%를 상회한다. 10여 년 전까지만 해도 99.9%라는 놀라운 수치를 기록했다.

공권력에 상당한 권위를 부여하는 문화와 외부 서양에서 이식된 자유민주주의가 결합하여 일본에서는 검찰에 엄청난 권한이 주어져 있다. 거의 모든 형사 피의자들은 검찰에 체포되는 그 순간 자백을 하게 된다. 우리나라는 그래도 심급별로 구속기간 연장의 제한이라도 있다. 하지만 일본은 사실상 무기한 연장이 가능하다. 자백하지 않으면 구속하고, 한번 구속되면 그 누구도 빠져나오는 것이 불가능하다.

그래서 카를로스 곤 전 회장은 "자신이 정의를 원하기 때문에 일본에서 탈출했다"라고 주장한다. 이 사건의 극적인 요소에 집중하기보다는 일본 검찰권에 대한 재인식이 필요한 시점이다. 곤 전 회장은 2018년 11월 일본 도쿄지검 특수부에 체포됐다. 5년간 1,000억 원 가까운 보수를 받고도 절반만 축소 신고한 탈세 혐의를 받아 온 인물이다. 이후 곤은 10억 엔의 보석금을 내고 지난해 3월 석방됐다.

일본 검찰은 곤 전 회장이 계속해 혐의를 부인하자 특수배임 혐의를 추가해 재구속했다. 우여곡절 끝에 5억 엔의 추가 보석금을 내고 풀려난 곤은 자가용 비행기를 타고 레바논 베이루트로 극적인 탈출을 감행한 것이다. 곤 전 회장은 프랑스 타이어 회사 미쉐린에서 수습생으로 시작했다. 그리고 르노자동차 부사장을 거쳐 2000년 경영 위기에 직면한 닛산의 재건을 이뤄냈다. 그런 곤은 르노·닛산·미쓰비시 얼라이언스 회장에 오르며 한때 '닛산의 영웅'으로 불리던 입지전적인 기업가다.

곤이 일본 열도를 탈출해 지구 반대편에서 일본 검찰의 야만성을 연일 폭로하고 있다. 이에 일본 언론도 카를로스 곤 전 회장의 부도덕성과 도주의 불법성을 강조하고 있다. 하지만 서방세계는 탈출극 배경에 깔린 권위적인 검찰권에 더 주목하고 있다. 한국도 기소되면 유죄를 받을 확률은 97%가량이니 일본을 꼭 빼닮았다. 솔직히 우리는 일본의 법전을 그대로 옮겨놓았다고 해도 과언이 아닐 정도로 그대로 베껴서 사용했다.

이는 판사 자체가 검찰에 대한 신뢰를 바탕으로 강한 유죄 심증을 가지고 재판에 임하고 있기 때문이라고 설명한다. 하지만 일본에서도 법조 카르텔이 횡행한다는 점에서 판검사가 죽이 잘 맞는 한 통속이라고 말하는 사람도 있다. 그래서 곤을 대변해온 변호사는 일본이나 한국과 같은 '권위주의적'인 사법 체계 구조에서는 '할 수만 있다면 도망가는 것이 최고'라고 권했던 것이라고 말한다.

Part 3

정치권력의 시녀가 된 '사법부'

"법관은 털끝만큼도

의심받을 행동을 해서는 안 된다.

무엇보다 불의와 부조리에 저항하지 않는 판사는

영혼이 구속될 것이다"

자유민주주의 파괴자 정치 판사가 설치는

'사법부', 부정 채용에 부정선거 의혹도

뭉개고 있는 노태악의 '선관위'는

즉각 사퇴하라!

누가 함부로 '진보와 보수'를 말하는가?

우리 사회에서는 허접한 좌파와 우파 지식인 및 정치인들이 '진보'와 '보수'라는 말을 마구 지껄이고 다닌다. 마치 우파는 보수를, 그리고 좌파는 진보를 자신들의 전유물인 양 떠들어대고 있다. 우파 정치권은 오래전부터 유승민과 김무성의 아류들을 중심으로 '보수 단일대오, 실용보수, 중도 보수, 남북보수연합, 보수연합, 정의로운 보수, 따뜻한 보수'와 같은 천박하고 무식한 말들을 함부로 사용하고 있다. 중도 보수를 지껄이는 너희가 과연 보수에 대한 진실을 제대로 알고 있는지 묻고 싶다.

지난 2017년 박근혜 전 대통령탄핵 이후부터 느닷없이 등장한 정치권의 보수 깃발이 눈과 귀를 의심케 만든다. 박근혜 탄핵 정국 때 국민 앞에 무릎 꿇고 사죄하던 모습이 엊그젠데 아닌 밤중에 홍두깨다. 보수 기치를 내걸고 있는 이들이 보수 개념은 제대로 알고 있는지 의심스럽다. 참뜻을 올바로 이해한다면 너희들의 정치역량과 업적으로는 언감생심 보수를 입에 올리는 것을 심히 부끄럽게 생각해야 한다.

보수의 사전적 의미는 '급격한 변화를 피하고 현 체제를 유지하려는 사상이나 태도' 또는 '오랜 시간 발전해온 연속성과 안정성을 담보할 수 있는 전통적 제도와 관습을 소중히 여기는 태도'로 정의된다. 그러나 보수와 진보를 좀 더 깊이 음미해보자. 보수와 진보는 본래 천박한 '정치 노선'을 의미하는 주의나 이념 따위가 아니다. 이념보나 더 깊은 사상적이고 철학적 함의를 지니고 있다. 따라서 보수와 진보의 정치적 개념은 선이 굵고 우직하다.

어떤 관점에 갇힌 얄팍한 '주의나 이념(ideology)'은 특정한 시기에 특정한 현상을 설명해놓은 '개념槪念(concept)', 즉 특정한 관점을 의미한다. 그래서 인간은 누구나 주의에 한 번 갇히면 그 관점만으로 세상을 보고 해석하고 설명하려고 하는 경향이 있다. 지금도 우리는 이러한 이데올로기의 관점에 빠져 소중한 세월을 허송하면서 전진하지 못하고 살아가는 수많은 지식인을 보고 있다. 그런데 진보나 보수는 그 두께가 한없이 얇고 가벼운 주의나 이념이 아니다. 보수는 인류가 진화하면서 찾아낸 가장 지혜로운 '가치(value)'다.

따라서 보수는 온몸을 던져 '진실과 거짓', '선과 악'의 기준을 찾아보려는 처절한 몸부림에서 비롯된다. 이런 점에서 보수는 차라리 종교적 영성에 가까운 숭고한 가치를 지닌다. 국가 사회에 보수와 진보 가치가 활착하려면 무엇보다 그 사회의 정신을 이끄는 주류 종교가 본래 정신을 발휘해야 한다. 인류 보편적 가치를 담고 있는 고등 종교, 우리의 경우 개신교와 불교가 튼실하게 자리를 잡아야 한다. 이는 보수가 뿌리내릴 토양이기 때문이다.

부끄럽게도 우리 사회 주류종교는 숭고한 자기 가치를 상실한 지 오래다. 작금의 무無도덕을 넘어 비도덕해지는 경향이 있는 현대사회에서 종교가 제 가치를 발휘하지 못하면 선악을 구별할 수 없다. 진실과 거짓의 개념마저 모호해진다. 이는 우리 사회에 참 보수와 진보가 활착하지 못하고 있는 이유다. 지고한 종교적 영성을 통해 보수 가치가 뿌리를 내린 국가는 '노블레스 오블리주(Noblesse oblige)'를 넘어 자기희생과 공적 헌신이 그 사회의 '아우라(Aura)'를 형성한다.

역사를 알면 '진보와 보수'는 한 뿌리야!

진보와 보수의 기원을 가진 영국은 걸출한 보수 가치를 가진 정치가들을 많이 배출했다. 영국 보수당의 대부격인 벤저민 디즈레일리(1804~1881년), 윈스턴 처칠(1874~1965년), 마거릿 대처(1925~2013년) 등이다. 이들의 정치적 업적과 역량은 일일이 언급하지 않아도 충분히 짐작된다. 대영제국을 이끈 정치인이기 때문이다. 무엇보다 보수정치가 자리를 잡은 국가 사회는 '뇌물'이나 '거짓 선전과 선동', 그리고 천박하고 부패한 정치인의 감옥행을 찾아보기 굉장히 힘들다.

지금 우리 정치 현실은 뇌물과 거짓 선동이 판친다. 선거판이 끝나면 당선자들이 무더기로 '차꼬(shackles)'를 찬다. 이런 관점에서 진보와 보수를 제대로 이해하면 작금의 여야당 정치인들이 진보나 보수를 자기

편의대로 끌어다 붙이는 것은 궤변이나 난센스를 넘어 차라리 종교적인 불경죄(Lese majesty)에 가깝다. 천박한 학계 지식인들도 마찬가지다. 진보와 보수는 특정 관점에서 바라본 편협한 사고의 틀에 갇힌 '주의나 이념'과는 차원이 다르기 때문이다.

종교적 선악 개념은 아니더라도 보통 사람의 진실 개념쯤은 철저히 몸에 밴 사람들이 보수정치와 진보 정치를 운운하라. 깜냥이 안 되는 추악한 좌파와 우파 정치인과 깃털처럼 가벼운 철새 및 비리 정치인들이 그것도 천박한 이념에 매몰된 허접한 정치인들은 진보와 보수를 외칠 자격이 없다. 너희들은 지금 당장 정치판을 떠나라. 이것이 우리 국민에 대한 최소한의 예의다.

18세기 후반부터 서유럽과 미국의 정당정치에서 굉장히 중요한 흐름 중 하나가 바로 '고전 리버럴(Classical Liberal)'인 진보다. 당시 진보는 '개인의 자유와 행복', '합리적이고 이성적인 판단' 등을 중시해서 '사회를 좀 더 바르게 고치고 개혁하자는 입장'을 견지하는 것인데, 이것이 원래 고전 리버럴의 근본 스텐스다. 특히 19세기 고전 리버럴은 영국의 '존 스튜어트 밀(1806~1873년)'과 같은 자유주의 사상가가 대표적이라고 말할 수 있다.

그런데 19세기 중후반에서 20세기 이후 지금은 고전 리버럴이 완전히 망가져 버렸다. 이유는 프랑스를 중심으로 안토니오 그람시와 같은 네오 마르크시스트와 포스트모더니즘이 출현해 세상의 근본정신을 오염시켰기 때문이다. 그리고 20세기 들어와서는 고전 리버럴이 완전히 파산해버린 상태라고 볼 수 있다. 그러나 역사를 살펴보면 진보와 보수는 둘이 아닌 동전의 양면임을 알 수 있다.

영미 진보(Classical Liberal)가 빛난 19세기

1789년에 프랑스 대혁명이 일어나자 이듬해인 1790년 영국인 에드먼드 버크가 프랑스 혁명에 반대하는 내용을 책으로 출간한다. 그 책이 〈프랑스 혁명에 대한 고찰(The reflection on the French Revolution)〉이다. 이것이 바로 보수 정치철학의 신호탄이었다. 그 이전에는 보수라는 용어가 없었다. 따라서 '보수'는 프랑스 사람들이 붙인 '1820~30년대' 등장한 새로운 용어이다.

1790년대 영국의 진보 정치인 에드먼드 버크는 '보수'라는 용어가 없던 시절에 고전 리버럴, 즉 진보였다. 소속 정당은 '자유당 휘그'였으며 '보수당 토리'가 아니었다. 실제로 정치 사상사를 추적해보면 영국의 '고전 리버럴이 바로 보수'임을 알 수 있다. 버크는 이를 근저로 한 빛나는 개혁적인 활동을 시작한다. 에드먼드 버크는 '왕실 재정과 국가재정 분리', '현대 정당정치의 모델 확립', '미국독립전쟁 이전에 북미지역 획기적인 자치 주장', '인도 지배 개선'에 대한 가열찬 투쟁을 벌인다.

에드먼드 버크는 "우리(영국)가 북미지역에서 세금을 거두게 된다면 그 지역에 국회의원 선출권을 줘야 한다"라고 강력히 주장한다. 그러면 자연히 북미지역에서 선출된 국회의원들이 점점 많아지게 될 것이다. 왜냐하면 당시 미국은 전 세계로부터, 특히 유럽지역에서 유입되는 이민으로 인해 인구가 해마다 매우 증가하고 있었기 때문이다.

결국 대영제국의 의회는 북미에서 선출된 의원들의 발언권이 더 강해지는 이상한 상황이 오게 된다. 따라서 영국은 북미지역에 국회의원 선출 권을 주지 않으면 거기서 세금도 걷어서는 안 된다고 말한다. 어차피 세금을 걷지 않으려면 획기적인 자치를 인정하자고 강조한다. 버크의 말대로 실행했다면 미국의 독립전쟁은 없었다. 세금 문제로 인해 '보스턴 차사건'이 미국 독립전쟁을 촉발했기 때문이다.

버크는 또 인도 지배 개선을 주장한다. 인도는 처음부터 영국이 전쟁으로 뺏은 나라가 아니다. 앞선 무굴제국(1526~1857)이 무너지면서 인도 호족 간 오랜 전쟁을 하다 지친 나머지 호족들이 나라를 영국에 거의 헌납하다시피 해서 영국 지배로 들어가게 된다. 그래서 영국이 인도에 많은 관리나 군인을 주둔하지 않았다. 하물며 엘리자베스 여왕은 "셰익스피어를 인도와 바꾸지 않겠다"라고 한 것만 봐도 인도 식민지에 큰 애착을 가진 게 아니었다는 것을 짐작할 수 있다. 무굴제국은 1857년 영국에 멸망할 때까지 인도의 이슬람 왕조를 말한다.

그런데도 결국은 영국 정부가 영국의 법과 관습, 제도 등을 통해 인도를 약탈하려는 행위를 자행한다. 그러자 에드먼드 버크가 이를 신랄하게 비판한다. 버크는 "우리가 왜 알량한 영국 법으로 인도사람을 강제하고 약탈하느냐? 그들의 관습과 전통을 존중해야 한다"라고 강조한 다. 그러면서 "인도는 하나님께서 잠시 영국에 위탁한 것인 만큼 그들 의 전통과 관습을 존중하면서 잘 관리하고 발전시키면 된다"라고 주장 한다. 또 당시 가톨릭이 영국에서 엄청난 박해를 받았다. 버크가 박해받 는 가톨릭을 옹호하다 가톨릭의 간첩이라는 비난과 협박을 받았다. 버 크가 바로 진정한 진보이자 보수의 원조정치인이다.

버크와 같은 고전 리버럴이 '보수'를 외친 것은 지금 우리가 가진 통 념을 뛰어넘는다. 보수는 가만히 기득권을 지키려는 수구세력이 아니 었다. 보수는 '지속과 변화 사이의 균형'을 찾는다. 보수의 핵심 가치는 개인과 집단의 존중을 근저에 두고서도 변화와 발전을 추구하는 조화 에 있다. 보수의 근본정신은 '지속과 변화 속의 조화'에 있다. 진보와 보 수는 한 뿌리에서 나온 개념이다.

미국의 '보수'도 영국과 흡사하다!

1860년대 미국 공화당의 '고전 리버럴(classical liberal)'이 일으킨 남북 전쟁은 우리의 6.25만큼이나 참혹했다. 당시 인구 3천만 명인 미국에서 벌어진 전쟁으로 사상자만 약 1백여만 명에 달할 정도로 피해가 엄청났 다. 남북전쟁을 진두지휘한 공화당 대통령 링컨은 당시 민주당 출신 부 통령을 데리고 전쟁터에 나선다. 링컨은 〈흑인 노예해방〉, 〈흑인 남성 투표권 주장〉, 〈남북전쟁으로 연방정부 강화〉 등을 부르짖다가 결국은 암살당한다. 하지만 링컨의 정치노선을 보면 고전 리러벌의 '표상'이다. 이것이 미국의 보수다.

공화당 대통령 링컨이 죽자 당시 민주당 출신의 부통령이 대통령으로 승계된다. 미국정치는 고도의 예술이라고 말할 수 있다. 링컨 대통령의 암살자는 셰익스피어 연극배우였다. 특히 미국서는 흑인 남성이 백인 여성보다 투표권(1910년대)이 약 40~50년 앞선 1870년에 이뤄졌다. 이는 미 공화당 링컨 대통령의 정치 성향이 '고전 리버럴, 즉 보수정치인'임을 방증한다. 따라서 19세기 '고전 리버럴'인 진보가 미국 보수의 뿌리라는 것을 우리는 역사를 통해 알 수 있다.

그리고 대한민국 건국 대통령 우남 이승만은 미국 고전 리버럴(진보)의 민주당 인맥이었다. 당시 한미동맹을 맺기가 어려웠던 것은 미국 민주당 인맥인 우남이 1953년도 미국 대통령 공화당 소속 아이젠하워에 인맥이 닿지 않았기 때문이다. 아이젠하워가 너희 대한민국과 우리(미국)가 왜 동맹을 맺느냐며 완강하게 거부했다. 그런데도 우남이 계속 조르고 협박하니까 아이젠하워가 '개새끼(a son of bitch)'라고 고함치며 회담장을 박차고 나갔다는 후문이 있다.

미국은 16대 링컨(1865년) 이후 20세기 초(1913년) 민주당 우드로 윌슨이 대통령에 당선되기까지 50년 가까이 단 한 번 22대 민주당 대통령 그로버 클리블랜드(재임 기간 1885~1889)를 제외하고 공화당이 거의 대통령을 독식하다시피 했다. 당시 미국 민주당은 도시 기반이 약했다. 그 대신에 미국 용어로 '깊은 남부(deep South)', 즉 노예농장의 깊은 뿌리를 가진 지역에 민주당이 강한 지지기반을 가지고 있었기 때문이다.

당시 미국 민주당은 백인우월주의가 강한 수구골통이었다. 그래서 결국 민주당은 앵글로 색슨 주류에서 소외된 유대인을 비롯한 스코틀랜드인, 아이리시, 흑인, 히스패닉 등을 중심으로 도시날개(리버럴)를 완성해 정당 기반을 겨우 구축한다. 비로소 민주당이 고립주의를 극복하고 도시 리버럴과 농촌의 수구골통이란 양 날개를 가지고 일어선다.

그 무렵 1912년 우드로 윌슨(Woodrow Wilson)이 대통령에 당선된다. 그리고 윌슨이 이승만의 든든한 뒷배가 된다. 그러자 우남 이승만이 윌슨의 정치적 파트너인 존 머트와 결합해서 머트의 오른팔인 플레처 브로크만을 데리고 한국에 들어와서 YMCA 운동을 일으킨다. 그 당시 돈은 윌슨을 도왔던 미국 최고의 갑부 워너 메이크(백화점 정찰제와 광고 마케팅을 도입하여 미국 유통업계를 정리한 사람)가 지원했다.

우남이 1910년 프린스턴 박사학위를 받고 고국으로 돌아온다. 그리고 우남이 일으킨 YMCA 운동이 너무 무섭게 불타오르자 일제가 겁이 나서 '105인 사건(1911년)'을 일으켜 모두 투옥하면서 강력한 탄압을 시작한다. 그때 사형선고를 받은 우남을 선교사들이 꽁꽁 묶어 마치 상품처럼 포장해서 미국으로 보낸다. 선교사들이 미국에서 구명운동을 일으켜 105인을 살리는 데 공헌한다.

참고로 '105인 사건'은 조선을 강탈한 일제가 1911년 조선총독부가

한민족 해방운동을 탄압할 목적으로 신민회의 안명근의 독립자금 모금 활동을 데라우치 마시타케 총독 암살모의로 날조하여 만든 공작이었다. 이 탄압사건은 일제 총독부가 신민회회원 105명을 집단으로 체포하여 일으킨 것이다. 따라서 이를 '안명근사건' 또는 '안악사건'이라고도 부른다.

미美 민주당 노선 따른 '이승만의 위대함'

한편 대한민국의 건국 대통령인 우남 이승만에게 시민운동을 가르쳐주고 이끌어준 존 머트가 YMCA 운동을 주도해 1차세계대전에 미국의 참전 운동을 일으킨다. 결국 미국이 1917년 1차대전에 참전한다. 그리고 딱 1년여 만에 미국이 전쟁 판도를 바꿔버린다. 이로써 민주당 소속의 우드로 윌슨이 미국의 패권 시대를 열면서 세계의 중심축(the central axis)이 된다. 그렇다고 우남이 완전히 미국노선을 따르거나 윌슨의 아류나 졸개 노릇을 한 건 전혀 아니었다.

윌슨은 자기와 손을 잡은 유대계에 미 연방준비은행(Federal Reserve Bank) 발권을 넘긴다. 본래 미국은 연방 금융기관인 중앙은행을 민간은행에 차터(charter)를 주었다. 이로써 유대인이 연방준비은행을 주도할 수 있게 한다. 이것이 오늘날 유대인이 미국은 물론 세계를 달러로 주무르게 된다. 유대인 민간은행에 연준(Fed)이라는 연방은행 자격을 부여한 것이 윌슨 대통령이었다. 그러나 윌슨과 깊은 인연을 가진 우남이기에 우리 대한민국도 후진국 중에서 가장 먼저 중앙은행을 설립할 수 있었다. 하지만 우남의 위대함은 당시 민간금융을 장악하고 있던 삼성에 윌슨처럼 뱅크 차트를 허락하지 않은 데 있다.

지난 1950년대는 삼성이 대한민국 시중은행의 절대 지배주주였다. 이승만은 처음부터 한국국립은행을 설립하는 지혜를 발휘한다. 그리고 우남은 자신의 스승 격인 우드로 윌슨이 연준(Fed)을 유대인 민간은행이 지배하도록 했지만, 이승만은 처음부터 국립은행을 중앙은행으로 설립했다. 그래서 당시 한국의 경제 및 금융권을 장악한 삼성 주도의 민간은행설립을 제어할 수 있었다.

오늘날 대한민국의 금융과 교육 등 큰 틀은 모두 우남 이승만 때 자리를 잡은 것이다. 특히 세계적인 선진기술을 자랑하는 우리나라 원자력 발전소의 기반이 된 원자력 연구원도 박정희 대통령이 만든 것이 아니다. 우남 이승만 대통령의 작품이다. 무엇보다 이승만은 당시 대한민국에서는 유일하게 영미 고전 리버럴인 진보 지식인이었다. 지금도 우남 이승만을 수구골통으로 몰고 있는 것은 이 땅의 좀비 좌파 지식인이 역사를 왜곡하거나 아니면 무식하기 때문이라고 볼 수 있다. 누구든 이승만을 조금만 제대로 공부하게 되면 우남이 얼마나 뛰어난 혜안을 가진 세계적인 정치인인가를 것을 쉽게 알 수 있다.

지금 우리나라에서 진보라고 주장하는 PC 좌파(Political Correctness: 정치적 올바름)'는 진보를 흉내 낸 짝퉁이다. 미국의 좌파 언어학자인 촘스키의 아류인 오바마와 힐러리가 그 짝퉁 진보 정치인들이다. 짝퉁 진보는 뿌리부터가 '고전 리버럴(진보)'과 확언히 다르다. 그런데도 천박한 한국 지식인 중에 "나는 진보요, 보수요"라고 말하는 자들은 제발 진보와 보수의 뿌리를 제대로 알고 지껄여라. 그들의 서슬 퍼런 정신을 가지고 진보와 보수를 말하라. '흑인 노예를 해방한 것이 미국의 고전 리버럴의 진보이자 곧 보수이기 때문이다.'

그런데도 대한민국 좌파와 우파 정치인들이 청문회에서 무식하게 개념 없이 진보와 보수를 자처하며 떠들어대고 있다. 좌파 정치인의 무식함을 가로막을 우파 정치인이 없다. 서로 무식하기가 매일반이기 때문이다. 무식한 좌파 정치인의 전횡을 우파 정치인이 감당하지 못하자 총명한 법무부 장관 한동훈 한 사람이 나서서 좌·우파 정치인을 가지고 놀고 있지 않은가? 또 그 점잖은 한덕수 원로 총리께서도 얼마나 답답하면 가짜와 거짓말을 마구 쏟아내는 '짝퉁 진보'를 향해 "의원님들 제발 공부 좀 하시라"고 타이르는 모습이 정말 애잔하지 않은가?

자유민주주의 근간 허물어버린 '사법부'

'법法은 좌·우파 '진영논리 위'에 있다!'

미국 보수성향의 대법원장이 법의 지엄함을 보여준 위대한 판결문의 한 구절이 생각난 것이다. 미국 연방대법원은 2023년 6월 27일(현지 시각) 남부 노스캐롤라이나주州 선거구를 보수성향 공화당에 유리하게 획정한 주 의회 결정을 막은 주 법원의 판결은 정당하다고 명시했다. '주 의회가 만든 선거구에 주 법원이 간섭할 권한은 없다'라는 주 의회 공화당 지도부의 주장을 기각한 것이다. 9명의 대법관 가운데 6명이 기각의견을 낸 결과다. 무엇보다 6명이 보수, 3명이 좌파 성향으로 각각 분류되는데도 이런 판결이 나온 것이다.

좌우 진영 대립이 한창인 미국 사회의 첨예한 쟁점을 최종적으로 심판하는 미연방대법원에서는 이러한 '예상 밖 판결'이 자주 나오곤 한다. 그 중심엔 존 로버츠(68) 대법원장이 있다. 2005년 조지 W. 부시 대통령의 지명으로 임명된 로버츠 대법원장은 보수성향이라고 여겨지는 '공화당 판사'다. 하지만 진영논리에 치우치지 않는 판결로 '이념 균형추'

역할을 한다는 평가를 받는다. 미 대법원은 소수인종 우대폐지 등 2024년 11월 미 대선과 관련한 여론에 큰 영향을 미칠 굵직한 판결을 여럿 앞두고 있다. 그래서 로버츠 대법원장의 행보가 주목을 받는 것이다.

지난 6월 미국 노스캐롤라이나주 선거구 판결에서 로버츠 대법원장은 좌파 성향 3명과 같은 의견을 냈고, 2명의 또 다른 보수성향 대법관도 동참했다. 당시 뉴욕타임스(NYT)는 "주 의회가 어떤 간섭도 없이 선거제도를 만들 수 있다는 주장은 도널드 트럼프 전 대통령과 그의 지지자들이 지난 대선 때 '선거 불복'을 외치며 꺼내든 논리"라고 전했다. 보수 편향적이라는 평가를 받아온 대법원은 그러나 주 의회가 법원의 어떤 관여조차 없이 마음대로 선거구를 바꿀 수는 없다고 결정한 것이다.

앞서 지난 2012년 6월 버락 오바마 행정부의 '건강보험 개혁법(오바마 케어)'에 대한 합헌 판결 당시에도 그는 예상을 깼다. 당시 좌파 법관 4명의 편에 섰다. 판결을 앞두고 로버츠 대법원장을 제외한 8명 가운데 좌파 성향 4명이 합헌, 보수성향 4명이 위헌 의견을 각각 보였다. 로버츠 대법원장의 선택에 관심이 집중됐다. 그는 판결문에서 "모든 미국인이 건강보험에 가입해야 하며 이를 어기면 벌금형에 처하도록 한 핵심 조항이 헌법정신에 부합한다"라고 밝혔다. 판결 직후 로버츠는 일부 보수층으로부터는 '배신자'로 비난받았다.

2020년 불법 이민자 부모를 따라온 미성년 입국자의 추방유예(DACA) 제도를 존속시킨 사건 등에서도 로버츠는 좌파 대법관들과 한편에 섰다. 당시 뉴욕타임스(NYT)는 "로버츠는 법 하나로 제도나 사회를 단숨에 바꾸기보다는 시간이 더 걸리더라도 조금씩 보완해 가자는 점진적 변화를 선호하는 보수성향으로 알려졌다"라고 전했다. 그는 지금도 '진보를 품은' 진정한 보수의 뿌리를 가진 대법원장으로 여야를 떠나 모든 사람에게 깊은 경의와 존경을 받고 있다.

대한민국 판사는 '법法 위에 군림하나!'

"법정에서 진실과 정의를 말하겠다고 선서하는 대한민국 판사들이 직업윤리를 내팽개쳤을 때 어떤 일이 일어날까요?" "대한민국의 사법부는 쿨(cool)하게도 '성과급'을 준답니다"

지난 2017년 지하철에서 여성의 신체를 세 차례 촬영해 감봉 4개월 처분을 받은 판사도 230만 원가량의 성과급을 받아 갔다. 또 2022년 4월 음주운전으로 면허가 취소된 상태에서 무면허 운전을 하다 정직 1개월을 받은 판사는 이듬해 성과급 350만 원을 받았다. 최근 5년만 살펴봐도 판사 20명과 법원 공무원 70명이 징계처분에도 불구하고 모두 1억 4천900만 원가량의 성과급을 챙긴 것이다.

가당찮게도 이런 일이 가능한 이유는 징계받아도 성과급 지급 대상에서 제외한다는 별도 규정이 없기 때문이란다. 그러면 왜 그런 규정이 없을까? 징계처분을 받으면 성과급을 지급하지 않는 게 너무도 당연하기 때문이다. 그런데 '주지 말라'는 규정이 없으니까 준다는 것이 우리 사법부의 '정신'이다. 법관으로서 결격 사유에 해당하는 사유로 징계를 받았는데, 되레 일을 잘했다며 주는 이 성과급을 주는 것이 대한민국 사법부의 파렴치한 얼굴이란다.

법원 공무원의 경우에는 징계처분 시 상여금을 지급하지 않도록 규정하고 있다. 그러나 이 또한 말뿐이다. 이들에게도 성과급을 지급했기 때문이다. 결과는 '징계처분을 받았을 때 성과급을 주지 않는다'라는 규정이 없어도 주고, 있어도 주는 곳이 대한민국 사법부다. 법원이 제 식구 챙기는데 법이 무슨 상관이냐는 것이다. 참으로 뻔뻔하다. '작은 도둑은 형벌을 받고, 큰 도둑은 오히려 권력과 부귀를 누린다.'라는 옛말 틀리지 않는 곳이 바로 우리의 '자랑스런' 사법부다.

무엇보다 지난 20여 년간 징계를 받은 40명의 법관 중 파면이나 해임된 사람은 단 한 명도 없다. 그들 중에서는 여전히 37명이 판사나 변호사로 활동하고 있다. 정작 작은 범죄자에게는 가혹한 잣대를 들이대는 판사가 자신들에게는 너무도 관대한 것은 왜일까? 우리가 살아가는 이 시대가 굽은 탓일까, 아니면 법관이라는 인간이 굽은 탓일까. 정말 개탄스럽다.

정치권에서 법조계 징계를 강화하는 법안을 추진하고 있다고 한다. 하지만 입법을 주도해야 할 국회 법사위 위원들 대다수가 그 '잘난' 법조인 출신이다. 고양이에게 생선가게를 맡겨놓은 격인데, 이 법안이 과연 국회의 문턱을 넘을 수 있을까? 없다. 만인 앞에 평등해야 할 법法이

유독 법관에게만 관대하다니, '법 위에 판사 있다'라는 말이 왜 나오는 지 법에 무지렁이인 나도 알겠다.

좌파 성향 판사 모임 '우리법연구회'

지금 대한민국 좌파 판사들의 대표적인 모임은 '우리법연구회'다. 지난 1988년 소장 판사였던 박시환과 강금실이 당시 대법원장이었던 김용철의 연임을 반대하는 연판장을 돌리면서 결성된 좌파 판사 단체로 알려져 있다. 그리고 박시환과 강금실은 노무현 정부 때 각각 대법관과 법무부 장관으로 발탁된다. 노무현 정부 때 우리법연구회 소속 판사들은 대부분 법원 요직을 두루 차지했다.

하지만 노무현 정부 말경에 '가카새끼 짬뽕'이라는 우리법연구회 소속 이정렬 판사의 SNS 글이 논란이 되면서 정치판사 모임이라는 강한 지탄을 받고 사실상 해체된다. 그러나 2011년에 다시 제2의 우리법연구회 격인 '국제인권법연구회'가 설립된다. 당시 전신 우리법연구회 회원이었던 김명수가 초대 회장을 맡았다. 지난 2017년 문재인 정부 시절 우리법연구회 출신인 이용구 변호사와 김명수 춘천지방법원장의 파격적인 발탁으로 대다수 국민으로부터 엄청난 비난을 받았다.

문재인 정부 시절 법무부가 법무실장에 이용구 변호사(판사 출신 우리법연구회 회원 출신)를 임명했다. 법무실장은 법률심사와 자문, 그리고 법조인 선발 등을 하는 요직이다. 이 자리에 법무실장을 검찰 출신이 아닌 외부인이 맡은 것은 무려 50년 만에 처음 있는 일이었다. 그래서 당시 큰 논란이 일었다. 특히 이용구는 박근혜 전 대통령 탄핵소추위원회 일원이었다. 그리고 대선 당시 문재인 후보 캠프에서도 활동한 인물로 보은 인사라는 주장이 나왔다.

법조계는 "현재 노무현 전 대통령 시절부터 촉발된 좌파와 우파 간 진영정치는 해방 직후 좌익과 우익이 대립해온 것에 버금갈 정도로 극심한 대립 양상을 보인다"라고 한탄한다. 그러면서 "법조계의 좌우 진영논리의 여파는 지난 문재인 정권 때 절정을 이루었다"라고 지적한다. 지금도 법조인들은 한결같이 "법관들이 좌우의 정책이나 정치적 판단에 따른 진영논리에 매몰되지 말고 오직 헌법 제46조 제2항에 따라 국익 또는 국민의 이익에 우선하는 판결을 해야 한다"라고 주장한다.

무엇보다 박찬종 변호사를 비롯한 법조계의 원로는 "우리 사회가 법조 진영논리에 농락당하고 있다"라고 우려한다. 진영논리에 빠진 좌파와 우파 법조인은 과연 법의 공정성이 무엇이며 법의 유권해석이 어디까지 허용돼야 하는지조차도 분명한 정치적 색깔을 띠고 있다. 그래서 많은 국민이 혼란스러워하고 있다. 대표적인 것이 문재인 정부 시절 이용구 변호사가 택시 기사를 폭행하고도 법무부 차관에 임명되는 몰염치를 보인 것이다. 법조인들은 "현재 좌파 편향성으로 월권을 휘두르는 이 나라의 법이 과연 살아 있는 것인지 알 수 없는 노릇"이라고 말한다.

사법사상 최악의 '대법원장 김명수'

우리 대한민국 사법사상 역대 대법원장 가운데 가장 무능하고 이념 편향이 심하다고 지탄받고 있는 법조인이 바로 김명수 전 대법원장이다. 김명수는 대법원장 시절 무엇을 했길래 그토록 역대 최악의 대법원장으로 지탄의 대상이 되고 있는지 우리는 분명히 알아야 한다. 그래야 법조 사회에서 이와 같은 부패하고 부조리한 사태가 다시는 일어나지 않게 막을 수 있기 때문이다.

김명수 대법원장은 지난 9월 24일 퇴임하면서 기자간담회에서 법관 인사人事에 대해 "나름의 공정을 유지했다고 생각한다"라고 밝혔다. 그러나 김명수는 취임 초부터 우리법연구회와 국제인권법 출신 판사들을 요직에 두루 앉혔다. 대신 문재인 정권에 불리한 판결을 한 판사들을 한직으로 보낸 건 이미 잘 알려진 사실이다. 대법원도 대법관 14명 중 7명을 우리법연구회와 인권법, 그리고 민변 출신으로 채웠다. 이를 두고 법조계는 "전례가 없는 인사권을 행사한 부끄러운 대법원장으로 기록됐다"라고 비난한다.

김명수는 또 국회에서 거짓말을 한 최초의 대법원장이었다. 그는 "법관 독립 침해 시도를 온몸으로 막겠다"라고 말해놓고 문재인 정권 때 법관 탄핵을 추진한 민주당에 잘 보이기 위해 탄핵 대상으로 지목된 판사의 사표 수리를 거부했다. 국회에서 문제가 되자 아니라고 거짓말했다가 녹취가 나와 들통이 나면서 거짓말쟁이가 되고 말았다. 그런데 이

것은 그가 한 거짓말 중에서 일부라는 게 법조계의 판단이다. 왜냐하면 이번 녹취가 없었다면 거짓말이 묻혔을 것이기 때문이란다. 이는 김명수 거짓말이 더 묻혀있을 수도 있다고 보는 것이다.

검찰 '김명수 거짓말' 추가 녹취 확보

실제로 검찰은 최근 "김명수 대법원장이 퇴임한 지 딱 한 달 만에 또 거짓말한 녹취록이 추가로 드러났다"라고 밝혔다. 이로써 김명수는 진짜 거짓말쟁이 대법원장임이 확인된 셈이다. 퇴임 후엔 김명수의 거짓말에 대한 법적 책임을 묻는 절차가 궤도에 오를 거란 전망이 있었다. 그런데 검찰이 김명수 거짓말을 뒷받침할 수 있는 추가 녹취를 확보한 것으로 언론 취재 결과 확인됐다. 이로써 김명수에게 법적 책임을 물을 것이란 전망은 확실한 현실이 됐다.

지난 2020년 5월 김명수 대법원장은 민주당의 탄핵 추진을 이유로, 후배 임성근 부장판사의 사표 수리를 거부해놓고 "그런 적이 없다"라고 딱 잡아뗐다가 바로 다음 날 녹취가 공개되면서 사과했다. 그런데 TV조선 취재 결과에 따르면 남아있는 녹취록은 이뿐만이 아니었다. 당시 임성근 부장판사가 김명수 대법원장 면담을 끝내고 김인겸 법원행정처 차장을 찾아서 김명수 대법원장과의 대화 내용을 설명했는데 그 내용 역시 녹취 증거로 남아있었다.

녹취를 확보한 검찰이 김인겸 차장을 직접 추궁했다. 임성근 부장판사가 김인겸 차장에게 "김명수 대법원장이 탄핵을 이유로 사표 수리를 안 해 준다"라고 하자 김 차장은 "대법원장이 그런 입장이면 어쩔 수 없지 않냐?"라고 답변을 한 것이 녹취록에 들어있다. 그동안 김 차장은 공식 석상에서는 "당시 임 부장판사와의 면담 내용이 기억이 안 난다"라고 해명했다. 그런데 국감 때 발언은 달랐다.

지난해 10월 국감에서 박형수 국민의힘 의원에 따르면 (임성근 판사가) 대법원장 면담 후에 차를 마시며 '대법원장이 탄핵 운운하면서 사표를 못 받겠다고 한다.' 이렇게 말했다고 한다. 김인겸 차장이 "저는 그런 취지의 발언은 들은 기억이 없다고 했는데, 이는 기억 못 할 수 있는 것이지, 그런 말 한 적이 없다고 말한 건 아니다"라고 했다. 그러나 새로운 녹취는 김인겸 차장도 김명수가 정치적 이유로 사표를 수리하지 않은 사실을 알고 있었다는 증거가 된다.

김인겸 차장에 대해서는 검찰이 이미 소환 조사를 마쳤다. 검찰은 김인겸 차장에 대해 서면조사, 방문 조사, 소환 조사까지 이미 3차례나 조사했다. 그리고 지난 7월 마지막 조사 때 김 차장에게 새로운 녹취를 제시했다. 무엇보다 김 차장은 국회에 "그런 사실이 없다"라는 김명수 대법원장의 허위답변서를 작성한 최종 결재권자이다. 그래서 사표를 수리하지 않은 직권남용 혐의에 더해 허위공문서를 작성한 혐의까지 받는 피의자 신분이 된 것이다. 이것은 김명수 전 대법원장의 거짓말의 전말이다.

김명수는 또 사법 민주화라면서 법원장을 판사투표로 뽑는 제도를 도입했다. 하지만 문재인 정권을 편든 판결을 한 판사를 최다 득표자가 아닌데도 법원장에 임명하는 파렴치함을 보이기도 했다. 이 제도 도입 이후 법원장들이 판사들 눈치 보느라 판사 인사 평정 역할을 사실상 포기했다. 게다가 나태한 판사들이 늘어나면서 재판 지연으로 국민이 고통을 받고 있다. 그런데도 김명수 전 대법원장은 이 제도가 잘 운용되고 있다고 주장했다. 이는 현실을 전혀 모르고 있거나 아니면 또 다른 거짓말을 하는 것이다. 그래서 법조계는 김명수를 법조인 내로남불의 대명사로 보고 있다.

김명수 사법부 6년은 '재판이 아닌 정치'

특히 김명수는 대법원장 재임 기간 중 2년 이내에 1심 판결이 나오지 않은 장기 미제 사건이 민사소송은 3배로 늘었고, 형사소송은 2배나 증가했다. 이를 두고 김명수 전 대법원장은 법관 인력 부족과 코로나로 재판이 정지된 것을 원인으로 꼽았다. 하지만 전체 법관 수는 2017년 2천955명에서 지난해 3천151명으로 무려 156명이 늘었다. 그리고 민사 1심 사건은 같은 기간 35만 건에서 34만 건으로, 판사는 늘고 사건은 줄었다. 법조계는 "그런데도 재판이 지연된 것은 김명수 전 대법원장의 사법 포퓰리즘 탓"이라고 비난하고 있다.

또 김명수는 대법원장 지명을 받은 날 춘천에서 일부러 시외버스와 지하철을 타고 서울 서초동 대법원으로 올라왔다. 그러면서 "공식 업무가 아니어서 관용차를 탈 수 없다"라고 발언해 큰 인기를 얻었다. 하지만 대법원장이 되자마자 '재판 충실화 예산' 16억 원을 자신이 거주하는 대법원장의 공관 개축 비용으로 사용했다. 무엇보다 아들 부부를 1년 3개월 동안 대법원장 공관에 들어와 공짜로 살게 했다. 대법원장 시절 대법원장 관용차를 타본 가족이나 친지가 없었다는 가인 김병로 선생의 처신과는 극명하게 대비된다.

특히 법조계는 "김명수 전 대법원장 체제에서 문재인 정권을 편든 판사들은 재판이 아니라 정치를 했다"라고 보는 경향이 강하다. 일례로 3년 전 기소된 '청와대의 울산시장 선거 개입 사건'은 1심을 맡은 우리법연구회 출신 판사가 15개월 이상 본안 심리를 진행하지 않았다. 그리고 그 책임을 회피하기 위해 사직을 하는 일이 벌어진다. 그러나 결국 김명수 대법원장 임기를 한 달여 앞두고 무려 3년 7개월 만에 검찰 구형이 나왔다. 구형은 정말 엄청났다. 검찰은 당시 울산시장 선거에 직접 개입한 송철호와 황운하 울산경찰청장에게 각각 징역 6년과 5년을 선고해달라고 요청했다.

김명수 사법부의 가장 파렴치한 행위는 재판 끌기다. 특히 송철호시건 관련자 14명을 2000년 1월에 기소했다. 피고인 중 2명이 바로 당시 한병도 정무수석과 황운하 울산경찰청장이다. 이들은 민주당 공천으로 국회의원에 당선돼 떵떵거리며 국회의원직을 수행하며 임기를 거의 채워가고 있다. 그 재판을 미적거린 판사도 우리법연구회 소속 좌파 성향 판사다. 그는 1년 동안 재판을 거부하다가 결국 사임하고 마는 사태가 벌어진다. 이어 두 번째 판사도 재판을 미적거리다 사임해 결국 3년 7개월이란 세월을 끌었다. 그리고 피의자인 두 국회의원이 임기를 채우도록 배려한 것이 좌파 판사의 재판행태다. 황운하와 한병도는 김명수 덕분에 피의자 신분으로 국회의원을 모두 마치는 셈이 된다.

그런데도 김명수는 6년 전 대법원장은 취임사에서 자기 취임 자체가 '사법부 변화와 개혁의 상징'이라고 주장했다. 하지만 애초에 자격이 부족한 춘천지방법원장을 파격적으로 대법원장에 임명하여 사법부를 좌지우지하려 한 것이 문재인 정권의 의도였던 것이 고스란히 드러났다. 그래서 법조계에서는 "김명수 전 대법원장의 6년간은 '한국 사법부의 흑역사'라 해도 과언이 아니다"라고 주장한다.

김명수 며느리 '공관 만찬 의혹 수사 중'

김명수 전 대법원장의 '국회 거짓 답변 의혹'을 수사 중인 검찰은 또 '대법원장 공관 만찬 의혹'도 현재 수사가 진행 중이라고 설명했다. 그러나 법조계에서는 김명수의 현재 실체적 진실을 밝힐 수 있을지에 대해 의구심을 제기한다. 하지만 서울중앙지검 형사1부(부장검사 박혁수)는 김명수가 문재인 정부 당시 임성근 전 부장판사 사표를 수리하지 않아 직권남용 등으로 고발된 사건과 함께 '며느리 공관 만찬 의혹'에 대한 고발 건을 함께 수사하고 있다고 밝혔다.

이는 김명수 전 대법원장 아들 부부의 '공관 재테크' 비난에 이어 ㈜ 한진 법무팀 사내 변호사인 며느리가 법무팀 동료와 대법원장 공관에서 만찬을 가진 사실이 알려져 논란이 크게 일었던 사건이다. 만찬을 한 시점은 지난 2017년 12월 대법원 전원합의체가 조현아 전 대한항공 부사장의 '땅콩 회항' 사건에 집행유예를 확정한 직후여서 더더욱 법조계에서는 "대법원장으로서 김명수의 처신이 깃털처럼 가볍고 부적절했다"라고 지적한다.

법조계에 따르면 김명수 당시 대법원장의 며느리인 강모 변호사(연수원 44기)는 2015년부터 ㈜한진 법무팀 사내 변호사로 활동했다. 그런데 강모 변호사는 2018년 1월 27일부터 남편과 함께 용산구 한남동 대법원장 공관에 입주해 이듬해 4월 말까지 무려 1년 3개월 동안 시부모인 김명수 대법원장 부부와 함께 살았다. 대법원장 공관에 입주한 직후 법무팀 동료들을 공관에 초청해 만찬을 했다는 사실이 알려지면서 김명수는 물론 전 가족이 국민의 공분을 사게 된다.

㈜한진 법무팀의 대법원장 공관 만찬이 있기 한 달여 전인 2017년 12월 21일 김명수 전 대법원장도 포함된 대법원 전원합의체는 항공 보안법 위반 혐의 등으로 기소된 조현아 전 대한항공 부사장에게 징역 10개월에 집행유예 2년을 선고한 원심을 확정했다. 이후 김명수의 며느리인 강모 변호사가 주최한 ㈜한진 법무팀 직원이 참가한 대법원장 공관에서 벌어진 만찬에 김명수가 동석했는지는 아직 확인되지 않고 있다.

하지만 당시 만찬 시점은 김명수 대법원장이 전임 양승태 대법원의 '재판 거래 및 재판 개입 의혹'에 대해 진상조사위원회를 가동하며 사법행정권남용 비판 여론이 고조된 때여서 며느리의 공관 만찬을 놓고서 "전형적인 내로남불 행태로 비칠 수 있다"라는 지적이 나왔다. 특히 같은 해 법원에는 고故 조양호 한진그룹 회장의 탈세 혐의 사건, 조씨 부인 이명희 씨의 직원 폭행 및 갑질 의혹 사건 등이 계류 중이어서 더 큰 비난을 받았다.

또 김명수의 아들 김 모 판사(연수원 42기)와 강모 변호사 부부는 2017년 9월 서울 서초구 잠원동 아파트(전용면적 98㎡) 분양에 당첨된 뒤 대법원장 공관에서 1년 3개월간 무상으로 거주해 국회 국정감사에서 '공관 재테크'란 비판을 받기도 했다. 이에 대해 김명수 전 대법원장 측은 "부모가 자식하고 같이 사는 게 특별한 이유가 있겠느냐"고 반발하는 뻔뻔함을 보였다. 이미 출가한 자식 부부를 대법원장 공관으로 불러들여 온갖 불미스러운 행태를 보이면서도 대법원장이라는 작자가 할 말인지 국민을 대신하여 묻고 싶다.

한편 지난해 사건배당 이후 고발인 조사를 비롯해 기초적인 사실관계 조사까지는 아직 이뤄지지 않은 것으로 파악됐다. 당시 고발을 주도한 이종배 전 법치주의바로세우기행동연대 대표(현 국민의힘 서울시의원)는 "고발 이후 검찰에서 별다른 이야기를 듣지 못했다. 고발인 조사도 없었다"라면서 "검찰은 조속히 수사해야 하고, 김명수는 이를 회피하지 않고 당당히 응해야 한다"라고 주장한다. 이와 관련해서 한 검찰 관계자는 "해당 사건은 형사1부에서 수사 중"이라며 "모든 사건마다 고발인 조사가 진행되는 것은 아니다. 필요한 시점에 필요한 사람들을 불러 조사할 것"이라고 밝혔다.

여러분은 희대의 '사기 재판'을 아시나요?

박찬종 원로 변호사는 "무엇보다 대법관을 지낸 변호사가 일단 대형 로펌에 고용이 되면 보통 한 사건에 최소 5,000만 원의 도장 값을 받는다. 그래서 대법관을 지낸 변호사가 전관예우를 받을 작심을 한다면 3년 만에 적어도 100억 원을 쉽게 벌 수 있다고 하는 것이 법조계에서는 공공연하게 이야기되고 있다"라고 설명한다.

이어 "그중에서도 대표적인 대법관 전관예우 변호사가 바로 권순일 전 대법관이다. 권순일은 대법관 재임 중에 이재명을 살려준 사람이다. 이재명이 당시 경기지사에 출마하며 공직선거법 위반으로 기소된 사건이 있는데, 이것이 1심과 2심에서 모두 유죄로 인정됐다. 그래서 대법원에서는 그냥 2심 유죄 그대로만 피고인 상고를 기각해버리면 유죄가 확정된다. 순리대로 판결했다면 오늘의 이재명과 같은 잡범정치인은 존재하지 않았다"라고 강조한다.

박찬종 변호사는 또 "당시 이재명의 공직선거법 위반에 대한 검찰 기소 사건을 재판할 때 주심이 권순일 대법관이었다. 그리고 재판장이 김명수 대법원장이었다"라면서 "두 사람이 작당하여 이재명을 살려내어 오늘날 한국 사회 전체를 쑥대밭으로 만들었고, 똥 걸레로 만든 그 장본인들이다"라고 비난한다. 그러면서 "이재명 사건을 담당한 권순일 주심과 김명수 재판장이 이재명을 무죄라고 한 재판 결과를 보면 가관이다"라고 흥분한다.

그는 "권순일은 화천대유 대주주인 김만배라는 인간과 커넥션이 있었다"라면서 "김만배가 이재명 재판 판결에서 무죄가 나오기를 전후해 무려 8번이나 권순일 대법관실을 방문한 사실이 공식적으로 밝혀졌다. 관례로 볼 때 대법관은 웬만한 거물급 변호사조차도 잘 만나주지 않는다. 그런데 이재명과 관련이 있는 것으로 알려진 화천대유 대주주인 허접한 전 언론인 김만배를 7번이나 판결 이전에 만나줬고, 1번은 무죄판결이 난 뒤에 만난 것으로 알려졌다. 법을 잘 아는 변호사인 나로서 도저히 이해할 수 없다"라고 말했다.

박찬종 변호사는 "실제로 당시 재판 기록을 보면 '소극적 거짓말과 적극적 거짓말'이 있는데, 소극적 거짓말은 처벌할 수 없다는 것이 이재명을 무죄로 판결한 골자骨子다. 이는 이재명이 경기도지사 토론회에서 한 패널이 '이재명 후보가 김문기를 아느냐?'고 질문을 하자 이에 이재명이 '모른다'라고 답변한 것이다. 그래서 이는 질문에 대한 답변이기 때문에 비록 거짓말이라고 해도 소극적 거짓말을 한 것이다. 따라서 소극적 거짓말은 처벌할 수 없으므로 무죄라고 선고한 것"이라고 주장했다.

그러나 앞서 이재명은 "김문기를 모른다"라고 거짓말을 한 것으로 검찰에 고발돼 1, 2심에서 유죄확정판결이 나온 상태다. 하지만 당시 재판장이었던 김명수와 주심 재판관이었던 권순일이 "이 사건은 질문을 받고 대답을 한 것이다. 이는 이재명이 자진해서 기자회견을 하거나 국회 발언 등을 통해서 '나는 김문기를 모른다'라고 한 것이 아니기 때문에 적극적인 거짓말이 아닌 소극적 거짓말"이라며 무죄를 확정한 것이다. 따라서 법조인들은 이를 두고 "정말 희대의 사기 판결이라고 하지 않을 수 없다"라고 비난한다.

박찬종 변호사는 "이렇게 되면 앞으로 이 문제가 판례로 남게 되어 구속력을 가지게 된다. 향후 모든 범죄를 저지른 피의자가 법의 심판대에 서거나 법원의 증인으로 나가더라도 판사나 검사가 물어서 답변한 것이라면 그것이 비록 거짓말이라고 하더라도 피고인 측에서는 이재명처럼 소극적 거짓말로 법망을 피해 갈 수 있다. 그래서 이재명 재판은 사법 질서를 무너뜨리는데 앞장선 희대의 사기 재판으로 기록될 것이 분명하다"라고 지적한다.

법원 늑장으로 살아난 '송철호·황운하·한병도'

문재인 정부 청와대의 '울산시장 선거 개입 의혹'에 연루된 혐의로 기소된 송철호 전 울산시장과 더불어민주당 황운하 의원에게 검찰이 징역 6년과 징역 5년을 각각 구형했다. 검찰은 지난 9월 11일 서울중앙지법 형사 합의 21-3부(김미경 허경무 김정곤 부장판사) 심리로 열린 공직선거법 위반 등 혐의 결심 공판에서 이같이 재판부에 요청했다.

이날 검찰은 "비리 첩보를 수집하는 경찰 권한을 악용해 선거의 공정성을 해한 유례없는 관권 선거"라며 "송철호 전 울산시장은 범행을 주도적으로 저지르며 황운하 의원에게 수사를 청탁해 결과적으로 부정하게 당선돼 실질적으로 혜택을 받았다"라고 지적했다. 그러면서 "이는 단순히 법률 위반을 넘어서 선거제도의 공정성과 공무원의 정치적 중립이라는 헌법 가치를 크게 훼손했음에도 송철호는 죄의식이 전혀 없어 보인다. 왜곡된 민심의 계단을 타고 올라 벼슬길에 나서겠다며 개인 욕심만 채운 양두구육의 모습을 보였다"고 비판했다.

특히 검찰은 황운하 의원에 대해서는 "정치적 중립성이 요구되는 고위 경찰 공무원이 정치적 욕심을 채우기 위해 수사력을 남용해 선거에 개입한 결과 국회의원이 됐다"라며 "평소 검경 수사권 조정 때 내세운 명제와는 달리 정해놓은 결론에 따라 수사권을 편향되게 행사했다"라고 강조했다. 검찰은 공직선거법 분리 선고 규정에 따라 황운하의 공직선거법 위반 혐의에는 징역 4년을, 직권남용권리행사방해 혐의에 대해서는 징역 1년과 자격정지 1년을 분리해 모두 5년을 구형했다.

검찰은 또 백원우 전 청와대 민정비서관에게는 징역 3년을 구형했다. 민주당 한병도 의원과 박형철 전 반부패비서관에게는 징역 1년 6개월을 각각 선고해 달라고 요청했다. 그리고 송병기 전 울산시 경제부시장에게는 공직선거법 위반 혐의로 징역 2년 6개월을, 위계에 의한 공무

집행방해 혐의로 징역 1년을 구형했다. 마지막으로 장환석 전 균형발전비서관실 선임행정관과 문모 전 민정비서관실 행정관에게는 각각 징역 1년을 구형했다.

문재인 전 대통령의 '절친'으로 알려진 송철호가 관련된 이 사건은 2018년 지방선거를 앞두고 청와대가 문 전 대통령의 친구 송 전 시장의 당선을 돕기 위해 조직적으로 개입했다는 혐의를 골자로 한다. 검찰은 당시 여권 관련자들을 대거 기소했다. 송철호 전 시장은 2017년 9월 울산지방경찰청장이던 황운하에게 김기현 당시 울산시장 관련 수사를 청탁한 혐의를 받는다. 그리고 황운하는 청와대로부터 각종 비위 정보를 받아 '청와대 하명 수사'를 한 혐의 등을 받았다. 황운하는 수사에 미온적인 경찰관을 부당하게 인사 조처한 혐의(직권남용권리행사방해)도 받고 있다.

송병기 전 울산 경제부시장은 문모 전 행정관에게 비위 정보를 제공하고, 백원우 전 민정비서관과 박형철 전 반부패비서관이 첩보를 울산경찰청에 전달해 황운하가 '하명 수사'를 했다고 검찰은 판단했다. 장환석 전 선임행정관은 김기현 전 울산시장의 핵심 공약이었던 산재모병원 사업 관련 내부정보를 유출한 혐의로, 청와대 정무수석이던 한 의원은 송철호 전 시장의 당내 경쟁자에게 경선 포기를 대가로 공직을 제안한 혐의로 각각 기소됐다. 검찰 구형에 이어 각 피고인의 최후진술이 있었다.

이 절차가 마무리되면서 지난 2020년 1월 29일 검찰의 공소 제기 3년 7개월여 만에 재판 절차가 종결된다. 재판은 1년 넘게 공판준비절차로 공전하다가 2021년 5월에서야 정식 공판이 열려 2년 넘게 진행됐다. 그 사이 송철호 전 울산시장은 지난 2022년 6월 임기를 마치고 퇴임했다. 그리고 통상 선고는 결심 공판 후 약 한 달 뒤 열리게 된다. 하지만 사건이 워낙 방대하고 심리 절차도 오래 걸린 만큼 내년 초에야 1심 선고가 날 것으로 전망된다. 따라서 이 사건에도 불구하고 국회의원이 된 더불어민주당 황운하와 한병도 의원은 늑장 판결 때문에 어쩌면 국회의원 임기를 무사히 마칠 수 있을 것으로 보인다.

늑장 판결에도 '법꾸라지 최강욱은 의원직 상실'

그러나 늑장 판결에도 최강욱 더불어민주당 의원이 1, 2심에 이어 대법원에서도 의원직 상실형을 선고받았다. 최강욱은 조국 전 법무부 장관 아들에게 2017년 10월 로펌 인턴확인서를 허위로 발급해주어 대학원 입시 업무를 방해한 혐의(업무방해)로 기소됐다. 대법원 전원합의체(주심 오경미 대법관)는 지난 9월 18일 최강욱의 상고심에서 징역 8개월에 집행유예 2년을 선고한 원심을 확정했다. 이는 최강욱이 2020년 1월 이 사건으로 기소된 지 3년 8개월 만에 대법원 선고가 나온 것이다. 이로써 최강욱은 국회법과 공직선거법에 따라 피선거권을 상실해 의원직을 잃었다.

국민의힘 당은 이날 논평을 통해 "김명수 대법원에서 징역 8개월, 집행유예 2년의 원심이 최종 확정되면서 의원직을 상실했다. 최강욱 전 의원의 허위 인턴증명서 발급이 무려 6년 전인 2017년 10월에 있었던 일이다. 이는 최강욱의 범죄행위를 단죄하는 데에 모두 6년이나 걸렸다"라고 조롱했다. 그러면서 "김명수 대법원의 만만디 작전을 방불케 하는 비호 덕에 오늘 재판이 마무리되는 데까지는 무려 3년 8개월, 대법원 최종심도 1년 4개월이나 소요됐다"라며 "정의가 지연되는 동안 최강욱은 국민의 혈세를 빨며 국회의원 임기를 거의 마쳤고, 임기 내내 온갖 막말과 기행으로 국회의 품격을 떨어뜨림과 동시에 몰염치로 국민을 분노케 했다"라고 비난했다.

또 국민의힘 당은 "애당초 자격도 없는 최강욱을 의원으로 만들어 낸 더불어민주당이나, 시간 끌기로 사실상 면죄부를 준 김명수 대법원 모두에게 그 책임이 있다"라면서 "더불어민주당이 사과하는 것이야말로 국민께 할 수 있는 최소한의 도리"라고 강조했다. 그러면서 "만시지탄이긴 하지만 이제라도 '한동훈 법무부 장관에게 막말을 일삼는 법꾸라지' 최강욱에 대한 단죄가 내려졌다는 것이 너무나도 천만다행"이라고 강하게 쏘아붙였다. 실제로 법원의 늑장 판결로 인해 최강욱은 21대 국회의원 임기를 거의 채울 수 있었다.

김명수가 이끈 사법부의 판결이 지연되고 있는 사건은 비단 최강욱뿐만이 아니다. 문재인 정부 청와대의 울산시장 선거 개입 사건도 늑장 판결로 그사이 송철호 전 울산시장은 임기를 무사히 마쳤다. 여기다 이 사건에 연루된 황운하와 한병도 의원은 국회의원의 소임을 모두 마칠 수 있게 되었다. 그리고 조국과 윤미향에 대한 재판 역시 아직 하급심 단계에 머물러 있다. 그래서 윤미향도 21대 국회 임기를 모두 채우게 된다. 이것이 김명수가 이끈 대한민국 사법부가 얼마나 정치편향적인가를 보여주는 적나라한 모습이라고 할 수 있다.

정치 판사가 설치는 사법부 '정의 실종'

　최근 김도읍 법사위원장(국민의힘)은 "문재인 정부 당시에 헌법재판소와 대법원을 완전히 망쳐놨다. 대표적인 사례가 이석태 재판관과 김선수 대법관"이라면서 "이는 노무현 대통령 정부 시절 문재인이 민정수석과 비서실장을 지냈다. 그 당시 이석태와 김선수가 청와대에서 문재인 비서실장의 직속 부하였다"고 말했다.

　그러면서 "이후 문재인 정부가 들어서면서 이석태와 김선수를 각각 헌법재판소 재판관과 대법관으로 임명했는데, 이것이 정말 가능한 일인가? 이는 사법부 역사에 치욕적으로 길이 남을 일이다"고 비난했다. 그는 또 "이것은 문재인 대통령이 노골적으로 대법원과 헌재를 정치화하려고 작심하고 벌인 행태"라고 주장했다. 이후 문재인 정부의 사법부는 정치적 경향성이 두드러지게 나타나면서 정치판사가 나서서 설치기 시작한다.

법관의 정치참여는 '중대한 범죄행위!'

지난 2017년 8월 30일 '재판이 곧 정치라고 말해도 좋은 측면이 있다'라는 인천지법 오현석 판사 글이 법원 내부 통신망에 올라왔다. 이날 사법의 정치화 논쟁을 불러일으키며 전체 법원이 발칵 뒤집혔다. 글을 올린 판사는 좌파 성향 판사들의 모임인 '국제인권법연구회(우리법연구회 전신)' 멤버이자 이들이 주축이 된 전국법관대표회의 위원이었다. 그리고 사건 이후 바로 한 달 뒤인 9월 25일 김명수 춘천지방법원장이 파격적인 인사로 제16대 대법원장으로 취임한다.

법조계는 "좌파 성향의 판사인 인천지법 오현석의 주장은 법치주의의 근간을 무너뜨리는 위험한 발상"이라고 지적한다. 그런데도 오현석은 또 2017년 8월 30일에도 법원 내부 게시판에 "판사들 저마다 정치적 성향이 있다는 진실을 받아들이고 존중해야 한다"라는 글을 올렸다. 그러면서 "남의 해석일 뿐인 대법원 해석, 통념, 여론 등을 양심에 따른 판단 없이 추종하거나 복제하는 일은 없어야 한다"라고 덧붙였다.

이에 대해 법조계는 "이는 오랜 법 경험과 지혜의 축적물이라 할 수 있는 대법원 판례를 부정하는 주장을 한 것"이라고 지적했다. 특히 헌법재판관 출신 변호사는 "법관은 개인의 소신이나 신념이 아니라 건전한 상식과 법원이 축적한 선례(판례) 등에 따라 불편부당하게 재판해야 한다"라면서 "법관이 자기의 정치적 편향성에 따라 재판한다면 결국 현대판 '사또 재판'이 될 것"이라고 강하게 비난했다.

사건의 중심에 선 오현석은 판사 연구모임인 '국제인권법연구회' 소속이다. 올해 초 법원행정처 간부가 행사 축소를 지시해 논란을 빚은 '법관 인사 관련 세미나'를 주최한 곳이 이 연구회였다. 이후 법원의 진상 조사 과정에서 "행정처가 판사들을 뒷조사한 블랙리스트 파일을 갖고 있다"라는 진술이 나왔다. 하지만 진상조사위는 사실무근으로 결론 내렸다. 국제인권법연구회 멤버가 주축이 된 전국법관대표회의는 지난 7월 '판사 블랙리스트' 의혹을 재조사할 자체 소위원회를 꾸렸는데, 위원 중 한 명이 오현석이다. 오현석은 최근 재조사를 요구하며 열흘 넘게 금식禁食을 한 적이 있다.

그동안 현직 판사들의 '정치 편향성' 발언이나 행동은 숱한 논란을 낳았다. 류영재 판사는 지난 2022년 대선 다음 날인 5월 10일 소셜 미디어에 '오늘까지의 지난 6~7개월은 역사에 기록될 자랑스러운 시간'이란 글을 올렸다. 2011년 최은배 부장판사(퇴직)는 이명박 대통령을 향해 '뼛속까지 친미'라고 썼다. 그해 12월 이정렬 부장판사(퇴직)와 서기호 판사(전 국회의원)는 이명박 대통령을 조롱하면서 소셜 미디어에 '가카새끼 짬뽕', '가카의 빅엿'이란 글을 올려 비난을 받았다. 그러나 이정렬은 이명박을 조롱한 글을 직접 작성한 사실이 없고, 조롱할 의도가 있었거나 조롱한 사실도 없다고 밝혔다. 하지만 이를 믿은 사람은 거의 없다.

김명수 역시 우리법연구회에 이어 국제인권법연구회 초대 회장을 역임한 좌파 성향 인사다. 김명수 취임 이후 법원 인사가 큰 문제로 떠올랐다. 김명수의 인사는 '코드인사'라는 비판이 사법사상 가장 컸다.

박근혜가 탄핵당하면서 전임 대법원장과 법원행정처 등에서 요직을 맡았던 상당수 법관이 이른바 '사법농단 연루 의혹'을 이유로 법복을 벗었다. 그러나 바로 그 진상 조사에 참여한 법관 다수는 행정처와 서울중앙지법 등 요직에 발탁됐다. 일부는 청와대와 여당 국회의원으로 직행했다.

당시 김명수가 인사를 통해 우리법연구회 등의 좌파 성향 판사로 법원 주류세력을 교체하려 한다는 지적이 파다했다. 실제로 김명수가 대법원장에 취임 직후 우리법연구회 등 좌파 성향 판사들의 약진이 뚜렷했다. 당시 사법부 상황을 살펴보면 행정처 기조 심의관 이탄희 판사와 대법원 재판연구관 이수진 판사, 그리고 우리법연구회 회장 출신 최기상 판사는 법복을 벗자마자 더불어민주당에 입당했다. 그리고 21대 총선에서 국회의원이 되었다.

또한 좌파 성향 법조인 모임인 '국제인권법연구회' 간사이자 김명수의 배석판사였던 김형연 판사는 청와대 법무비서관으로 직행한 뒤 법제처장으로 영전했다. 과거 우파정권에서는 검찰이 출세의 지름길이었다면 문재인 정부 들어서는 사법부 내 특정 모임의 판사들이 이를 대신하는 모양새를 띠고 있다는 비판이 오래전부터 이어지고 있다.

박병곤 판사의 SNS 글 '정치 편향성 논란'

지난 2022년 3월 15일 박병곤 판사가 재직 중에 정치 편향성을 드러내는 글을 올려 논란이 일었다. 이에 대법원은 SNS에 글을 올린 박병곤(84년생 40세) 판사에 대해 사실관계 확인에 나섰다. 하지만 논란 당시부터 징계 가능성은 매우 낮은 것으로 알려졌다. 실제로 지금까지도 아무런 징계를 받지 않고 있는 것으로 드러났다.

박병곤은 또 지난 8월 10일 고 노무현 전 대통령의 명예를 훼손한 혐의로 기소된 정진석 국민의힘 의원에게 이례적으로 징역 6개월을 선고하면서 정치적 성향이 판결에 영향을 미쳤다는 비난을 사고 있다. 박병곤 판사의 판결이 공정성을 벗어났다는 논란의 중심에 선 것이다. 하지만 법조인들은 "대법원이 이번에도 흐지부지 제재할 가능성이 크다"라고 보고 있다.

현재 대법원은 서울중앙지법 형사5단독 소속인 박병곤 판사가 문제의 글을 실제 작성했는지와 작성 경위 등을 확인하고 있다면서 문제가 될 만한 다른 글이 더 있는지도 조사하고 있다고 밝혔다. 박병곤의 SNS에는 지난 2022년 3월 15일 자에 '이틀 정도 소주 한잔하고, 사흘째부터는 일어나야 한다'라는 글이 올라왔다.

박병곤이 올린 글은 더불어민주당이 대선에서 패배한 지 6일 만이었다. 또 박병곤은 민주당이 서울시장 보궐선거에서 패배한 직후인 지난 2021년 4월 9일에도 자신의 SNS에는 '승패는 병가지상사'라는 내용이 담긴 중국 드라마 '삼국지' 장면을 캡처한 사진이 게시됐다. 현재 해당 글은 모두 지워졌다. 박병곤의 계정도 비공개로 전환됐다.

문제는 내용이 모두 재판의 공정성을 의심케 할 수 있는 글이라는 것이다. 하지만 현행 규정상 박병곤 판사를 제재할 방법은 마땅치 않다. 지난 2012년 대법원 공직자윤리위원회가 '법관은 SNS상에서 공정한 재판에 영향을 미칠 우려를 야기할 수 있는 외관을 만들지 않도록 신중하게 처신해야 한다'라고 권고 의견을 제시했다.

그러나 관련 징계 규정 등은 이후 논의되지 않았다. 이명박 정부 시절 창원지법에 근무했던 이정렬 전 판사가 '가카새끼 짬뽕'이란 합성 사진을 올려 품위유지 위반으로 서면 경고를 받은 게 SNS와 관련해 거의 유일한 제재 사례다. 또 김명수가 임명한 유창훈 판사의 '정치색 짙은 판결'에 대해 우파성향 시민단체가 이재명 구속영장을 기각한 판사라며 유창훈을 고발한 사건은 각하됐다.

법조계에서는 "판사의 정치적 성향 문제가 한동안 잠잠하다 김명수 대법원장 체제에서 또다시 부각됐다"라고 지적한다. 지난 9월 24일 김명수 대법원장이 교체된 가운데 관련 규정을 정비해야 한다는 목소리도 높아지고 있다. 하지만 여전히 좌파 성향의 판사들이 법원을 점령하고 있는 상황에서 관련 규정 정비는 실현되기가 쉽지 않다고 보는 경향이 강하다.

한편 구미 선진국에서는 법관의 SNS 등을 통한 정치적 의견 표명도 비교적 엄격히 제한하고 있다. 미국의 '모범 법관 행동규범'은 법관이 사법적 의무를 수행하면서 정치적 입장 등 편견이나 선입견을 드러내

우파 성향 시민단체가 이재명 구속영장을 기각한 판사 유창훈을 고발하고 내붙인 현수막

는 언행이나 행동을 징계사유로 삼고 있다. 미국의 사법부는 '법이 이념이나 진영의 논리 위에 존재할 때만 법이 만인에게 평등할 수가 있다'라고 판단한다.

법관 70% '오판 가능'…오판은 '억울한 사법살인' ·

사형수 절반 이상이 충분한 변론을 못 받아 불리한 재판을 받는 것으로 나타났다. 무엇보다 사형제 폐지의 가장 중요한 근거 가운데 하나는 오판 가능성이다. 대표적인 오판 사례는 지난 1993년 애인을 살해한 혐의로 징역 12년을 선고받고 수감됐다 진범이 붙잡히면서 풀려난 김기웅 순경 사건이다. 당시 다른 사건으로 우연히 붙잡힌 진범이 범행 사실을 털어놓는 바람에 진실이 밝혀졌다. 이 사건 뒤 검찰은 수사 과정의 잘못을 스스로 지적하는 책자를 펴내기도 했다.

또한 지난 2011년 말에는 울산에서 부녀자 납치·강도범으로 몰려 76일 동안 억울한 옥살이를 한 사람이 진범이 잡혀 풀려나기도 했다. 국가인권위원회 조사를 보면, 법관·변호사 등도 오판 가능성을 매우 크게 점치고 있음을 알 수 있다. 특히 사형수들의 범죄 배경에는 많은 경우 불우한 성장 배경 등이 자리 잡고 있는 것으로 나타났으며, 이들은 재판 과정에서 충분한 변론을 받지 못해 무거운 형벌을 받는 예도 있었다. 이런 점에서 사형제의 공정성에 대한 의문도 제기되고 있다.

지난 2011년 현재 집행을 기다리는 사형수 64명 가운데 38명이 한 부모 가정(14명), 고아(5명), 부모 이혼(7명), 가난과 학대(12명) 등의 성장 배경을 지니고 있다. 이들은 평균 중학교 졸업의 학력을 갖고 있다. 또 34명은 개인적으로 변호사를 선임하지 못해 국선 변호인의 변론만 받았고 1~3심 재판 모두 개인 변호사를 뒀던 이는 4명에 불과했다.

교정위원인 문장식 목사는 "구치소에 들어와 평생 가장 따뜻한 대접을 받았다며 고아들을 잘 돌봐달라는 유언을 남기고 집행을 당한 사형수도 있고, 우발적인 살인이었는데 변호사를 선임할 돈이 없어 계획 살인으로 몰려 죽는다고 호소하며 죽어간 사형수도 있다"라면서 "재판관들은 언제나 명징한 정신으로 재판에 임해야 한다"라고 주장한다.

그런데도 여느 판사는 자신이 지지하는 정당이 패배했다고 술 마시고 정치적 편향성을 드러낸 적이 있다. 판사가 이런 정신으로 재판에 임하면 올바른 판결을 기대할 수 할 수 있겠는가. 그래서 우리는 사법 개혁을 통해 판사가 판사답지 못한 행동을 한다면 가차 없이 파면해야 하는 사법제도 장치 마련이 시급하다.

정치권 눈치 보는 사법부 '삼권분립 훼손'

특히 김명수 대법원장 시절에 진행된 사법부 인사는 우리법연구회를 중심으로 두루 요직을 차지했다. 김명수 대법원장의 지시로 신임 서울중앙지방법원장은 지난 2017년 만든 '판사 블랙리스트 의혹' 진상조사단에 참가했다. 그리고 대형 형사사건 배당과 영장전담 판사 인선 등을 결정하는 중앙지법 형사 수석부장 판사도 국제인권법연구회 출신으로 '판사 블랙리스트' 1차 조사에 참여한 경력이 있다. 또 한국 기업 핵심 사건을 처리하는 신임 민사 1수석부장판사도 같은 우리법연구회 소속으로 '판사 블랙리스트 사건' 때 검찰수사를 주장한 인물이다.

서울중앙지법의 재판장은 법원에서 3년, 같은 재판부에서 2년간 근무하는 것이 원칙이다. 국제인권법연구회의 소속인 윤종섭 형사36부 부장판사는 6년째 서울중앙지법에 유임되었다. 우리법연구회 출신 김미리 형사21부 부장판사도 서울중앙지법 재판부에 3년째 유임됐다. 법조계에서는 "지난 30년 동안 이런 인사가 없었다"라면서 탄식하고 있다. 한 법조인은 "김명수를 비롯한 좌파 성향 판사들의 약진이 마치 법원 내 '하나회'와 같은 권력형 모임이라는 비판이 과장된 것이 아니다"라고 지적한다.

그러나 김명수는 박근혜 정부의 대법원장 시절 중앙지법 형사수석부장을 역임한 임성근 전 부장판사가 제출한 사직서는 더불어민주당의 눈치를 보면서 수리하지 못하는 이중성을 보여 지탄을 받았다. 임성근 전 부장판사가 건강상의 문제 등으로 사표 수리를 간곡히 요청했다. 그런데도 김명수는 "툭 까놓고 얘기하자면 지금 뭐 탄핵하자고 저렇게 설치고 있는데 내가 사표 수리했다 하면 국회에서 무슨 얘기를 듣겠느냐"면서 이어 "그중에는 정치적인 상황도 살펴야 하고"라며 정치 눈치를 보면서 수리를 거부한 것이 녹취록에서 밝혀졌다.

처음에는 김명수 대법원장이 이런 말을 한 적이 없다고 딱 잡아뗐다. 그러나 김명수 대법원장과 임성근 부장판사의 대화 내용이 담긴 녹취록이 나오면서 김명수는 대한민국 사법부 사상 거짓말을 한 최초의 대법원장으로 기록된다. 그리고 사법부의 얼굴에도 통칠한 격이 되었다. 이는 김명수가 대법원장 취임식에서 "좌우 진영의 이분법적 사고를 벗어나겠다"라고 선언한 자신의 주장이 새빨간 거짓말로 밝혀진 셈이다.

특히 이 거짓말 탄로 사건은 무엇보다 대법원장인 김명수가 더불어민주당의 눈치를 살폈다는 것은 곧 법관이 정치에 관여했다는 것을 의미한다. 그리고 이는 김명수 대법원장이 문재인 정부의 여당인 민주당 눈치를 보는 정치 판사라는 것을 스스로 입증한 셈이다. 따라서 법관의 정치참여나 정치인의 사법부 관여는 삼권분립을 허무는 중대한 범죄행위가 아닐 수 없다.

국제인권법연구회는 '김명수 사조직'

최근 사법권 남용 첫 유죄 판결문을 통해 인권법학회 진성 회원 73명의 명단이 공개됐다. 그중에서 18명이 법원장, 재판연구관, 심의관 등 사법부 요직에 발탁됐다. 사법부 안팎에서는 "김명수가 초대 회장이던 국제인권법연구회 모임이 대법원장의 사조직"이라며 당장 해체해야 한다고 주장했다.

또 특정 단체의 인사독점 현상에 따른 후유증도 심각하다. 지난 2월 법원 정기 인사를 앞두고 사표를 낸 판사 수가 80명을 넘었다. 전체 법원장 및 고법 부장 134명 중 20명(14%)이 동시에 사직하는 전례가 없었다. 법조계는 "이런 현상은 김명수 사법부의 인사독점에 염증을 느낀 판사들이 무더기로 줄사퇴를 한 것"이라고 지적한다.

무엇보다 재판지연 등 사법 자원 손실로 인한 피해는 오롯이 국민이 당하는 몫이다. 이는 김명수 사법부가 국민의 비난을 받아온 이유다. 게다가 사법부의 인사독점은 사법권의 핵심인 재판의 공정성 문제로 직결된다. 따라서 이는 곧 자유민주의 근간을 뒤흔드는 범죄행위나 마찬가지다. 그래서 재판은 공정해야 하고 또한 공정해 보여야 한다.

그런데도 특정 사건의 재판을 위해 정당한 사유 없이 재판부를 유임시키거나 정권에 불리한 판결을 했다는 이유로 재판부를 교체하는 것은 사법부 독립의 원칙상 있을 수 없는 반헌법적 범죄행위다. 인사 관례를 깨고 서울중앙지법에 4년째 유임된 김미리는 조국 전 법무부 장관 관련 사건의 재판장, 청와대의 울산시장 선거 개입 의혹 사건의 주심 판사를 맡았다. 청와대의 송철호 울산시장 선거 개입 사건 재판은 무려 3년 7개월 공전한 뒤 검찰은 지난 9월 11일 기소된 송철호에게 징역 6년을 구형했다.

두 사건 모두 판결 결과에 따라 당시 문재인 정권에 치명타가 될 수 있었기 때문에 이를 뭉갠 것으로 보고 있다. 반면 조국 전 법무부 장관의 부인 정경심 교수를 법정 구속한 1심 재판부는 잔류 신청을 했지만 교체됐다. 사법행정권 남용 의혹 사건에서 무죄를 선고한 재판부는 원칙대로 3년 만에 변경됐다. 하지만, 윤종섭 부장판사는 6년째 중앙지법에 유임되면서 최근 사법권 남용사건 중 유일하게 유죄 판결을 했다.

이는 지난 2017년 8월 30일 법원 내부 통신망에 '재판이 곧 정치'라는 글이 그냥 뜬금없이 나온 것이 아니었다는 것을 보여준다. 사법부가 정치화되면 법치 사회가 무너지게 되고, 법치 사회가 무너지면 자유민주주의가 파괴된다는 것을 문재인 정부의 사법부에서 여실히 드러나고 있는 셈이다.

김명수 '관행 깨고 윤종섭·김미리 판사 유임'

지난 2021년 초에 단행된 대법원의 법관 인사를 두고 당시 문재인 대통령과 김명수 대법원장의 입김이 작용한 '코드인사'라는 논란이 강하게 제기되었다. 그중에서도 특히 주목받은 것은 '사법행정권 남용 의혹' 재판장인 윤종섭 부장판사와 조국 전 법무부 장관의 재판장인 김미리 부장판사의 유임이었다. 두 부장판사는 서울중앙지법에서 근무 기간을 모두 채웠다. 하지만 당시 김명수 대법원장은 이들을 유임시켰다.

무엇보다 김명수 대법원장이 순환근무의 관행을 깨면서까지 이들을 유임시킨 이유는 무엇일까. 윤종섭 부장판사와 김미리 부장판사의 과거 판결과 행적을 살펴봤다. 2021년 2월 19일 법조계에 따르면 서울중앙지법은 사무 분담위원회의 논의를 거쳐 전날 법관 사무 분담을 확정했다. 당시 사무 분담에서 사법행정권 남용 의혹에 연루된 혐의로 재판을 받는 임종헌 전 법원행정처 차장의 재판장인 윤종섭 부장판사는 형사36부에 그대로 남게 됐다.

이에 대해 판사들은 "통상 2~3년 주기로 법원을 옮겨 순환 근무하기 때문에 2년 이상 한 곳에 근무한 판사들은 인사 대상자가 된다. 게다가 윤종섭 부장판사는 2016년 2월 배치돼 근무 기간을 모두 채웠으나 이례적으로 6년째 노른자위인 서울중앙지법 근무를 이어가게 됐다"라고 강하게 비판했다. 그러면서 "당시 문재인 대통령의 경희대 법학과 동문인 윤종섭 부장판사와 또 당시 김명수 대법원장의 출신인 우리법연구회 회원인 김미리 판사 인사도 김명수의 입김이 작용한 '코드인사'임을 의심하지 않을 수 없다"라고 주장했다.

실제로 윤종섭 부장판사는 경남 거제 출신으로 1993년 경희대 법대를 졸업했다. 문재인 대통령과 동향 출신이자 대학 동문이기도 한 것이다. 윤종섭은 지난 1997년 사법연수원을 26기로 수료한 뒤 2000년부터 청주지법 판사로 법관 생활을 시작했다. 그리고 서울중앙지법·서울고법과 사법연수원 연구법관 등을 거쳐 춘천지법과 수원지법에서 부장판사를 역임했다.

지난 2016년 서울중앙지법 민사42부로 부임한 뒤에는 2015년 11월 민중총궐기에서 경찰이 쏜 물대포에 맞아 사망한 고故 백남기 씨의 유족이 경찰을 상대로 제기한 손해배상청구소송을 맡았다. 당시 그 재판에서 윤종섭 부장판사는 국가가 4억9,000만 원을 배상한 것과 별도로 살수차 조종에 관여한 경찰이 백씨 유족 4명에게 각각 1,500만 원씩 총 6,000만 원을 배상하라는 판결을 했다.

윤종섭은 또 같은 해 고故 박원순 서울시장 아들이 자신의 병역특례 의혹과 관련해 강용석 변호사를 상대로 제기한 손해배상소송을 심리하기도 했다. 이어 윤종섭은 2018년부터는 사법행정권 남용 의혹과 관련, 서울중앙지법이 증설한 형사36부의 재판장으로 부임해 임 전 차장과 이민걸 전 법원행정처 기조실장의 재판을 맡았다.

조국 전 장관의 자녀 입시비리, 유재수 감찰 무마 등 혐의를 심리 중인 형사21부의 김미리 부장판사도 2018년 2월 배치된 뒤 3년이 지나 인사 대상자로 예상됐으나 서울중앙지법에 그대로 남았다. 김미리는 조국의 재판 외에도 '청와대 울산시장선거 개입 사건', 당시 최강욱 열린민주당 대표의 공직선거법 위반 사건 등 주요 재판을 다수 맡았다.

김미리 부장판사는 제주 출신으로 서울대 법대를 나왔다. 1997년 부산지법 판사로 부임했다. 김명수 전 대법원장이 회장을 맡았던 좌파 성향 판사들 모임인 '우리법연구회' 출신이다. 김미리 부장판사는 2020년 9월 조국의 동생 조권 씨의 1심 선고에서 조씨가 스스로 인정한 채용 비리 혐의는 유죄로 인정했으나, 웅동학원 허위소송과 증거인멸 등 혐의는 모두 무죄로 판단해 '봐주기 판결' 논란을 일으키기도 했다.

또 지난 2020년 1월 배당받은 선거 개입 사건은 1년이 지나도록 1차 공판조차 열지 않아 논란을 빚은 바 있다. 지난 2019년 10월 국회 법제사법위원회 국정감사에서는 형사21부가 조국 전 법무부 장관과 조 전 장관의 동생 조권 씨, 청와대 울산시장선거 개입 사건 등 주요 사건 재판을 몰아서 배당받은 것에 따른 지적도 나왔다. 하지만 법조계는 김명수 대법원장의 인사는 여전히 편향성을 벗어나지 못하고 있다고 비판한다.

특히 이번 인사에서도 정치권과 법조계 안팎에서는 김명수 사법부의 코드 인사가 이어졌다는 지적이 나왔다. 당시 김명수 대법원장은 인사와 관련 "여러 요소를 살펴 인사를 하는 것이며 일일이 만족할 수는 없다"라고 궁색한 해명을 내놨다. 하지만 판사 출신의 한 법조인은 "유임된 판사들에 대한 여러 뒷말이 있다는 점을 고려하면, 김명수 대법원장이 이들을 남겨둔 채 코드 판결을 주문한 것이나 다름없어 보인다"라고 비난했다.

당시 야당이었던 국민의힘 당도 "김명수 대법원장은 내 편을 심판에 넣어 승부를 조작하는 구단주와 다름없는 짓을 하고 있다"라고 비난의 목소리를 높였다.

주호영 국민의힘 원내대표는 당시 "김명수 대법원장은 중요한 사건을 많이 다루는 서울중앙지방법원장으로 자신과 코드가 맞는 이를 보내 재판에 영향을 미치려 한다"라며 "김미리 부장판사와 윤종섭 부장판사를 인사원칙에 반해 4년씩, 6년씩 두는 것 자체가 내 편을 심판으로 넣어 승부를 조작하는 것과 무엇이 다르냐?"라고 반문했다.

35년 만의 대법원장 후보 낙마 '정쟁 수단'

지난 10월 6일 이균용 대법원장 후보자 낙마로 사법부 수장 장기공백 사태가 현실화하자 사법부는 충격에 휩싸였다. 사법부 내에서는 "있을 수 없는 일이 벌어졌다"라는 분노 표출부터 "사법부 위상의 현주소를 보여준 단면" 또는 "사법부가 정권의 시녀"라는 자조적 목소리도 터져 나오고 있다. 차기 대법관 제청 문제를 비롯해 대법원 전원합의체 판결 지연 등 당분간 대법원장 공백으로 인한 혼선과 혼란은 불가피해진 상황이다. 그리고 그 피해는 고스란히 국민의 몫이 된다.

고등법원 한 부장판사는 2023년 10월 8일 35년 만에 재연된 대법원장 후보자 임명동의안 부결에 대해 "대법원장이란 존재가 정치권에 흔들리는 가벼운 깃털 같은 존재"라고 촌평했다. 그는 또 "더불어민주당이 '단일대오'를 강조하며 당론으로 이 후보자 임명동의안 부결을 결정했는데, 과연 무엇을 위한 단일대오인지 의문"이라며 "대법원장의 중요성은 그 뒤에 국민이 있기에 생기는 것이고, 공백 사태로 인한 피해도 국민에게 돌아가게 될 것"이라고 지적했다.

대법원장 자리가 '정쟁 수단'으로 전락했다는 한탄도 나왔다. 수도권 지방법원의 한 부장판사는 "과거에는 정쟁이 아무리 심해도 부결이라는 한계선은 넘지 않는다는 공감대가 있었다"라며 "정치 진영 싸움이 심한 상황에서는 다수당이 적극적으로 원하는 사람이 대법원장이 돼야 한다는 선례가 된 것"이라고 말했다. 그는 "사법의 정치화가 더욱 심해지는 계기가 될 것"이라고 우려를 했다. 차기 대법원장 인준까지는 다시 수개월의 시간이 걸릴 전망이다.

그러나 대법원장 공백을 우려한 윤석열 대통령은 이균용 후보 낙마 33일 만인 8일 조희대 전 대법관을 김명수 전 대법원장 후임으로 지명했다. 조희대 후보자는 9일 오전 안철상 대법원장 권한대행(선임대법관)을 예방하기 위해 찾은 서울 서초동 대법원 현관에서 "임기를 다 못

채울 수 있는데, 부담감을 느끼느냐"는 기자들의 질문에 이같이 답했다. 1957년생인 조 후보자는 '인사청문회와 국회 표결을 거쳐 대법원장으로 임명되더라도 정년(70세) 규정에 따라 임기 6년을 다 채우지 못하고 3년 반 만에 퇴임해야 한다.'

조희대 후보는 보수성향이라는 법조계 안팎의 평가를 받고 있다. 하지만 그는 "(2014년) 대법관 취임사에서도 우리 두 눈은 좌우를 가리지 않고 본다는 법이라고 했다"라며 "한평생 법관 생활을 하면서 한 번도 좌나 우에 치우치지 않고 항상 중도의 길을 걷고자 노력했다"라고 강조했다. 그러면서 "걱정하지 않으셔도 될 것"이라고 덧붙였다.

김명수 전 대법원장 재임 시절 무너진 사법부 신뢰 회복 과제에 대해선 "지금 당장은 청문회 준비에 최선을 다하겠다는 생각뿐"이라고 즉답을 피했다. 그는 "혹시 기회가 주어진다면 그때 가서 사법부 구성원들과 함께 허심탄회하게 논의하겠다"라고 말했다.

한편 조희대 후보자 임명과 관련, 홍익표 민주당 원내대표는 이날 정책조정 회의에서 "민주당의 원칙과 기준은 여전히 똑같다"라며 "첫째, 사법부의 독립성을 지킬 수 있는 인물인가. 둘째, 국민 눈높이에 맞는 도덕성을 갖춘 인물인가. 셋째, 사법부의 수장으로서 역할을 다할 수 있는 역량이 충분한 인물인가"라고 했다. 이어 "민주당은 이 세 가지 원칙과 기준에 근거해 철저하게 검증하겠다"라고 밝혔다.

김기현 국민의힘 대표는 이어 지난달 6일 이균용 전 대법원장 후보자 임명동의안이 국회에서 부결된 데 대해 "민주당이 오만 가지 이유를 들어 사법 공백을 초래하는 이유는 결국 각종 부정부패 범죄 혐의에 연루된 당 대표와 의원이 무수히 많아 대한민국 사법 시스템이 원활하게 작동하는 것이 두렵기 때문으로 보인다"라고 주장했다. 그러면서 "사법이 더 이상 정쟁의 소재가 되어서는 안 된다"라며 "수없이 많은 논란을 야기한 김명수 전 대법원장 이후 조속하게 후임 대법원장이 임명됐어야 마땅하다"라고 강조했다.

4·15 부정선거 의혹 '뭉개버린 선관위'

4·15 총선의 '부정선거 의혹과 실태'

지난 2020년 4월 15일 대한민국에서는 국회의원 총선거가 치러졌다. 그날 밤부터 새벽까지 개표된 선거 결과는 당시 '국민의힘 당이 박빙으로 조금 앞설 것'이라는 각종 여론조사의 예상을 완전히 뒤엎었다. 더불어민주당이 170석 넘는 의석을 확보함으로써 거대 야당으로 탄생하는 믿기지 않은 일이 벌어졌다. 특히 수도권에서는 거의 싹쓸이를 하다시피 더불어민주당이 절대다수 의석을 차지했다.

무엇보다 서울지역에서는 이튿날 새벽까지 국민의힘이 근소하게 앞서던 40여 석이 모두 더불어민주당으로 넘어가는 전례 없는 이변이 발생했다. 당시 거의 국민의힘이 소폭으로 앞서가던 개표가 모두 더불어민주당 후보의 당선으로 끝났기 때문이다. 적어도 '50 대 50' 정도의 결과가 나오는 것이 일반적이었다. 여기저기서는 부정선거라는 말들이 쏟아져 나오기 시작했다.

실제로 당일 개표에서 부정선거 개연성이 가장 높은 사건은 충남 부여에서 터졌다. 부여지역 개표에 사용된 투표지 분류기에 오류가 있다는 진술이 나왔다. 2020년 4월 15일 충남 부여경찰서에 따르면 4·15 총선 당일 투표용지를 찢은 혐의(공용서류무효, 공직선거법 위반)로 부여군 선거관리위원회 관계자 2명이 고발됐다. 그들은 최근 경찰에서 "오류 출력된 개표 상황표를 기술협력 요원(민간인 지원인력)이 찢고 새로 출력해 오류를 정정한 사실이 있었다"라고 진술했다.

이들은 또 "분류기로 개표작업을 하던 중 부여군 옥산면 지역 투표용지 집계에 오류가 있었다"라고도 밝혔다. 따라서 당일 개표 과정에서 서류를 찢은 정황이 확인되자 8개월 뒤인 2020년 12월 24일 김소연 변호사 등이 이를 경찰에 고발했다. 과연 4·15 총선 당일 부여지역 개표소에서는 무슨 일이 일어났던 것일까. 당시 보도 및 고발된 내용과 선관위 주장 등을 종합하여 그때 상황을 재구성해본다.

4·15 총선 '투표지 분류기의 오류'

"재분류 뒤 처음 개표 상황표 찢어버린 것은 사실이다"

이 사건은 지난 21대 4·15 총선 당일 충남 부여군 부여 유스호스텔에서 진행된 개표 과정에서 발생했다. 옥산면 지역 개표 과정에서 사전선거 투표용지 415장을 투표지 분류기로 분류한 결과 기호 1번 더불어민주당 후보로 분류된 득표함에 기호 2번 국민의힘당 정진석 후보의 표가 섞이는 현상이 실제로 발생했다. 이에 기호 2번인 국민의힘당 개표 참관인이 이의를 제기했다.

국민의힘 당의 참관인이 문제를 제기할 당시에 출력된 개표 상황표가 존재했다. 재분류하고 난 뒤에 부여군 선관위 직원이 한 사람에게 손짓하면서 해당 서류를 찢으라고 했다. 이에 선거사무원으로 추정되는 한 사람은 그 자리에서 해당 서류를 찢었다. 이를 놓고 "투표지 분류기 등에 문제가 있었던 것 아니냐?"라는 강한 의혹이 제기되었다. 이에 김소연 변호사 등은 개표 당시 CCTV 동영상을 확인한 후 사실로 밝혀지자 부여군 선관위 관계자 3명을 경찰에 고발했다.

부여군 선관위 관계자는 "투표지 분류기를 작동했을 때 1번 후보 득표함에 2번 후보 투표용지가 섞이는 일은 절대 일어날 수 없다"라며 "기표가 불분명한 용지는 재확인용으로 분류된다"라고 해명했다. 그러나 김소연 변호사는 "개표 당시 폐쇄회로 TV 영상을 확인해보니 서류 같은 것을 찢는 장면이 나왔다"라면서 "분류기를 다시 돌렸더니 표수가 처음과 서로 달랐다는 게 경찰조사에서 나온 것으로 안다. 이는 부정선거 개연성이 사실로 드러난 것"이라고 강조한다.

김소연 변호사는 직접 부여의 선관위를 찾아 다시 분류기를 돌려봤다고 한다. 그는 "수백 개의 표가 한 테이블에서 일제히 뒤집혔다. 예컨대 처음 700대 300이 나왔던 게 다시 돌리니 500대 500, 또다시 했더니 300대 700이 나오는 식"이라면서 "해당 분류기는 신뢰도가 '0'이라는 의미"라고 주장했다. 그러면서 "지난 6월 〈PD수첩〉은 개표 조작설을 다루면서 이 내용을 쏙 빼고 방송했다"라고 지적했다.

이에 대해 선관위는 "만일 조작 세력이 있다고 한다면 이처럼 쉽게 걸릴 것을 감수하고 왜 구태여 그런 방법을 썼겠느냐"면서 "이는 단순한 오류에 불과하다"라고 해명했다. 그러나 김소연 변호사는 즉각 반박했다. 그는 "이것이 단순한 오류라고요? 한 참관인은 2번으로 가야 할 게 1번으로 가서 쭈뼛했더니, 옆에서 '빨간 점 하나 잘못 찍히면 그럴 수도 있다'라고 달랬다고 말했다. 그래서 그냥 아무 말도 못 했다고 실토했다"라고 말했다.

그런데도 경찰은 지난 2021년 7일 개표 상황표 훼손에 대해서는 선관위 직원을 무혐의 결정한 뒤 검찰에 송치했다. 이에 대해 경찰은 중앙선관위의 유권해석 등을 받아 내린 결론이라고 밝혔다. 경찰은 "개표 상황표는 개표 현장 책임사무원, 심사 및 집계부 확인, 선관위원 검열을 거쳐 위원장이 공포해야 효력이 발생한다"라며 "단순 오류 출력물인 당시 개표 상황표를 찢었다고 해서 공용서류 무효죄가 성립되지 않는다"라고 말했다. 이는 경찰이 중앙선관위의 유권해석으로 내린 것이어서 누가 봐도 뻔뻔함이 묻어나는 결론이 아닐 수 없다.

무엇보다 부정선거 관련 문제는 곧바로 처리해야 함에도 경찰은 고발을 접수하고서도 반년이나 지나서야 이런 결론을 내렸다. 특히 이런 사실이 드러났음에도 국민의힘 정당은 침묵으로 일관했다. 자유민주주의 근간인 선거에서 부정한 사실이 명백히 드러났음에도 국민의힘은 참패당한 것이 부끄러워서인지 당시 어느 한 인간도 이의를 제기하지 않았다. 만약 부여선거구에서 일어난 상황을 확대 조사 및 대질신문을 통해 이 문제를 철저히 조사했더라면 부정선거에 대한 사실 여부가 충분히 밝혀졌을 것이다.

그런데도 당시 김종인을 비롯한 국민의힘 지도부는 되레 부정선거를 입에 올리는 의원을 징계하려는 태도를 보였다. 공천에서 배제된 후 무소속으로 나와 대구 수성을에 당선된 홍준표는 자신의 페이스북에 한 지지자가 댓글로 '사전투표의 허점이 곳곳에 있다'라면서 사전투표 의혹론을 제기하자 "사전투표에서 저는 많이 이겼다"라며 논란을 일축했다. 그리고 이준석도 이 같은 음모론에 대해 "반성하고 혁신을 결의해야 할 시점에 의혹론을 물면 안 된다"라고 반대했다.

무엇보다 부여선관위 옥산면 지역 개표에서 나타난 부정선거 관련 피해 당사자인 정진석은 이를 문제 삼지 않고 자신이 당선된 것에 만족하고 만다. 그러나 정진석이 진짜 자유민주주의에 대한 책임 있는 인간이라면 목숨을 걸고 나서서 싸워야 했다. 그런데도 입을 닫고 만 것이다. 자유민주주의 꽃인 선거에 엄청난 부정선거 의혹이 나왔음에도 당 지도부는 이를 애써 외면했다. 그래서 당시 우파 네티즌들은 "4·15총선 지도부 김종인과 이준석, 그리고 나태한 홍준표, 정진석 등은 만약 향후 부정선거가 드러난다면 정치 도의적 책임을 지고 국민에게 석고대죄하고 정치판을 떠나야 한다"라고 분노했다.

언론 4·15 부정선거 '통계 조작 정황'

4·15총선 직후 불거진 부정선거 논란이 희한하게도 부정선거를 저지른 혐의를 받는 더불어민주당은 이를 침묵하고 있었다. 이는 부정선거 논란을 확대하지 않겠다는 의도로 볼 수 있다. 그리고 부정선거 문제를 놓고 우파진영에서는 두 개 파로 나뉘었다. 부정선거를 긍정하는 쪽과 부정하는 쪽이 서로 갑론을박을 벌이고 있었다. 그래서 당시 우파 분열이라는 주장이 나왔다. 그런 가운데 애초 이를 외면하거나 부정하던 언론의 관심도 완전히 사라졌다.

당시 여론은 "피로해서, 눈치 보느라, 혹은 보도의 가치가 없어서…"라는 다양한 해석으로 부정선거 의혹을 물타기 하자 대중의 관심도 차츰 멀어졌다. 하지만 부정선거 '확신파'들의 결집력은 점점 단단해졌다. 청년들의 '블랙 시위'가 확산하였다. 또 유튜브와 소셜 미디어(SNS) 등에서는 꾸준히 부정선거의 의문을 제시하고 있었다. 실제로 지금까지도 수많은 부정선거 의혹이 나오고 있다. 부정선거 개연성이 굉장히 높은 것만 간추려 봐도 수십 개에 이른다.

대표적인 사례들은 이와 같다. ▲63대 36(서울, 인천, 경기의 민주당 후보와 통합당 후보의 사전투표 득표율이 모두 63대 36으로 너무 비슷하다는 의혹)이란 통계 조작 ▲투표지 분류기 오류 ▲특수 봉인지 훼손

▲부여군 개표소와 유령 표 논란 ▲4.7초 만의 투표 ▲삼립빵 박스 사건 ▲중국 개입설(투표용지 중국산) 등이다.

4·15 부정선거 의혹에 대한 논란은 '통계'가 가장 큰 힘을 발휘하고 있다. 통계의 시작은 '사전투표 조작설'이다. 이는 지금까지도 가장 큰 핵심 의혹으로 꼽힌다. 미래통합당의 수도권 후보들이 본투표에서는 접전을 벌였다. 하지만 하필 사전투표에서는 모두 크게 열세했다는 내용이 이를 뒷받침한다. 또 그 '차이'가 이상하게도 일률적이라는 점이다. 따라서 우파 유튜버들은 이때 '누군가 사전 투표함을 바꿔치기했다.', '선관위에서 개표 시스템을 조작했다'라며 논란을 키웠다.

낙선자들도 이에 힘을 보탰다. 차명진 전 미래통합당 경기부천병 후보는 "두 학생의 답안지가 숫자 하나 안 다르게 똑같다면 이상한 것 아니냐?"라고 주장했다. 그리고 김태우 전 통합당 서울 강서을 후보는 "50억 정도 현상금을 걸어 내부 고발자를 찾아야 한다"라고 강조했다. 이때까지만 해도 관망하는 분위기가 더 컸다. 하지만 이에 트리거(도화선) 역할을 한 건 '세계적 부정선거 전문가'라는 월터 미베인 미시간대 교수였다. 그는 한국의 선거 결과를 보고 "한국 총선에서 부정투표 비율이 높다"라는 연구 결과를 발표해 일파만파 번져나갔다.

이어서 서서히 국내 학자들이 나서기 시작했다. 지난 2020년 5월 26일 한 토론회에서 통계물리학 박사인 박영아 명지대 물리학과 교수(제18대 국회의원)는 "마치 1,000개의 동전을 동시에 던졌을 때 모두 앞면

이 나오는 경우"라고 비유했다. 통계학적으로 불가능에 가깝다고 분석한다.

박영아 교수가 이날 짚은 몇 가지 특이성은 이렇다. 먼저 ▲서울·인천·경기 민주당 대 통합당 사전투표 득표율이 63% 대 36%로 일치하는 점 ▲서울 49개 선거구의 424개 동 모두 민주당 후보의 사전투표 득표율이 본투표 득표보다 12% 정도 일정하게 높은 점 ▲수도권 1,092개 읍면동 단위에서 민주당 후보의 사전투표 득표율이 본투표 득표보다 높은 점 ▲관외 사전투표 수 대 관내 사전투표 수가 일정한 비율인 점 등을 꼽았다.

황교안이 외치는 '4·15 총선은 명백한 부정'

황교안 당시 통합당 대표도 뒤늦게 지난 20대 대선 예비후보 토론회에서 지난 2020년 4·15 총선에 대해 부정선거 의혹을 제기하며 다른 후보들에게 견해 표명을 강하게 요구했다. 그러면서 지난 2021년 9월 16일 "2020년 4·15 총선은 명백한 부정선거의 증거가 있다"라고 주장했다. 황교안은 "수도권의 사전투표율은 전부 36대 63 정도다. 옆면이 잘린 흔적이 있는 투표용지도 있다. 선거관리위원회 직원 이름을 살펴보면 개씨, 거씨, 괌씨, 긱씨, 깨씨라고 돼 있다"며 "이는 정말 명백한 부정선거의 증거물"이라고 강조했다.

특히 황교안은 지난 20대 대선 당시 열린 TV조선 주최 '국민의힘 대선 경선 후보 1차 토론회'에서 "관외 사전투표 비율이 일정해 통계적인 강한 의문이 든다"라며 부정선거 개연성을 강조했다. 그리고 황교안 후보가 부정선거 문제를 지적하며 윤석열 후보에게 의견을 물었다. 그러자 당시 윤석열 후보도 "4·15 총선은 부정선거라는 주장에 나도 의문을 가졌다"라며 호응했다. 황교안은 "4·15 총선은 관계기관 여럿이 함께 저지른 불법 선거로 많은 증거가 쏟아져 나왔다. 증거인멸 행위까지 이어지고 있다"라고 강력히 주장했다.

그러나 국민은 황교안 당신에게 묻고 있소. 정치 1번지 종로구에 나와서 개표 첫날밤부터 그 많은 부정선거 의혹 쏟아질 때 당신은 대체 무엇을 했소? 당 대표로서 당당히 나서지 못하다가 시기와 때를 다 놓치고 지금에 와서 부정선거 부르짖는 당신의 시꺼먼 그 속이 궁금하오. 그리고 정진석은 너의 지역구에서 부정선거 고소·고발 정황이 쏟아졌는데도 입 꾹 다물고 있었던 이유가 무엇이었는지 말해보라.

국힘의힘 당 대표를 지낸 황교안과 중진인 정진석은 자유민주주의를 지키려는 기본적인 인식도 책임성도 없는 정치적인 자질이 굉장히 부족한 인간들이다. 자유민주주의 꽃이라 불리는 선거에서 발로 뛰면서 선거를 도운 민초들은 부정선거 의혹을 품고 아우성치는데, 당 대표라는 인간은 뒤늦게 서야 부정선거 외치는 의도가 진짜 궁금하다.

무엇보다 지역구에서 부정선거 고발이 난무하는데도 자기는 당선됐다고 아무런 일이 없었다는 듯이 입 꾹 다물고 있다가 자식 같은 새파란

젊은 판사 박병곤이한테 된통 얻어맞고서야 자기 억울함을 호소하는 정진석 당신은 도대체 뭐 하는 인간인지 다시 한번 묻고 싶소. 자유민주주의 근본인 부정선거 의혹을 외면한 인간은 정치할 자격이 없다.

선관위 '무효 소송은 최다에 개표는 늑장'

우파 유튜버들은 "부정선거와 부실은 분명히 구분 지어야 한다. 예컨대 투표지가 들어있는 봉투는 매뉴얼에 따라 봉인을 해서 선관위원장 도장을 찍어야 한다. 그런데 이를 뻥 뚫린 상자에 담아놓았다"라면서 "이건 관리 부실 정도로 볼 게 아니라 아예 '무효'로 봐야 한다. 법률적으로는 개작의 가능성만 있어도 증거 능력을 상실한다고 본다. 이 경우 외부인 침투가 없었더라도, 침투의 가능성만으로 표로서의 가치가 없다는 뜻"이라고 주장한다. 이는 지극히 당연한 말이다.

또한 "근래에 상상할 수 없는 기발한 범죄가 자주 생기고 있다. 부정선거가 이뤄진 구체적인 방법은 수사기관이 밝힐 일"이라며 "현상적으로 '이상하다'라는 것에서 의혹 제기를 시작하고 보니, 무효 봉인 등 석연치 않은 정황들이 무수히 발견되었다. 조작 여부와는 별개로 증거가 무효라는 게 하나만 있어도, 이것 또한 부정선거가 될 수 있다"라고 지적했다. 가장 좋은 건 이런 일이 재발하지 않아야 한다. 그런데 투표지 분류기는 2002년 도입됐다. 빠른 결과 발표를 위해서다. 하지만 분류기의 오작동과 해킹 가능성은 모든 국가에서 꾸준히 제기되어왔다.

그래서 무엇보다 미국 등 선진국들은 대부분 선거제도 안에 '오딧 (audit: 철저한 검사)'이라는 안전장치를 둔다. 그 때문에 조금이라도 문제가 발견될 때 신속한 수{개표를 통해 유권자들의 신뢰를 잃지 않아야 한다. '통합'을 위해서라도 재검표는 빨리 이뤄져야 한다. 지난 2020년 7월 7일 주호영 미래통합당 원내대표도 부정선거와 관련해 3개월 뒤에야 처음으로 입을 열고 재검표를 촉구했다. 그는 "과거 선례를 보면 늦어도 2개월 안에 재검표를 마쳤다. 하지만 이번에는 단 한 곳도 이뤄지지 않았다"라면서 "조속한 재판과 재검표를 요구하는 민심이 커지고 있다"라고 강조했다.

한편 대법원은 지난 5월, 21대 국회의원 선거와 관련한 선거소송 본안 건수는 139건이라고 밝혔다. 선거무효 소송 137건과 당선무효 소송 2건이다. 선거 관련 소송으로는 역대 최다로 꼽힌다. 그런데도 처리는 굉장히 더딘 상황이다. 지난 7월 7일 '헌법을 생각하는 변호사 모임(헌변)' 등 5개 단체는 "대법원은 선거소송 150여 건에 대해 심리 기간의 3분의 1이 돼가고 있는 지금까지 아무런 심리도 개시하지 않고 있다"라면서 "대법원은 4·15 총선 사건들에 대해 신속히 절차를 개시하고 엄정히 심리하라"라고 촉구했다.

그러자 중앙선거관리위원회는 2023년 9월 4일 "지난 8월 31일 선거소송 5건에 대한 대법원판결이 선고되면서 제21대 국회의원 선거가 시행된 지 3년여 만에 모든 선거소송이 종결됐다"라고 밝혔다. 그러나 공직선거법 제225조는 "선거에 관한 소청이나 소송은 다른 소송에 우선해 신속히 결정 또는 재판해야 하며, 소송은 소가 제기된 날부터 6개월(180일) 이내에 처리해야 한다"라고 규정하고 있다. 선관위는 이런 규정을 어겨가면서까지 석연치 않은 결론을 내렸다. 반드시 이에 대한 분명한 해명과 후속 조치가 뒤따라야 한다.

국정원 '투·개표 모두 외부해킹 가능하다!'

국가정보원은 지난 10월 10일 선관위의 투개표 관리가 허술해 가상 해킹에 구멍이 뻥 뚫린 상태라고 지적했다. 중앙선거관리위원회의 투·개표 관리 시스템은 북한 등이 언제든 침투할 수 있는 상태로 파악된 것이다. 국정원에 따르면 선관위, 한국인터넷진흥원(KISA)과 함께 지난 7월 17일부터 9월 22일까지 벌인 합동 보안점검 결과 선관위의 사이버 보안관리가 부실한 점이 확인됐다.

국정원은 "기술적인 모든 가능성을 대상으로 가상의 해커가 선관위 전산망 침투를 시도하는 방식"으로 시스템 취약점을 점검했다. 그 결과 투표 시스템, 개표 시스템, 선관위 내부망 등에서 해킹 취약점이 다수 발견됐다고 설명했다. 국정원 백종욱 3차장은 이날 언론에 결과를 브리핑하면서 "(선관위가 보유한) 전체 장비 6천400여 대 가운데 약 5%인 317대만 점검했다"라면서 전반적인 별도 조사의 필요성을 강력히 시사했다.

◇해킹으로 투표 여부 바꾸고 '유령 유권자' 등록 가능

유권자 등록 현황과 투표 여부 등을 관리하는 선관위의 '통합 선거인 명부 시스템'은 인터넷을 통해 침투할 수 있고 해킹이 가능한 것으로 확인됐다. 이를 통해 '사전 투표한 인원'을 '투표하지 않은 사람'으로 표시하거나 '사전 투표하지 않은 인원'을 '투표한 사람'으로 표시할 수 있고, 존재하지 않는 유령 유권자도 정상적인 유권자로 등록할 수 있었다고 밝혔다.

또 사전투표 용지에 날인되는 청인廳印(선관위 도장), 사인私印(투표관리관의 도장) 파일을 선관위 내부 시스템에 침투해 훔칠 수 있었다. 그리고 테스트용 사전투표 용지 출력 프로그램을 이용해 실제 사전투표 용지와 QR코드가 같은 투표지를 무단으로 인쇄할 수 있었다. 사전투표소에 설치된 통신장비에는 외부의 비인가 컴퓨터를 연결할 수 있어 내부 선거망으로 언제든지 충분히 침투할 수가 있었다.

위탁 선거에 활용되는 선관위 '온라인 투표시스템'의 경우 정당한 투표권자가 맞는지 인증하는 절차가 미흡해 대리 투표가 이뤄져도 확인할 수 없었다. 부재자 투표의 한 종류인 '선상투표'는 특정 유권자의 기표 결과를 암호화해 볼 수 없도록 관리하고는 있다. 그러나 암호 해독이 가능해 기표결과는 훔쳐볼 수가 있었다. 국정원은 "비밀선거 원칙을 훼손하는 중대한 취약 요소"라고 지적했다.

◇투표지 분류기에 해킹 '개표 결과까지 바꿀 수 있다'

이번 국정원의 발표에 따르면 투표 조작을 넘어 개표 결과까지 바꿔버릴 수 있다는 사실이 드러나 충격을 더해준다. 개표 결과가 저장되는 '개표 시스템'은 안전한 내부망에 설치·운영하고 접속 비밀번호를 철저하게 관리해야 해야 한다. 그런데도 보안관리가 미흡해 해커가 개표 결괏값을 변경할 수 있음이 드러났다는 것은 확실한 해결책 없이 더 이상 현행 투표제도를 끌고 가서는 안 된다.

특히 투표지 분류기에서는 USB 등 외부 장비의 접속을 통제해야 하는데도 비인가 USB를 무단 연결해 해킹 프로그램을 설치할 수 있었으며, 투표 분류 결과를 바꿀 수 있었다. 투표지 분류기에 인터넷 통신이 가능한 무선 통신 장비도 연결할 수 있었다. 투표지 분류기 프로그램은 비공개로 안전하게 관리돼야 하지만, 프로그램이 인터넷에 노출돼 있어 해커가 어렵지 않게 입수할 수 있는 사실도 확인됐다.

◇인터넷으로 침입 가능한 '선관위 내부망 허술'

선관위의 전반적 시스템 자체도 해킹에 취약했다. 선관위 전산망은 홈페이지 등이 연결된 인터넷망, 선거사무 관리를 위한 업무시스템을 운영하는 업무망, 투·개표 관련 주요 선거 시스템을 포괄하는 선거 망 등 3개로 구분된다. 국정원에 따르면 선관위는 중요 정보를 처리하는 업무망과 선거 망 등 내부 전산망을 인터넷과 분리해야 한다. 하지만 망

분리 보안정책이 미흡해 전산망 간 통신이 가능했다. 무엇보다 심각한 문제는 인터넷에서 업무망·선거 망으로 침입할 수 있었다는 것이다.

국정원은 또 주요 시스템에 접속할 때 선관위에서 사용하는 비밀번호는 숫자·문자·특수기호를 혼합해 안전하게 만들어야 함에도 비교적 단순한 비밀번호를 사용해 손쉽게 유추가 가능했다는 것이다. 이처럼 취약한 선관위 전산망을 통해 재외공관의 재외 선거 망까지 침투할 수 있었다. 그 결과 재외선거 관리 시스템에서 재외 국민선거인명부를 탈취하고 재외공관의 컴퓨터에 접근하는 것도 가능했다고 밝혔다. 한마디로 부정선거는 언제든지 마음만 먹으면 가능하다는 것이다.

◇북한의 해킹 가능성 경고해줘도 대응하지 않아

국정원은 2021년부터 올해까지 선관위 관련 해킹 8건을 선관위에 통보했다. 하지만 선관위는 통보 전 이를 알지 못했다. 또한 통보 이후에는 해킹 원인을 조사하지 않았으며, 피해자 보안 조치를 하지 않았다고 국정원이 밝혔다. 국정원 발표대로라면 이게 선거를 관리하는 선거관리위원회라고 말할 수가 없다. 선관위는 향후 이 모든 문제점에 대해 충분히 해명해야 한다.

특히 2021년 4월에는 선관위의 인터넷 컴퓨터가 북한 '김수키' 조직의 악성코드에 감염돼 상용 메일함에 저장됐던 대외비 문건 등 업무자료와 해당 컴퓨터의 저장 자료가 유출된 사실이 이번 점검에서 드러났다. 해당 메일은 지방선관위 간부급 직원의 계정으로, 국정원은 선관위가 상용 메일 사용 및 업무자료의 상용 메일함 저장을 허용하는 등 보안정책을 부실하게 운용했음을 보여준다고 짚었다. 또 이와 별개로 상주 용역업체가 선관위 직원의 계정정보를 공유하고, 용역 직원이 상용 메일로 선관위 내부 자료를 유출한 사실도 포착됐다.

◇선관위는 '정보통신 대책 100점'…'다시 보니 31.5점'

선관위는 지난 2022년 '주요 정보통신 기반 시설 보호 대책 이행 여부 점검'을 자체 평가한 결과 '100점 만점'이었다고 국정원에 통보했다. 하지만 이번 국정원 점검에서 같은 기준으로 재평가했더니 31.5점에 불과했다. 이 같은 부실투성이가 선거관리에도 불구하고 선거소송이 제기된 날부터 6개월(180일) 이내에 처리하지 않았다. 이는 누가 봐도 부정선거 의혹을 감출 수가 없다. 이 정도 부실한 관리에도 대법관을 비롯한 고위 법관으로 구성된 선관위가 규정된 법을 어기면서까지 개표 등 확인 절차를 뭉갠 이유를 분명히 밝혀야 한다.

노태악 두둔하는 민주당 '부정선거 원하나?'

국정원에서 선관위를 가상 해킹을 해보니 개표 결과도 조작 가능하다고 밝혔다. 게다가 선거인 명부까지도 조작할 수 있고, 부재자 대리투표도 가능하다고 강조했다. 그래서 책임지고 사퇴하라고 하는데, 노태악 중앙선관위원장은 총선에서 자신이 할 일이 있다면서 사태를 거부하고 있다. 그러면 해커로 인한 부정선거로 총선을 결정하게 하려는 것인지 묻고 싶다.

지난 2020년 4·15 총선에서 당시 범여권이 180석 이상을 얻을 것이라고 유시민을 비롯한 여권 주요 인사들이 선거 결과를 흘렸다. 결과는 그들이 주장한 그대로 적중됐다. 이번 강서구청장 선거에서도 야권이 15% 이상으로 압도적 승리를 할 것이라는 전망을 했다. 결과는 말대로 적중했다. 이게 무엇을 말해주는 것일까? 그들이 신이 아니라면 이 나라 선거는 자기들이 마음먹은 대로 할 수 있다는 특단의 어떤 묘수라도 있다는 것인지 묻고 싶다.

그런데도 노태악 중앙선거관리위원장이 10월 13일 선관위 특혜 채용 의혹, 투개표 시스템 보안 부실 등 논란에 대해 사과하면서도 여권의 사퇴 요구에 대해서는 "남아있는 일이 있다"라면서 선을 그었다. 그렇다면 노태악 선관위장에게 할 일이 남아있다는 것이 무엇인가? 부정선거 의혹을 주장해 온 국민은 노태악의 남은 할 일이 무엇인지 묻고 있다.

노태악은 이날 국회 행정안전위원회 중앙선거관리위원회 국정감사에 출석해 "최근 미흡한 정보 보안관리와 선관위 고위직 자녀들의 특혜 채용 의혹 등으로 국민께 큰 실망을 드렸다. 위원장으로서 진심으로 송구하다는 말씀을 거듭 드린다"라고 말했다. 이어 "뼈를 깎는 노력으로 끊임없는 조직 혁신과 공정한 선거관리를 통해 국민의 신뢰를 회복하겠다"라고 말했다.

그러면서 "최근에 일련의 사태에 대해서 굉장히 자괴감과 부끄러움과 창피함을 느끼고 있다"라면서도 "내게 남아있는 일이 있다고 생각한다"라고 말했다. 노태악은 또 "내가 과연 사퇴한다고 해서 바로 선관위가 바로잡힌다든지 그렇다고는 생각하지 않는다"라며 "이번 사태를 극복하고 제대로 된 감사와 수사를 받아야 하고, 내년 총선도 바로 눈앞에 있다. 그런 부분이 마무리되고, 과거에 있던 일이지만 현재 책임이 있어야 할 부분이 있다면 책임을 지도록 하겠다"라고 덧붙였다.

정우택 국민의힘 의원은 "선거인 명부 시스템 해킹에서 사전 투표한 사람을 안 한 것처럼 바꾸거나 유령 유권자를 명부에 올릴 수 있고, 심지어는 선거망 침투도 가능하고 투표지 분류기 결과 변경도 가능하다고 한다"라면서 "이거 완전히 부정선거 아닌가"라고 따졌다.

그러면서 "야당은 이런 일련의 사건에 책임이 있는 노태악 선거관리위원장에게 책임을 묻지 않고 되레 선관위를 두둔하고 있다"라면서 "해커가 선거 결과를 조작하게 하여 내년 총선에서도 부정한 방법으로 이기겠다는 것인지, 그리고 노태악은 사퇴하지 않고 할 일이라는 것이 야당의 총선 승리를 돕기 위한 것은 아닌지 묻지 않을 수가 없다"라고 주장했다.

중앙선관위가 해킹에 취약하다는 데 야당의 주장은 국정원의 선거 개입을 하려고 하는 것이라며 선관위를 감싸고, 국정원에 책임을 전가하려는 짓을 하고 있다. 그러나 여당은 해킹으로 인하여 부정선거가 가능하다고 하는 것이고, 야당은 국정원이 선거 개입을 하기 위한 밑자락을 까는 것이라고 한다. 국민은 어떻게 선관위 해킹 문제에 대해서 이렇게 서로 다른 인식을 가질 수 있는지 개탄스러워한다.

그래서 대다수 국민은 "윤석열 정부와 국민의힘은 선관위를 개혁하지 못하고 이대로 가면 내년 총선도 하나 마나 한 것이 아닐까 생각한다. 무엇보다 이런 허술하고도 무책임한 상태로 선거를 관리해온 노태악 선거관리위원장이 무슨 할 일이 남아있어 총선까지 치르겠다고 하는 것인지, 온 국민이 이해할 수 있도록 분명한 해명을 내놔야 한다"라면서 "노태악이 이끄는 대한민국 선관위가 자유민주주의 선관위가 맞느냐"며 분노하고 있다.

선관위 '4·10 총선 개표 수개표 도입 검토'

마침내 중앙선거관리위원회가 내년 총선 개표 때 투표지 육안 심사 절차를 강화하기로 했다. 사무원이 일일이 확인하는 사실상 '수≠개표'를 하겠다는 취지다. 선관위는 11월 14일 국민의힘 공정선거제도개선특별위원회가 국회 의원회관에서 개최한 회의에서 이런 내용의 선거 준비 현안을 보고했다고 특위소속 유상범 의원이 브리핑에서 밝혔다.

브리핑에 따르면 선관위는 개표때 투표지 분류기에서 정당·후보자

별로 분류된 투표지를 개표사무원이 전부 다시 육안으로 확인한 뒤 심사계수기로 이를 검증하는 방안을 검토 중이다. 현재는 투표지 분류기로 투표지를 분류한 뒤, 이를 심사계수기로 다시 확인하고 있다. 개표사무원은 심사계수기를 돌릴 때 투표지를 확인할 수 있다.

그런데 앞으로는 투표지 분류기 이용 이후, 심사 계수기 이용 이전의 중간 단계사람이 직접 확인하는 수개표 절차를 추가하겠다는 것이다. 이는 "투표지에 대한 육안심사 절차를 강화해달라는 강력한 의원들의 요구가 있었다"며 "현행처럼 투표지 분류기를 거쳐 분류한 투표용지가 집계돼 바로 심사계수기로 들어가는 과정에서는 참관인들이 사실상 날인 여부를 제대로 확인하지 못한다는 의혹 제기가 많았기 때문"이라고 말했다.

선관위의 이권 비리 카르텔 '부정 채용'

국민권익위원회(권익위)에 따르면 선거관리위원회가 지난 7년간 실시한 경력 채용 162회 가운데 104회에서 채용 비리가 발견됐다. 또 채용된 384명 중에서 58명이 부정 합격 의혹자로 드러났다. 이는 국민권익위원회가 올해(2023년) 9월 11일 중앙선관위의 이권 카르텔 '부정 채용'을 밝힌 내용이어서 충격과 분노를 안겨주고 있다.

이번 선관위의 부정 채용 사례는 권익위가 인사혁신처와 경찰청 인력을 포함한 총 37명의 전담 조사단을 꾸려 밝혀냈다. 당시 조사단은 총

384명의 선관위 공무원 경력 채용에 대해 지난 6월14일부터 8월4일까지 52일간의 전수조사를 시행했다. 그 결과 권익위는 모두 353건에 달하는 채용 비리를 적발했다고 설명했다.

권익위의 이번 전수조사 결과 발표는 지난 2023년 5월 25일 박찬진 당시 선관위 사무총장이 자녀 특혜 채용 의혹으로 사무차장과 함께 사퇴한 지 3개월여 만에 이루어진 것이다. 선관위 고위직뿐 아니라 선관위 전반에 걸쳐 이른바 '아빠 찬스·친족 찬스' 의혹이 확산하자 권익위는 그다음 달인 6월 14일 전수조사에 착수해 이 같은 비리 사실을 밝혀냈다.

권익위는 부정 채용을 한 선거관리위원회의 채용관련자 28명을 모두 고발 조치했다. 또 가족 특혜 또는 부정 청탁 여부 등 사실관계 규명이 필요한 312건에 대해서는 대검찰청에 수사를 의뢰했다고 말했다. 권익위가 수사 의뢰한 사건에 연루된 인원만 모두 400명이 넘을 것으로 추정하고 있다면서 선관위의 부정 채용이 선관위 내부에서 광범위하게 이뤄지고 있었다고 밝혔다.

권익위가 고발한 주요 사례로는 이와 같다. ▲학사학위 취득 요건에 부합하지 않은 부적격자 합격처리 ▲평정표상 점수 수정 흔적이 있어 평정 결과 조작 의혹이 있는 합격처리 ▲담당업무가 미기재된 경력증명서를 토대로 근무경력을 인정해 합격처리 ▲선관위 근무경력을 과다 인정한 합격처리 등이 부정 채용의 골자로 드러났다.

권익위에 따르면 지난 7년간 '국가공무원법', 선관위 자체 인사 규정을 위반한 부정 합격자 58명 중 31명은 특혜성 채용이었다. 또한 29명은 합격자 부당결정에 해당했다. 특혜성 채용 사례의 경우 '국가공무원법' 상 5급 이하 임기제를 정규직으로 전환하려면 경력 채용 절차를 별도로 거쳐야 한다. 그런데도 5급 사무관 3명을 포함한 31명을 1년 임기의 임기제 공무원으로 채용한 후 서류 및 면접시험도 거치지 않고 이들 모두 정규직인 일반직 공무원으로 전환한 것이다.

합격자 부당결정 사례로는 중앙선관위 내부 게시판에만 채용공고를 게재해 선관위 관련자만 응시하게 한 사례(3명)인데, 2명은 A구청의 선거업무 담당자 아들이었다. 또 다른 1명은 B구 선관위에서 근무한 경력이 있는 사람이었다. 다만 권익위는 선관위에 소속된 직원 외에 본인 혹은 가족의 인적 사항을 확인해야 파악할 수 있는 자녀 특혜 채용, 부정 청탁 의혹은 밝히지 못했다. 이는 선관위 직원 중 41%만 본인과 가족에 대한 개인정보 제공에 동의했기 때문이다.

선관위 자녀 특혜 채용 의혹 '그들만의 리그'

지난 6월 권익위에서 선관위의 비협조적인 자료 제출에 대해 비판하는 기자회견을 했다. 그런데도 선관위는 인사기록 카드, 인사시스템 접속 권한, 채용관련자 인사 및 발령 대장, 비공무원 채용 자료 등을 제출하지 않고 버티고 있다. 그래서 기자회견 참석자들은 "선관위가 부정한 일을 얼마나 더 저질렀으면 이렇게도 뻔뻔하고도 파렴치하게 행동하고 있는지 알고 싶다"라고 비난했다.

정승윤 권익위 부위원장 겸 사무처장은 "여러 가지 형태의 불법적인, 절차 위반이라든지 불법적인 형태에 대해서 단순히 '규정이 미비했다.', '잘 몰랐다.', '당사자의 실수다' 정도의 변명만 거듭하고 있다"라면서 "부정 청탁이라든지 지시 또는 가족관계 등의 내용을 확인하고자 노력했다. 하지만 선관위가 전혀 협조하지 않았다"라고 주장했다.

그러면서 "중앙선관위의 자료 비협조로 점검할 수 없었던 비공무원 채용 전반, 공무원 경력 채용 합격자와 채용관련자 간 가족관계나 이해관계 여부 등은 수사기관의 수사를 통해 밝혀져야 한다"라고 강조했다. 권익위는 또 "선관위의 대표적인 '특혜 채용' 경로로 알려진 이른바 '비다수인 대상 채용제도'를 통해 지난 7년간 채용된 28명에 대해선 절차 위반 등 위법 사항이 없는 경우라도 특혜 채용 여부 등의 확인이 필요하다고 판단돼 별도로 수사 의뢰 사항에 포함했다"라고 덧붙였다.

이 밖에도 선관위의 부정 사례는 헤아릴 수 없이 많았다. 감사원에 따르면 올해 7월 10일 전국 시군구 선거관리위원회 직원 128명이 금품을 받거나 해외여행 경비를 지원받은 공짜 여행 등의 청탁금지법을 위반했다. 그리고 노정희와 노태악 대법관 등 전·현직 중앙선거관리위원회 위원장은 매달 200여만 원의 위법한 수당을 받았다고 밝혔다.

전문가들은 자녀 특혜 채용 의혹 등으로 '그들만의 리그'로 전락한 중앙선관위의 대대적인 수술을 위해서는 선관위원장 제도부터 감사방식에 이르기까지 총체적인 개혁이 필요하다고 지적했다. 우선 대법관이 돌아가면서 맡는 선관위원장을 비상근에서 상근직으로 돌려 권한과 책임을 명확히 해야 한다. 또 선관위에 대한 외부 감사를 제도화해야 한다. 무엇보다 선관위의 과대한 권한을 분산시키는 것이 필요하다고 강조했다.

포만감이 '판결에 영향을 미친다는 실험'

'들어라 자기 배만 불리려는 선관위원들아!'

법과 관련된 옛날 미국 속담에 '판사가 아침에 무엇을 먹었는가가 정의'라는 말이 있다. 흔히 법정은 공정하다고 말한다. 아니 공정하기를 갈망할 뿐이다. 미국에서는 어느 판사도 다 인간이기 때문에 편견이 판결에 영향을 미친다는 걸 증명한 실험이 나와 관심을 불러일으킨 적이 있다.

우리는 경험이 많은 치안판사라면 식사 시간 같은 사소한 것에 영향을 받거나 얽매이지 않으리라 믿는다. 그런데 연구는 이 사소한 것들마저도 편견에 영향을 미치고 있었음을 보여주었다. 지난 2011년 컬럼비아 비즈니스 스쿨의 조너선 레바브 교수는 판사들이 식후에 가석방 판결을 더 많이 내리는 편견적인 경향이 있다는 연구를 내놓았다.

이를 위해 레바브 연구팀은 이스라엘에서 경험 많은 치안판사 8명이

10개월 동안 내린 1천112건의 가석방 판결을 연구했다. 그리고 국립과학원회보(PNAS)에 보고된 바에 따르면, 판사들이 간단히 요기하거나 점심을 먹으며 휴식을 취한 후에 나온 판결의 65%가 가석방이었다면서 판결에 적지 않은 편견이 있음을 알아냈다.

그러나 휴식이 끝나고 시간이 흘러갈수록 우호적인 판결은 서서히 줄어들고 본래의 모습으로 돌아왔다. 다시 휴식을 취한 후에는 또다시 가석방률이 65%로 높아졌다. 연구자들은 판사들이 밥을 먹거나 정신적으로 휴식을 취한 게 분명한 이유라고는 확신할 수 없었다. 하지만 연구 논문의 공동 저자 중 한 명인 샤이 댄지거 교수는 "외적 변수들이 사법적 결정에 영향을 줄 수 있다는 것을 시사한다"라고 말한다. 그러면서 "이는 곧 정의의 여신은 공정하다는 믿음이 깨지고 있다는 걸 방증하는 셈"이라고 지적한다.

또 미국 법원에서는 판사들이 판단을 내릴 때 여느 사람들처럼 특정 요소에 적지 않은 영향을 받는다는 연구들이 나왔다. 사회가 판사들에게 기대하는 것은 이렇다. 판사들이 결정을 내릴 때 공정하게 행동할 것이다, 그리고 사실에 기초해 법을 적용하고 다른 사람들의 삶에 영향을 줄 것이다. 하지만 연구자들은 인간은 자기도 모르게 어떤 편견을 가지고 있다. 이들 중에는 매우 심각한 것도 있다고 언급한다.

연구자들은 "그러므로 경험이 풍부한 판사들도 심리학적 편견에 민감하게 반응한다는 내용의 연구들이 계속 나오고 있으며, 이를 뒷받침하는 연구"라고 설명한다. 그러면서 "판사들도 모두 인간이기 때문에 어떤 외적 요인에 따라 편견에 사로잡힐 수 있으므로 특히 법관은 항상 깨어 있어야 하는 이유"라고 강조한다.

가인 선생이 평소 입버릇처럼 되뇐 것은 "판사는 가난해야 해, 판결문은 추운 방에서 손을 호호 불어가며 써야 진짜 판결문이 나오는 거야…" 그런 가인은 당시 기름을 땔 때는 대법원장 공관에서도 톱밥과 연탄으로 혹독한 겨울을 나며 언행일치를 몸소 실천했다.

그리고 1953년 후배 대법원장에게 이런 가르침을 남겼다. "법관은 세상 사람들로부터 의심을 받아서는 안 된다. 만약 의심받게 된다면 그것만으로도 법관으로선 최대의 명예 손상이 될 것이다" 가인 선생은 편견에서 의심이 비롯된다는 것을 미국 판사들이 실험으로 얻어낸 결과보다 먼저 꿰뚫고 있었던 모양이다.

그러니 고위 법관으로 구성된 선거관리위원회가 그동안 자신들만의 배를 불리기 위해 자녀 특혜 채용 의혹 및 부정 채용 등으로 얼룩져 있는 모습이 부끄럽지 않은가 묻고 싶다. 선관위는 '그들만의 리그'로 전락한 채 자신들만 등 따습고 배부르게 살기 위하여 부패하고 부조리한 삶을 사는 것이 이번 권익위 조사에서 드러났다. 그래서 선관위장 노태악과 선관위원들에게 이 이야기를 꼭 들려주고 싶었다.

부정 채용 책임지고 '노태악은 사퇴하라!'

이종배 국민의힘 서울시의원은 지난 6월 4일 서울 서초동 서울중앙지검 앞에서 기자회견을 열고 "선관위의 감사 거부는 명백한 불법행위"라며 "감사원법 위반 혐의로 선관위원장과 위원 전원을 고발했다"라고 밝혔다. 그러면서 "부정선거 의혹에다 자녀 특혜 채용 의혹 및 부정 채용 등으로 '그들만의 리그'로 전락한 부패하고 부조리한 선관위장 노태악과 선관위원은 전원 사퇴하라"라고 강조했다.

이에 앞서 선관위는 6월 2일 위원 회의를 거쳐 '위원 전원의 일치된 의견'이라며 자녀 특혜 채용 의혹과 관련한 감사원의 직무감찰을 거부한다고 밝혔다. 선관위는 이에 대한 근거로 "헌법 제97조에 따른 행정기관이 아닌 선관위는 감사원의 직무감찰 대상이 아니며, 국가공무원법 제17조 2항에 따라 인사 감사의 대상도 아니다"라고 주장했다.

무엇보다 선관위원은 대통령이 임명하는 3인, 국회에서 선출하는 3인, 대법원장이 지명하는 3인 등 총 9인의 법관으로 구성되는 독립된 합의제 헌법기관이다. 선관위원의 임기는 6년이며, 모두 현직 고위 판사로서 국회의 인사청문회를 거쳐 임명 및 선출 또는 지명된다. 위원장과 상임위원은 위원 중에서 호선한다. 현재 선관위원은 모두 문재인 정부 시절에 임명됐다.

위원장은 비상근이고 국무위원급인 상임위원이 상근하며 위원장을 보좌하고 그의 명을 받아 사무처를 감독한다. 위원회는 사무처와 인터넷 선거 보도 심의위원회, 중앙선거방송토론위원회, 중앙선거여론조사심의위원회를 두고 있다. 위원장 노태악, 위원은 상임위원 김필곤, 위원 김창보, 이승택, 정은숙, 조병현, 조성대, 박순영, 남래진이 활동하고 있다. 현재 선관위는 '특혜 채용 감사'를 거부하다 중앙선관위 위원장 노태악을 비롯한 선관위원 9명이 전원 검찰에 고발당한 상태다.

정말이지 자유민주주의의 근간인 선거를 가장 공정하게 이끌어야 할 선관위가 이토록 부정 의혹과 부패로 인해 선관위원 전원이 고발당한 나라가 이 나라 대한민국 외에 또 있을까? 정상적인 헌법기관의 공직자들이라면 이 정도의 부패와 부조리가 드러나면 부끄러워서 쥐구멍이라도 찾을 텐데, 어찌하여 이들은 그 '더러운' 자리를 내놓지 않으려고 저토록 뻔뻔스럽게도 악다구니를 쓰고 있단 말인가?

중앙선거관리위원회는 자유민주주의의 근간인 선거와 국민투표의 공정한 관리 및 정당에 관한 사무를 처리하기 위해 설립된 합의제 독립기관이다. 이런 중차대한 국가 선거 임무를 수행하는 독립기관이 이토록 부패해 있다니 말이 되는 소린지 묻고 싶다. 우리 국민은 선관위가 스스로 저지른 죄과가 두려워서 감추려는 것이 아니냐는 의혹을 지울 수 없다.

어디 세상에 이보다 더 파렴치한 공직자들이 있을 수 있을까. 선관위원장 노태악은 자신이 떳떳하다면 선관위원장직을 내려놓고 당당하게 검찰수사를 받아라. 그리고 선관위의 부정 채용과 부정선거 무효 소송에 대한 재검표와 소송기일을 넘긴 것이 다 검찰수사 대상이다. 따라서 부정선거 의혹과 온갖 부정 채용 비리로 얼룩진 선거관리위원회는 위원장 노태악과 함께 선관위원 9명 전원은 즉각 사퇴부터 해라. 이는 국민의 지엄한 명령이다.

Part 4

변호사 '추악한 너를 성찰하라'

문호 셰익스피어

눈엔 '변호사'가 가장 질이

낮은 인간 군상이다. 오스카는

'변호사와 정치가'는 저급한 인간이며

'이중적 정신구조'를 가졌다고 외친다.

부패한 변호사는 금배지 탐내지 말라.

썩은 법조계와 국회 개혁이 없이는

대한민국 '미래 없다'

문호 셰익스피어 눈에 비친 '변호사'

변호사는 창녀보다 '질이 낮은 인간!'

명언이나 어록을 남긴 유명한 인물 가운데 대문호 셰익스피어(1564~1616)만큼 법조인 변호사를 천박하고 더러운 인간군상으로 본 사람은 드물다. 무엇보다 셰익스피어가 본 변호사는 '창녀들보다 질이 낮은 인간'으로 분류하고 있다. 대문호가 변호사를 비하하는 말을 들어보면 "창녀는 산 사람을 상대로 돈을 번다. 하지만 변호사는 이미 죽은 사람들까지도 상대해서 돈을 벌어들이는 더럽고 추악한 인간, 썩 나무를 파먹는 벌레 같은 인간"으로 묘사한다.

르네상스 시대 대표적인 극작가인 윌리엄 셰익스피어(William Shakespeare)는 사극, 희극, 비극, 희비극 등 연극의 모든 장르를 섭렵했다. 그리고 셰익스피어의 연극 중에서 가장 많이 언급되는 직업군은 바로 법률가인 변호사다. 셰익스피어가 법률가를 얕본 노골적인 표현 중에서 가장 유명하고 도발적인 묘사는 사극史劇〈헨리 6세 2부〉에 등장하는 한 장면이다.

케이드 : "그러니 모두 용감하게 나아가라. 너희들의 용맹스러운 대
　　　　장은 개혁을 선언한다. 앞으로는 이 나라에서 한 푼에 하나짜리
　　　　빵을 세 개 이상 살 수 있게 되고, 서 말들이 술동이가 열 말들이
　　　　술동이가 될 것이다. 약한 맥주 따위나 마시는 자는 중죄로 다스
　　　　리며, 온 나라의 토지는 공유지로 하고, 치프사이드 장터에서는
　　　　내 말(horse)이 풀을 뜯어 먹게 하겠다. 내가 왕이 된다면, 물론 왕
　　　　이 되지마는…"

모두 : "국왕 전하 만세!"

케이드 : "착한 백성들아, 고맙다. 앞으로 돈 같은 건 필요 없으며, 누
　　　　가 먹든 마시든 계산은 모두 내가 하겠다. 그리고 여러분들에게
　　　　똑같은 제복을 입힐 테니, 여러분 모두 형제처럼 사이좋게 지내
　　　　며, 날 국왕으로 존경하게 될 거다"

딕 : "리가 첫 번째로 할 일은 모든 '법률가(변호사)'를 죽이는 것입니다"

케이드 : "나도 그렇게 생각해. 그놈(변호사)들은 죄 없는 어린양의 가
　　　　죽으로 양피지를 만들고, 거기에다가 무엇인가 끼적거리면 사
　　　　람이 죽거든. 어찌 이게 슬픈 일이 아니겠나. 글쎄 벌에는 독침
　　　　이 있다고 하는데, 독이 있는 것은 벌이 아니라 벌의 밀랍이라는
　　　　거지. 왜냐고? 그 밀랍에 도장만 누르면 나는 다시는 나 자신의
　　　　것이 되지 못하기 때문이야. 뭔가? 저기 오는 건 누군가?"

〈헨리 6세 2부〉 제4막 제2장에 나오는 대사다. 이를 해석하기 위해 희곡 전반의 앞뒤 맥락을 살펴봐야 한다. 〈헨리 6세 2부〉는 영국과 프랑스 간의 백년 전쟁에서 영국이 패배한다. 그리고 패전 이후 혼란이 왕위 계승권을 두고 벌어진 '장미전쟁(War of the Roses)'으로 이어진다. 이 과정을 묘사한 사극이다. 극 중 요크 가문의 리처드 공은 무능한 군주인 헨리 6세의 왕위를 찬탈하기 위해 잭 케이드(Jack Cade)를 뒤에서 교사해 반란을 일으킨다. 이는 실제로 1450년 학정과 패전에 반발해 일어난 잭 케이드의 민중봉기를 극화한 것이다.

극 중 케이드는 대중 영합적인 수사를 구사하며 백성들의 반란을 부추기고, 케이드의 수하인 '도살자 딕'은 반란을 일으켜 정권을 잡으면 제일 먼저 '변호사들부터 쳐죽이자'라고 제안한다. 기존 질서를 위협하는 반역자들이 정권을 잡자마자 변호사 목부터 따겠다고 벼른다. 이걸 보면 변호사는 체제를 변혁하려는 반란자로서는 기존사회의 질서유지 및 안정에 기여하는 직업군으로 보인다. 실제로 이 대사 직후 케이드는 기존사회의 질서를 대표하는 채텀 마을 (법률)서기를 살해한다. 이는 셰익스피어가 극중 인물 통해 '변호사들부터 죽이자'라고 선동한 것이 결코 허풍이 아님을 보여주는 대목이다.

다만 여기서 법률가는 이중적인 지위를 가진다. 하나는 기존사회 안정을 유지하는 것이고, 또 하나는 사회 안정이라는 명분으로 기존의 모순과 병폐를 유지하는 것이다. 잭 케이드 일당의 모골송연한 공약이 극

중 대중을 현혹한 이유는 민중이 후자에 주목했기 때문이다. 잘 알다시피 셰익스피어가 '모든 변호사를 죽이자'라는 식으로 변호사의 사회적 효용성을 완전히 무시한 것은 아니다. 그는 법률이 사회질서와 안녕을 유지할 수 있는 수단이고, 법률가는 법률을 현현顯現하는 중요한 사회적 역할을 수행할 수 있다고 보기도 한 것 같다.

하지만 변호사들이 과연 그들에게 기대되는 역할을 잘 수행하고 있는지에 대해, 햄릿 왕자의 대사를 보아도 그는 굉장히 회의적이었다. 그는 변호사가 사회의 질서와 번영에 기여하기보다는 법률에 대한 전문적인 지식을 악용하여 자신의 특권을 고착화하는 이해충돌의 가능성이 더 크다고 보았다. 또한 셰익스피어는 실정법이 사회의 변화에 뒤처질 수 있고, 실정법을 적용하고 집행하는 것은 도리어 더 큰 부정의이며 광기일 수 있다는 점을 포착하고 있다.

변호사와 고루한 실정법에 대한 셰익스피어의 냉소적 시각은 당대 변호사 집단에 대한 영국 민중의 시각과 선입견을 반영한 것이다. 그러나 그의 사후 400여 년이 지난 오늘날에도 셰익스피어 희곡의 예술성과 호소력이 거의 모든 문화권에서 가장 높은 사랑과 권위를 인정받고 있다. 이런 점을 참작하면 변호사 집단에 대한 셰익스피어의 회의적인 시각이 그의 살아생전인 영국에서만 특유했던 것은 아닌 것이 분명하다.

특히 지금 우리 사회에서 행동하는 변호사들의 야비하고 추악한 모습을 바라보면 변호사에 대한 대문호 셰익스피어의 비하는 지극히 당연하다고 할 수 있다. 흔히 '변호사의 능력은 로비에 있다'라는 말을 상기하면 지금도 우리 사회를 더럽히는 '전관 범죄행위'를 주선하고 알선하는 자가 바로 한때 고급법복을 입었던 변호사들이 아닌가. 법조 선배인 이들이 우리 사회를 파탄 내고 있다.

셰익스피어는 또 유대인 고리대금업자 샤일록이 등장하는 〈베니스의 상인〉에서도 법률가인 재판관을 가장 야비하고 비열한 인간으로 묘사하고 있다. 이는 채권자 샤일록이 채무자 안토니오에게 심장 1파운드를 피 흘림 없이 가져가라고 판결하고 그러하지 못하면 살인죄를 뒤집어씌워서 재산을 몰수하는 판결을 한다. 현재 전관예우를 받는 변호사를 중심으로 일어나는 법조 사회는 말로 다 표현하기 어려운 부패하고 부조리한 행각들이 일상으로 벌어지고 있다.

전관 범죄 변호사들의 '거액 탈세 사건'

부장급 이상 판검사 출신 변호사들이 관행적으로 수억 원에서 수천억 원에 달하는 탈세 범죄를 저지르고 있다는 주장이 제기돼 온 것은 어제오늘의 일이 아니다. 그런데 실제로 전 국민을 분노케 하는 거액의 변호사 탈세 사건이 바로 그 민낯을 드러낸다. 지난 2007년 10월 법사위의 '대법원 국정감사'에서 당시 민주노동당 노회찬 의원은 전관예우를 받는 변호사들이 벌이는 탈세 사건을 세상에 알린다. 노회찬 의원이 '전관 변호사 거액 탈세' 내용이 담긴 국세청 내부문서를 공개하면서 온 국민은 분노하며 스트레스에 휩싸인다.

당시 노회찬 의원이 공개한 '변호사 조사요령과 세원 관리방안 보고서(06년 6월)'에 따르면 ▲전관 변호사들은 구속사건을 맡으면서 착수금만 1천만 원 이상, 성공보수금 수억 원을 받는 것이 관행이고 ▲3천만 원~1억 원에 이르는 보석보증금도 변호사들이 챙기고 있으며 ▲고위층 전화번호(로비)는 1억 원 이상의 착수금을 받고 있고 ▲변호사의 인지도 및 전관예우 등의 관례가 보석 허가의 기준이 되고 있다. 그러나 상당수 전관 변호사들이 이들 수입의 대부분을 신고하지 않고 탈세하는 의혹이 있다고 주장해 엄청난 파장을 불러일으킨다.

당시 이 보고서는 특히 '변호사 탈세 실태 및 문제점'을 지적하는 대목에서 "변호사는 법률 전문지식을 갖고 있다. 그런데 세무신고는 불성실하게 함으로써, 성실 신고자와 과세 불공평이 심화하고 있다"라고도 밝혔다. 그리하여 부패한 전관 변호사들이 법조 권력을 악용하여 벌이는 추악한 범죄행위를 가감 없이 있는 그대로 들춰냈다. 이로써 항간에 떠돌던 법조 사회가 얼마나 부패하고 타락한 집단인가를 온 세상이 알도록 상세하게 밝혀낸 것이다.

특히 노회찬 의원은 보고서를 통해 "국세청 내부문서는 구속사건 탈세 실태에 대해 ▲구속적부심의 경우 착수금이 최소 1천만 원이고 ▲불구속이나 보석으로 풀려나는 경우 성공 사안별로 수억 원대의 성공보수를 수수하고 있다고 공개했다. 또 법조인 고위층에 전화변호(로비)시에는 1억 원대 이상의 착수금이 관행"이라면서 "특히 인신구속에 대한 불안심리, 생활 능력이 있는 가장의 구속에 따른 가족의 생계 불안 등으로 인해 경황이 없음을 교묘히 이용해 고액 현금을 받고도 증빙을 남기지 않는 경향이 있다. 이는 피의자에 대해 약정서 및 영수증을 교부하지 않고 주로 현금으로 수임료를 받는 지능적 탈세를 자행하는 경우"라고 설명했다.

이로써 대한민국의 법조계가 돈과 권력에 취한 채 얼마나 추악하게 망가진 막장드라마 같은 사회인가를 보여줘 엄청난 파란을 일으켰다. 보고서는 또 ▲형사사건 보석보증금은 평균 5백만~1천만 원 수준이나 ▲큰 사건의 경우 구속적부심에서 보석 신청 시 3천만~4천만 원 ▲구속 상태에서 보석 신청 시 8천만~1억 원의 보석보증금을 내야 한다고 밝히고 있다. 피고인의 구속이 취소되는 등의 사유로 보석보증금이 환부되는 경우에는 통상 변호사에게 귀속되는 것이 관행이다. 그런데 이 금액에 대한 신고가 빠지는 것으로 파악된다고 밝혔다.

그러면서 "탈세 변호사들은 이 같은 수법으로 축적한 범죄수익을 부동산 투기에 사용하고 있다. 국세청 내부문서에 실려 있는 최근 개업한 변호사에 대하여 분석한 결과에 따르면 '개업 후 2~3년간 취득한 부동산 등의 재산가액이 평균 20억~30억 원대에 이른다. 그리고 신고한 총수입금액 대비 신규 취득 재산이 훨씬 많게 나타나고 있음'이라는 부분이 이를 방증한다"라고 강조했다.

이어 국세청 내부문서에 실려 있는 부장판사, 부장검사 전관 변호사의 '보수 추정표' 아래 〈표〉도 공개했다.

전관예우 변호사 사건별 보수 추정표

2007년 11월 01일 국세청 자료 (부장 판/검사급 이상)

구 분		추 정	신고내용	작성문서
형사 사건	착 수 금	최소 1천만 원 이상	과소신고	약정서
	성공보수	불구속: 3천만~1억 원 보석: 2천만 원 이상 기소유예: 5천만 원 이상	대부분 신고 누락	
	보석보증금	5백만~1천만 원 이상	전액 누락	없음
민사 사건	착수금	최소 1천만~3천만 원	과소신고	약정서
	성공보수	소가의 10~30%	대부분 신고 누락	

〈표〉와 같이 국세청 문서에는 국세청이 실제로 내부문서 기법을 이용해 적발한 탈세 사례도 담겨 있다. 국세청이 전 국회의원 출신 K모 변호사가 한 재단법인의 부동산 관련 소송에서 받은 성공보수금을 탈루했다는 제보를 받고 이를 확인한 결과, 착수금 2천만 원 중 7백만 원만 신고하고 나머지 성공보수금 4억 원도 신고 누락한 것을 적발했다고 공개했다.

국세청 '전관 변호사들의 탈세 복마전'

지난 2020년 2월에 국세청이 전관 출신 28명 등을 세무조사 하는 일이 일어났다. 이는 전관 변호사가 벌인 거액의 탈세 사건이었다. 전관 출신인 A변호사는 고액의 대형 사건을 수임하면서 성공보수금 등 수수료가 수백억 원에 달할 것으로 예상되자 사전에 치밀한 탈세 계획을 수립했다. 지인 변호사를 고용하여 명의 위장 사무실을 설립하는 방법으로 수입금액을 분산하는 등 100억 원 이상의 수입금액을 누락하고, 사무장 명의의 유령 컨설팅업체를 설립하여 거짓으로 비용 수십억 원을 계상하는 등 적극적으로 소득금액 축소에 나섰다.

이 과정에서 성공보수금을 절반으로 축소 및 조작하는 허위 이중계약서를 작성했다. 그리고 세무조사에 대비하여 승소 대가에 대한 수수료 정산과 입증표도 허위로 작성했다. 또 친인척 및 직원 명의를 도용해 차명계좌 수십 개를 개설하고 수수료 등이 본인 계좌에 입금되면 차명계좌로 500만~1,000만 원씩 쪼개 송금한 후 이를 즉시 현금화하여 수십억 원을 빼돌렸다. 명의 위장 소득 분산, 차명계좌 이용, 이중계약서 작성 및 조작 등 이른바 '탈세 백화점'을 방불케 하는 교묘한 탈세 수법을 악용했다. 국세청은 탈루소득 수백억 원을 적출해 소득세 등을 추징하고 조세포탈범으로 A변호사를 검찰에 고발했다.

또 다른 B업체는 특허출원을 전문으로 법률상담 및 컨설팅까지 제공하면서 고위직 전관 출신을 영입했다. 전관으로 외형이 커지자 차명계좌, 허위 용역 수수료를 이용하여 탈세 행각을 벌였다. 거래 증빙자료를 요구하지 않는 외국 법인 및 비거주자로부터 해외에서 외화로 수수료를 받으면서 다수의 타인 명의 차명계좌를 이용하여 수수료 수십억 원을 신고 누락함으로써 거액을 탈세한 범죄를 저지른 것이다.

게다가 주거래처 대표자에게 리베이트 형식으로 거래금액의 30% 정도를 지급하면서 인적용역을 제공받은 것처럼 부당 경비 처리했다. 그리고 고위직 출신 전관 등에게 실제 제공받은 용역 대가를 초과하여 수억 원의 고문료를 추가 지급했다. 특히 대표자 일가는 탈루한 소득으로 강남 일대에 수십억 원에 달하는 고가 아파트를 취득하여 호화 및 사치 생활을 영위한 것으로 드러났다. 국세청은 수입금액 수십억 원을 적출해 소득세 등을 추징했다.

지난 2020년 2월 18일 국세청은 전관예우를 받은 변호사 등 탈세 혐의자 138명에 대한 세무조사를 통해 이 같은 탈세자를 밝혔다. 이들은 전관 변호사를 비롯한 세무사, 회계사, 변리사, 관세사 등 고위공직자들이었다. 이들 전관 고위공직들은 퇴직한 이후 고액의 수입을 올리면서도 정당한 세금 부담을 회피하는 방법으로 탈세 범죄를 저질렀다. 특히 법조인 전관 특혜 전문직 28명이 포함돼 있었다. 국세청은 이들 중 전관예우를 받는 법조인 변호사가 가장 많다고 밝혔다. 국세청은 전관 변호사와 세무사 등 영입, 퇴직 직전 기관에 대한 사적관계 및 영향력을 행사해 엄청난 수익을 올렸다고 설명했다.

법관 로비 의혹 변호사 '탈세 혐의 구속'

최모(54) 변호사가 수십억 원대 탈세 혐의로 2018년 2월 6일 구속됐다. 그는 지난 2017년 검찰 공무원의 수사 정보 유출 사건에 연루되기도 한 변호사여서 더욱 주목받았다. 당시 서울중앙지법 오민석 영장 전담

부장판사는 "주요 범죄혐의가 소명되고 증거인멸의 염려가 있다"라며 검찰이 청구한 최모 변호사에 대한 구속영장을 발부했다고 밝혔다.

앞서 서울고등검찰청 감찰부는 2011년 1월 31일 특정경제범죄가중처벌법상 조세 포탈 등 혐의로 최모 변호사에 대해 구속영장을 청구한 바 있다. 최모 변호사는 과거 대규모 집단 소송을 대리하는 과정에서 생긴 수익 상당 부분을 숨겨 수십억 원을 탈세한 혐의를 받았다. 이외에도 검찰은 같은 해 서울 남부지검 전·현직 수사관들이 뒷돈을 받고 코스닥 주가 조작 사건 수사기록을 관련자에게 넘겨준 사건을 수사하면서 최모 변호사의 연루 정황을 포착했다.

당시 검찰은 최모 변호사가 평소 법조 인맥을 활용해 검찰 내부정보를 불법적으로 입수하려 했는지, 또 그 과정에서 검사와 수사관 등과 부적절한 유착은 없었는지 등을 조사 중이라고 밝혔다. 여기서 '변호사 능력은 로비에 달려 있다'라는 항간에 회자하는 말이 사실로 증명된다. 문제는 변호사의 로비 대상이 누구냐는 것이다. 이는 두말할 것도 없이 현직 판사와 검사들이다. 그리고 이들 판검사와 접촉이 쉬운 사람들이 바로 전관예우를 받는 전직 부장 판검사급 이상 고위급 법조인들이다. 따라서 전관예우는 다름 아닌 전관 범죄행위다.

전관 변호 수임료 '부르는 게 값…2억은 약과'

정운호 네이처리퍼블릭 대표의 전방위 로비 의혹 사건을 계기로 드러난 이른바 '전관 변호사'들의 고액 수임료 문제가 여론의 질타를 받았다. 검사장 출신 변호사와 부장판사 출신 변호사가 상습도박 혐의로 기소된 정운호 네이처리퍼블릭 대표를 변호하면서 거액의 수임료를 받은 것이 밝혀졌다. 이는 대한민국 법조계의 썩은 실태와 전관예우의 폐해를 온 천하에 드러낸 사건으로 기록됐다. 사건 조사 과정에서 벌어진 온갖 추태와 밝혀진 비리의 진상에 국민은 경악했다.

지난 2014년 7월과 2015년 2월 정운호 대표는 도박 혐의로 조사를 받았으나 검찰로부터 무혐의 처분을 받는다. 이 과정에서 검사장 출신 홍만표 변호사의 개입이 있었다. 검찰은 해외 원정 도박을 알선한 범서방파 잔당 등의 조직을 수사하다가 2015년 11월 동남아에서 정운호 대표가 100억 원대 도박했다는 정황을 확인했다. 이 돈이 회삿돈이라는 의혹이 있었다. 그러나 횡령 혐의는 조사하지 않고 도박만 조사했다. 따라서 정운호 대표는 원정도박 혐의로 1심에서 징역 1년을 선고받는다.

법조계에서는 통상 차관급인 검사장·고등법원 부장판사 출신 등 일정한 직급 이상의 경력을 지닌 변호사들을 '전관'으로 보고 있다. 이들의 사건 수임료는 '부르는 게 값'이라는 말이 나온다. 검찰수사로 구속된 최유정 변호사는 영향력 있는 '전관'으로 보기 어려운 지방법원 부장판사를 갓 마치고 나왔다 그런데도 당시 정운호 변론 2건에 100억 원을 받은 것으로 조사됐다. 검사장 출신 홍만표 변호사의 경우 2013년 한해 소득이 91억 원에 달했다.

한 법조인에 따르면 부장급 판검사 출신 전관 변호사의 형사사건 한 건당 착수금만 5천만~1억 원에 이르는 것으로 알려졌다. 여기다 의뢰인이 원하는 재판 결과를 이끌어냈을 때 받는 '성공보수금'은 2억~3억 원 수준이다. 지난 2016년 대법원 전원합의체 판결에 따라 성공보수금 약정은 무효로 했다. 하지만 변호사들은 이를 고려해 착수금 계약 때는 별도 조건을 붙여 사실상 성공보수금에 해당하는 편법을 쓴다는 얘기가 나왔다. 이로써 '성공보수금 약정 무효화'는 사실상 현실성이 없게 된다.

특히 대법관과 검사장 출신은 착수금과 성공보수금 규모가 몇 배 더 뛰어오른다. 이들은 착수금 5천만~2억 원 정도를 받는다. 이 정도 금액은 약과다. 성공보수 형태로 4억~5억 원을 추가로 챙기기 때문이다. 따로 정해진 액수는 없다. 그러나 법조계에서는 "의뢰인의 재력과 형사처벌을 두려워하는 정도를 기준으로 수임료가 정해진다"라면서 "일부 변호사나 브로커는 의뢰인에게 형사처벌 추정 수위를 높여 공포심을 갖도록 하는 이유"라고 밝혔다.

전관 변호사의 수임료가 워낙 고액이다 보니 사건이 끝난 후에는 이미 지급한 수임료를 돌려달라는 분쟁이 일어나고, 소송으로 번지는 사례도 심심치 않게 나온다. 이와 관련해 아직 대법원 판례는 없다. 하지만 법원의 하급심 판결에서는 부당하게 과다한 수임료는 반환해야 한다는 입장을 일관되게 유지하고 있다. 서울고법은 지난 2016년 11월 변호사가 의뢰인에게서 과도한 수임료를 받았다면 의뢰인이 아닌 의뢰인의 채권자가 이의를 제기해도 수임료를 되돌려주라고 판결하기도 했다.

특히 전관 변호사들이 일반인의 수년 치 연봉에 달하는 수임료를 한꺼번에 받는 데는 '전관예우' 효과를 기대하는 피의자·피고인의 절박한 심리가 반영되기 때문이다. 하지만 고액 수임료에 대한 별다른 제재 장치가 없다. 무엇보다 수임료 상한이 정해지지 않아 개별 사안에 따라 얼마든지 거액의 수임료를 받아낼 수가 있다. 이 때문에 일각에서는 변호사 수임료의 상한을 정한 이른바 '변호사 보수표'를 마련해 표준화하자는 방안까지 거론되고 있다.

한편 검찰 출신 일부 전관 변호사는 거액을 번 뒤 공직에 화려하게 복귀하기도 한다. K모 전관 변호사는 DJ 참여정부 때 법무부 장관으로 발탁되자 취임 뒤 첫 검찰 인사에서 특수통 검사 몇 명을 지방으로 좌천시켰는데, 이는 검찰에서는 "변호사 시절 수임한 사건에서 변호인이었던 자신을 소홀하게 대한 검사들에 대한 보복"이라는 말이 파다했다.

현직 법관 시절 권력과 명예를 모두 누리고도 모자라 퇴임 뒤 과도한 돈 욕심까지 내는 전관 변호사들은 종종 여론의 비판 대상이 되었다. 최근 '50억 클럽'으로 여론의 뭇매를 맞고 있는 박영수 전 특검과 권순일 전 대법관, 곽상도 전 민정수석, 최재경 전 민정수석, 김수남 전 검찰총장 등이 대표적인 사례다. 그리고 이에 앞서 지난 2006년 송광수 전 검찰총장도 사기·비자금 조성·공금횡령·주가 조작 의혹 등으로 수조 원대 다단계 사기범인 주수도 제이유(JU)그룹 회장의 변호를 맡았다가 '무분별한 사건 수임'이라는 비판을 받고 사임계를 낸 적이 있다.

변호사 갑질이 부른 '서이초등 교사의 자살'

"나 뭐 하는지 알지? 변호사야!"

2023년 7월 21일 극단적 선택을 한 20대 초반의 1학년 담임교사의 근무지였던 서울 서초구 서이초등학교가 "학부모의 과도한 민원 탓에 교육 활동이 어려울 정도로 힘이 들었다"라는 해당 학교 교사들의 주장이 나와 충격을 안겨주고 있다. 무엇보다 극단적 선택을 한 20대 젊은 교사는 "서이초등학교 학부모 민원으로부터 평소에 굉장히 괴로워했다"라는 동료 교사들의 제보가 잇따라 나왔기 때문이다.

해당 제보는 최근 2~3년간 서이초등에서 근무한 경력이 있는 교사들의 제보를 취합하여 발표한 내용이다. 제보에 따르면 서이초등에서 학교폭력을 담당했던 교사 A씨는 "학교폭력 민원과 관련된 학부모 대부분이 '법조인(변호사)'이었다"면서 걸핏하면 "나 뭐 하는 사람인지 알지? 나 변호사야!"라는 말을 관련 학부모한테서 수없이 들었다고 폭로했다. 그러면서 "서이초등의 민원 수준은 가히 상상을 초월할 정도"라고 주장했다.

극단 선택으로 숨진 서이초등 A교사의 학급에서는 한 학생이 연필로 뒷자리에 앉은 학생의 이마를 긋는 사건이 발생했다. 이 사건과 관련해 피해 학부모는 고인의 개인 휴대전화로 수십 통의 전화를 걸었는데, 고인은 자신의 휴대전화 번호를 알려준 적이 없어 당황해했다고 한다. 이 사실을 알린 교사 B씨는 고인이 "방학 후 휴대전화 번호를 바꾸겠다"라면서 괴로워했다고 설명했다.

또 한 교사는 '연필로 이마를 그은 사건'과 관련해 학부모가 교무실로 찾아와 고인에게 "애들 케어를 어떻게 하는 거냐", "당신은 교사 자격이 없다"라는 말까지 내뱉으면서 감당하기 어려운 모멸감을 주었다고 밝혔다. 이 사건은 다른 교사들의 도움으로 일단락되었다. 하지만 고인은 그 당시 안부를 묻는 동료 교사들에게 "작년보다 10배나 더 힘들다"라고 하는 등 스트레스를 호소한 것으로 알려졌다. 동료 교사들에 따르면 고인은 평소 오전 7시 30분에 출근하는 매우 성실한 교사였다.

서울교사노동조합은 "경찰은 의혹을 확인할 수 있는 외부 정황이 없다고 하지만 학부모의 과도한 민원과 학생 생활지도의 어려움을 짐작할 수 있는 여러 정황을 추가 제보를 받아 확인했다"라면서 "경찰과 교육 당국은 이를 간과해서는 안 된다. 또 유족을 비롯한 전국의 교사 등 모두가 이해할 수 있는 진상을 규명해야 한다"라고 촉구했다.

교육 당국은 사건과 관련해 교육청과 합동조사단을 꾸리고, 학생인권조례를 재정비할 방침이다. 이주호 부총리 겸 교육부 장관은 이날 한국교총과의 간담회에서 "오늘부터 교육청과 합동조사단을 꾸려 경찰 조사와는 별도로 사망하신 교원과 관련한 정확한 사실관계를 확인하고 대응하겠다"라고 밝혔다. 그러면서 "우리 사회를 권력으로 주무르는 힘센 변호사들이 학부모로 구성돼 있어 모든 사실을 제대로 밝혀내기는 어려울 것"이라고 말했다.

변호사와 국회의원 '이중적 정신구조'

"변호사와 정치가란 가장 천박하고 저급한 인간이다. 왜냐하면 그들은 끊임없이 거짓말을 일삼고, 오로지 돈과 권력을 갖기 위해 전혀 회의할 줄 모르는 인간들이기 때문이다"

-극작가 오스카 와일드-

오스카 와일드(1854~1900년)는 아일랜드 더블린 출신이며 빅토리아 왕조시대 가장 성공한 극작가로 꼽히는 인물이다. 탁월한 글솜씨와 183㎝의 훤칠한 키에 준수한 외모를 가진 일명 '엄친아'였다. 그는 언제나 자신감에 찬 문학인 이미지의 전형과도 같은 인물이다. 자신을 남과 다른 특별한 존재라고 생각해 엄청난 자부심이 있었다. 자신에게 '평범'이란 수식어가 붙는 것을 가장 수치스럽게 생각했다. 오스카 와일드는 변호사를 극도로 증오하면서도 정신구조는 변호사를 똑 닮았다.

그는 '예술을 위한 예술'인 유미주의를 지향했다. 그의 작품 성향도 그러하다. 영화로도 제작된 〈도리언 그레이의 초상〉, 〈살로메〉 등이 이를 방증한다. 그가 창작한 유명한 동화 〈행복한 왕자〉 역시 마찬가지다.

오스카는 소설 외에도 시, 희곡, 수필까지 썼다. 형식과 구조를 중요시하며 특유의 위트 있고 날카롭게 비꼬는 언어유희와 비유, 모순과 쾌락으로 점철된 인생 자체가 그의 매력이다. 함께 극작가로 활동한 친구 프랭크 해르스는 "오스카의 인생은 한편의 그리스 비극이었고, 그 자신이 그리스 비극의 열렬한 숭배자였다"라고 평가했다.

흔히 명언 제조기로 불리는 오스카 와일드가 남긴 수많은 어록 중에는 지금도 우리가 곱씹어볼 만한 것들이 있어 몇 구절 소개한다.

"청춘은 하나의 예술이다"

"진정한 예술가는 대중의 주목을 전혀 받지 않는다"

"문학과 언론의 차이는 언론은 읽을 가치가 없다는 것이고, 문학은 읽히지 않는다는 것이다"

"우리는 모두 시궁창에 살고 있다. 하지만 우리 중 몇몇은 찬란한 밤하늘의 별을 보고 있다"

"남자와 여자는 친구가 될 수 없다. 둘 사이에는 오직 열정과 증오, 그리고 숭배와 뜨거운 사랑이 있을 뿐, 우정이 끼어들 자리는 없다"

"인생에는 2가지 비극이 있다. 첫째는 우리가 바라는 것을 갖지 못하는 것이다. 둘째는 우리가 바라는 것을 성취하는 것이다"

"변호사는 끊임없이 거짓말을 일삼고, 오로지 돈과 권력을 갖기 위해 전혀 회의할 줄 모르는 가장 하급한 인간들이다"

오스카 와일드의 지적대로 변호사와 정치가는 진실에 기반을 두지 않은 일방적 주장을 여과 없이 노출하는 경향이 있다. 정치인은 언론을 이용해 끊임없이 말을 비틀고 거짓과 선동을 일삼는다. 특히 논변에 뛰어난 변호사 출신 정치인은 충성 경쟁하듯 진실을 덮어버리는 이런 논리를 무슨 대단한 책략인 양 공급하고 있다. 그래서 율사가 많은 대한민국 국회는 정책은 없고 싸움만 난무한다. 국정운영을 책임지려고 나선 변호사 정치인들의 작태가 지금도 우리 국회를 굉장히 혼란스럽게 만들면서 저질 정치로 이끌고 있다.

특히 대선후보들은 천박한 율사 정치인의 교활한 말장난을 자주 선거전략으로 끌어들인다. 유권자는 각 진영에서 연일 변호사 정치인들이 쏟아내는 막말 한마디 한마디에 속다 보니 우리는 요즘 '뜨거운 국물에 데어 김칫국물도 불어서 마신다'라는 말이 유행어가 되고 있다. 올바르게 살아가려는 대다수 국민은 변호사 정치인들 때문에 세상살이가 너무 피곤하다. 요즘 젊은이 중에는 "변호사 정치인들 때문에 짜증이 나서 아이 낳을 생각이 사라진다"라고 말하는 사람도 있다고 한다.

변호사와 국회의원의 '이중 인격성'

모든 생명체는 생존의 본성상 이중적인 행동 심리를 보이는 것은 당연하다. 심리학자들은 인간처럼 생각할 줄 아는 고등한 생명체는 생존을 위해 기본적으로 누구나 이중 또는 다중적 인격을 가질 수밖에 없는 심리적 기제를 가지고 태어난다고 주장한다.

과거 TV 개그 프로그램에서 한 때 인기를 끌었던 캐릭터 중에 '다중이'가 있었다. 다중이는 순수한 모습과 말투로는 착한 이미지였던 학생이 어느 순간 돌변해 매우 거칠고 험악한 표현과 행동을 하는 인격으로 설정된다. 이는 한 사람의 인격을 매우 극단적으로 다양한 성격을 가진 캐릭터로 구성된 것이다. 이처럼 기존에 알고 있던 이미지의 사람과는 전혀 다르게 낯선 행동을 하거나 전혀 다른 말을 하는 사람을 우리는 흔히 '이중인격자' 또는 '다중인격자'라고 표현한다.

그런데 왜 하필이면 우리 사회에서 꼭 필요한 고급 직업군에 속하는 변호사나 국회의원 중에서 이중인격자가 많을까? 최근 한 심리학자가 분석한 결과에 따르면 먼저 변호사의 경우는 직업상 다양한 사람들을 만나 변호하게 된다. 때론 피해를 본 선량한 사람을 변호할 수 있고, 또 다른 경우는 그와 반대로 굉장히 질이 나쁜 성격의 소유자인 '사기꾼'이나 '악한'을 변호할 수도 있다. 이렇게 반대되는 변호를 번갈아 반복하다 보면 자신도 모르게 자연히 양쪽을 닮아가게 된다는 것이다.

이는 민의를 대변하는 국회의원도 마찬가지다. 이들의 목적은 오직 금배지다. 표를 구걸하기 위해 다양한 이익집단이나 인간들을 만나게 되는데, 종종 정반대되는 집단을 대변하고 옹호하게 된다. 그래서 국회의원은 '여기서는 이 말 하고 저기서는 저 말하기'를 아주 잘한다. 사람들은 국회의원을 일러 '거짓말 선수권보유자'라고도 한다. 그러니 전 세계적으로 대한민국 국회의원보다 범죄율이 높은 집단은 거의 없다. 따라서 정직하지 못한 법조인 율사는 국회에 나가서는 안 된다.

흔히 연예인들을 일러 '드라마 작가의 펜 끝에 매달린 인형'이라는 표현이 있다. 그러면 변호사와 국회의원은 '돈과 표' 아래 매달린 꼭두각시라고 말할 수 있다. 오랜 기간 다양한 사건을 맡고 다양한 이익집단을 대변하면서 돈과 표를 구걸하다 보면 꼭두각시가 되는 것은 당연하다. 변호사와 정치인은 돈과 금배지를 향한 열정이 어느 집단보다 강하다. 결국 이들은 자신도 모르게 '다중이'로 변한다. 이번에 불거진 더불어민주당의 '돈 봉투 사건'도 그나마 녹취록이 나왔기에 다행이다. 그렇지 않았다면 자유민주주의를 파괴하는 이 사건은 감춰졌을 것이 분명하다.

이러한 이유로 대다수 사람은 부패한 변호사가 국회의원이 되는 것을 상상하기조차 싫어한다. 율사가 국회의원이 되어서는 안 되는 이유는 또 있다. 이들은 보통 사람들보다 굉장히 교만하고 교활하다. 물론 어려운 관문인 사법고시를 통과하고, 또 젊디젊은 나이에 판검사라는 권력을 휘두른 경험이 있는 그들의 교만함은 물어볼 필요가 없다. 게다가 표현의 달인인 그들은 표를 구걸할 때는 마치 순한 어린양 같은 표정으로 세 치 혀를 부드럽게 잘도 놀린다. 하지만 대부분 변호사는 국회의원 금배지만 달고 나면 상황은 180도 표변한다. 우리는 이미 이런 변호사 출신 국회의원들을 수없이 봐왔다.

특히 변호사 출신 국회의원은 직업상 논변에 능하고 매우 논리적이다. 그러다 보니 상대 당을 공격하는 '저격수'를 자임하는 경우가 흔하다. 이들은 상대 당 대표나 여당의 국무위원, 심지어 대통령을 공격할 때조차 내뱉는 말의 수위가 너무 험악하고 사납다. 장자의 표현처럼 공격 대상에게 더 깊고 가혹한 상처나 흠집을 내기 위하여 마치 '화살을 세게 당기는 것'만큼이나 심성이 비뚤어져 있고 모진 사람들이 많다.

무엇보다 민의를 대표하면서 법을 만든다는 국회의원이 가장 법을 잘 어기는 집단이 아닌가. 추악한 범죄행위를 저지르고도 불체포 특권이란 방탄복을 갈아입고 동료의원들의 등 뒤에 숨는 비겁하고도 야비한 인간들이다. 특히 병자년 올 한해 내내 언론을 달군 이재명 대표의 모습이 볼썽사납다. 여러 가지 범죄 의혹을 품고도 뻔뻔스럽게 검찰 독재를 외치는 것이 너무 좀스럽다. 특히 죄를 짓고도 방탄복으로 방어하려는 국회의원 너희들은 도대체 그 많은 대접을 받고도 나라를 좀먹는 일보다 더 잘하는 것이 무엇인지 말해보라.

우리 국회는 언제나 '변호사 판'이야!

우리나라 국회의원 가운데 가장 높은 비율을 차지하는 인간군상이 보기조차 혐오감이 묻어나는 변호사들이다. 이들은 언제나 역대 국회의원 평균 15% 이상을 차지하고 있다. 21대에도 전체 의원 300명 가운데 15%가 넘는 46명의 변호사가 금배지를 달았다. 그러니 21대 국회는 거의 '개 싸움판'으로 끝을 맺어가고 있다. 정책은 없고 정쟁만 하다 보니 21대 국회가 한 일 가운데 딱히 기억나는 정책들이 있는가? 내 기억에는 '위장 탈당', '꼼수 탈당', '탈당 후 무소속출마', '돈 봉투 사건', '개딸 정치' 등 거짓과 위선만 가득하다. 이들에게는 국가를 정상적으로 이끌어갈 생각은 조금도 없다. 오직 자당과 자신의 이익만 채우고 배불리는 이성 없는 짐승과 같아 보인다.

21대 국회의원 중에서 그래도 양심 있는 의원을 한 사람 꼽으라면 거대 양당과 군소당을 모두 합해 조정훈 한 사람은 올바른 목소리를 낸 것으로 기억된다. 그는 당의 우리(We)라는 '우리(Cage)'에 갇히지 않고 줄곧 홀로 자신의 정책을 입안하고 나아가 여야를 가리지 않고 쓴소리를 쏟아내며 의정활동을 한다. 물론 그는 변호사일 리가 없다. 조정훈 의원은 연세대학에서 경영학을 전공하고 하버드 대학 케네디 스쿨에서 국제개발학을 전공한 전문성을 가진 인재다.

오는 4·10총선에서 부패한 법조인은 가능한 한 뽑지 말아야 한다. 이제 국회는 전문가들로 채워져야 한다. 상임위마다 합당한 전문가들이 포진해야 세계화 시대를 선도할 수 있다. 무엇보다 국익을 위해 서로 머리를 맞대고 토론하고 경쟁하고 협조하면서 다양한 정책을 입안해야 한다. 이를 위해 변호사 출신 의원은 법사위 정도만 겨우 채울 수 있으면 충분하다. 이제 국민은 '민의를 제대로 대변하는 전문성을 갖춘 다양한 인재들'을 요구하고 있다. 그런데도 우리 국회는 언제나 싸움에 능한 변호사로 넘쳐난다. 이들의 전문성이란 게 고작 법률 지식이 한껏이다. 그리고 부전공은 '개싸움'이 아닌가 싶다.

지난 총선에서도 변호사 출신의 비중이 압도적이었다. 더불어민주

29명, 미래통합 11명, 부소속 2명, 비례 4명 등 도합 46명(15.3%)이 진출했다. 21대 총선거에서는 지역구 101명과 비례대표 16명까지 법조인 117명이 출사표를 던졌다. 이 중 지역구 42명, 비례대표 4명 총 46명이 당선됐다. 당선율은 39.3%다. 과거 법조 출신 국회의원 수는 지난 18대 58명에서 19대 42명으로 급감한 이후 20대 49명, 21대 46명을 기록하며 다시 50명 고지를 바라보고 있다.

한편 21대 총선에서는 언론인 출신 후보들도 약진을 보였다. 무려 24명이 여의도행에 성공했다. 애초 비례대표 후보 등 총 44명이 출마했다. 하지만 이 중 절반가량이 패배의 쓴잔을 마셨다. 20대 현역 의원 중 살아남은 의원이 8명에 불과했다. 그런데도 율사 출신 다음으로 가장 많은 당선자를 낸 집단이 언론인 출신, '기레기(기자쓰레기)'들이다. 이들이 금배지를 단 것은 단지 방송이나 신문 등 영상과 지면을 통해 많이 알려진 것뿐이다. 그래서 전문성이 없는 허접한 기레기들이 국회로 너무 많이 입성했다는 비난을 받고 있다.

앞으로 우리 국회가 국민의 뜻을 제대로 이해하고 받들어 시대에 걸맞은 선진적이고 미래 지향적인 입법기관으로 바르게 운영되려면 먼저 상임위마다 최고의 전문 지식인으로 채워져야 한다. 국민을 상대로 법을 왜곡하며 권력을 휘두르고 부를 쌓는데 전문인 부패한 법조인, 개검(충견 검사)이나 성판(성매수 판사)은 더 이상 국회에 보내서는 안 된다. 그리고 가짜뉴스로 국민을 현혹해온 언론인, 기레기(기자 쓰레기)들도 마찬가지다. 전문성이 부족한 이들이 국민을 위해 진실로 잘할 수 있는 것은 '싸움질'이나 '가짜뉴스' 전파 외엔 별로 없어 보이기 때문이다.

부패한 변호사는 '금배지 탐내지 말라'

법조인은 먼저 '자기 각성부터 하라!'

지난 한 세기 우리 대한민국 사회는 법조인이 판치는 세상이었다. 현대교육이 지향하는 목표를 성취하기 위해서는 전두엽을 잘 타고나는 것이 무엇보다 중요하다는 것을 잘 보여주었다. 이것 하나 잘 타고난 사람은 조금만 더 열심히 노력하면 사법고시라는 관문을 뛰어넘을 수 있다. 대개 명문대를 졸업하고 고시에 합격하면 스스로 감당하기 어려운 특급대우를 받으며 산다. 지금도 그들은 그토록 분에 넘치는 권력을 휘두르고도 법조비리 카르텔을 형성하여 다양한 범죄행위를 저지르고 있지 않은가. 특히 법조인이라는 직업이 얼마나 좋으면 자녀들까지도 그 자리를 대물림하도록 교육하고 있을까.

특히 의식 수준이 낮은 우리 사회에서는 총명한 머리 하나로 고시만 패스하면 여느 보통 사람들과 전혀 다른 인간으로 분류되는 경향이 있다. 하지만 국가가 우수한 법조인들에게 올바르게 사용하라고 쥐여준 사법 권력의 칼날을 악용하는 법관들이 많다. 사법권을 가진 법조인이 권력의 단맛에 취하게 되면 최고 권력의 입맛에 맞는 충견 노릇도 서슴지 않는 영악한 싸구려 인간으로 돌변하게 된다. 그런 부패한 법조인들은 자신들이 '충견'인 줄도 모르는 채 수군대며 '마치 다른 별에서 온 인간인 양' 건방을 떨고 있을지도 모를 일이다. 그래서 사법 피해자들이 법조비리 카르텔이란 거대한 장벽 앞에서 좌절하고 있다.

그러나 황송하게도 이제 그런 시대는 끝나가고 있다. 4차 산업혁명의 총아로 불리는 AI(인공지능)가 새로운 디지털 세상을 열었다. 총명한 법조인들보다 수천만 배나 더 뛰어난 AI가 법조인의 일을 대신하기 시작했다. 이미 구미 선진국에서는 '로스'라는 법률 AI 알고리즘이 나왔다. 로스는 현존하는 어떤 법관보다 더 많은 법률 지식을 습득하고 있다. 무엇보다 AI 로스는 우리 법조인들처럼 부패하거나 부조리하지 않다. 물론 로스와 같은 법률 AI 도입을 법조인들이 자기 밥그릇 지키려고 완강하게 거부할 것이다. 하지만 조금은 늦어지더라도 대세는 거스를 수가 없다. 법조인들보다 수천만 배나 더 똑똑한 법률 AI가 머지않아 부패한 법조 사회를 정화하는 데 큰 역할을 할 것이 분명하다.

그러나 아직은 여전히 서초동 법조단지 내에서는 '유전무죄 무전유죄' '전관 범죄' '스폰서 검사' '성매매 판사'를 척결하라고 울부짖는 소리가 끊이지 않고 있다. 부패하고 부조리한 사법부와 검찰 정화를 외치는 사법 피해자들의 목소리가 언제나 사라질 것인지 기약하기 어렵다. 그래서 우리는 법조계 정화에 동참해야 한다. 그리고 법조인들이 자신을 돌아보는 '각성覺醒'의 시간을 가지게 해야 한다. 법조인들은 자신이 배운 '법法' 지식의 근본으로 돌아가 그것을 배운 동기를 성찰할 때다. 법관이 되기 위해 공부한 내용을 단순한 지식으로만 가질 것이 아니라 어떻게 이것을 내면화할 것인가를 고민해야 한다.

사법 지식을 어떻게 내면화할 것인가라는 문제는 굉장히 복잡하고 어렵다. 하지만 공부한 것을 내 피와 살이 되게 하는 방법 중의 하나는 '자기가 무엇을 원하는가를 항상 자신한테 질문하는 것이다.' 법조인이 부패한 것은 '법조인이 된 자기가 무엇을 원하는지를 스스로 질문하는 일이 어느새 소홀해졌기 때문이다. 그러면 자기도 어느 순간에 부패한 권력의 집단의식에 경도된다. 자신도 모르는 사이에 '정작 자기는 무엇을 원하는지, 자기는 어떤 사람이 되고 싶은지?'라는 본래 자기모습을 '각성'하는 시간을 놓치게 된다. 특히 권력의 단맛에 빠진 부패한 법조인에게 이런 일은 더 쉽게 일어난다.

그런데 법조인들이 그런 '각성'의 시간을 갖지 않아도 마음이 편해질 수 있다면 그것은 '자기 영혼이 그만큼 망가져 있다는 것을 의미한다.' 영혼이 망가진 사람은 자기 마음이 편하도록 느낄 수 있는 어떤 매력적인 장치, 즉 권력이란 칼날에 묻은 꿀을 핥게 하는 보이지 않은 기제가 작동하고 있다. 그리고 망가져 가는 자기 영혼을 바라보면서도 마음이 아프지 않다거나 망가진 자기모습을 정화해야 하겠다는 생각이 없다면 그는 부패한 법조인의 늪에 빠진 채 자기 인생을 고갈하게 된다.

그러나 정작 더 큰 문제는 부패한 법조인이 자기 각성이 없이 살아간 다는 것은 궁극적으로 자기 자신과 가족은 물론 내 이웃과 국가 사회에 큰 죄악을 저지르게 된다는 것이다. 법조인이 미치는 사회적 영향력이 크기 때문이다. 문서로 또는 입으로는 '만인은 법 앞에 평등하다'라고 주장하면서도 다른 한편에서 권력의 단맛을 핥는 부조리한 삶을 산다 면 한없이 불쌍한 인간이다. 우리가 살아가는 인간사회에서는 인신구 속 문제를 놓고 돈으로 흥정하는 것보다 더 큰 죄악은 없다. 이제 법조 인은 자기 자신과 이웃은 물론 이 나라를 위해서도 각자 크고 위대한 자 기 변화의 출발점에 다시 서야 한다. 모든 위대함의 출발은 항상 자기 자신으로부터 시작될 수밖에 없다.

이런 출발점을 마련하기 위해 '나는 왜 법조인이 되었는가? 나는 무엇 을 위해 일하기를 원하는가?' '앞으로 남은 내 인생을 어떻게 살 것인가?' '나는 어떤 사람이 되고 싶은가?' '해결하지 않으면 안 될 어떤 태도나 존 재론적 문제가 나한테 있는가?' 하는 물음을 자신한테 던져야 한다. 그 런 질문들을 집약하면 "나는 누구인가?"라는 간결한 하나의 철학적 명 제로 귀결된다. 이런 물음이 없는 법조인은 결국 천박하고 부패한 진흙 탕에서 생을 마감하게 된다. 그것이 권력의 더러운 속성이다. 이는 무엇 보다 법조인 개인의 행幸이나 불행을 떠나 이 사회를 멍들게 한다는 점 을 꼭 명심해야 한다.

솔직하게 '우리는 누구인가?'를 돌아보자!

인생의 반환점을 돈 사람이라면 조용히 자기를 성찰하는 시간을 갖고 '나는 누구인가'라는 질문을 자신에게 자주 던져야 한다. 이 땅에서 누려야 할 시간이 생각보다 넉넉하게 남지 않았기 때문이다. 먼저 우리의 내면을 바라보면 인간은 '탐욕과 음욕, 거짓과 교만, 그리고 천박한 이기심'으로 뭉쳐진 욕망의 덩어리가 바로 내 자신임을 알 수 있다. 이 해답에서 비켜설 사람은 거의 없다. 심리학자 프로이트는 이미 인간을 '구차한 욕망의 덩어리'라는 해석을 내놓지 않았는가.

우리는 누구나 프로이트의 해석처럼 '욕망'이란 자기 이기심의 늪을 벗어날 수 없는 한계를 가지고 태어났다. 생명체를 가진 존재의 '생존본능'이 욕망에서 비롯되기 때문이다. 그렇다고 어떤 각성이 없이 이런 욕망의 한계에 계속 머물러 있는 것을 올바른 인간이 가는 길이라고 말할 수 없다. 우리 인간은 다른 동물과 달리 위대한 '지성 및 영성'을 가진 특별한 존재다. 그래서 위대한 선각자들은 한결같이 '나는 누구인가'라는 질문(화두)을 가지고 자신의 길을 가도록 가르쳤다.

특히 법조인은 일반 소시민보다 좀 더 지력이 뛰어나다. 그런데 우리는 지금 그들의 천박한 인성을 두 눈으로 똑똑히 목격하고 있다. 자신들에게 주어진 법조 권력을 사유화하여 온갖 악행과 범행을 저지르고 있으니 말이다. 지금 우리 사회를 더럽히고 있는 '전관 범죄' '유전무죄' '검사 스폰서' 등의 비리 문제는 법조 권력의 사유화에서 비롯되는 추악한 범죄행위다. 이런 부조리가 만연한 사회에서는 인간이 인간다운 모습으로 살아가기가 어렵다. 지금 우리 사회의 모습을 누구도 정상적이라고 말하지 않는 이유다. 책임이 가장 큰 집단이 법조 사회라는 것을 명심하라.

우리가 누구나 다양한 자기주장을 가지고 있다. 하지만 암묵적으로 모두가 합의하는 것이 하나 있다. 이는 '인간은 좀처럼 바뀌지 않는다'라는 사실이다. 우리 각자 초등학교 친구들을 만나보면 어릴 때 가졌던 그 성정 머리가 60, 70대 노인이 된 지금도 근본은 거의 변하지 않는다는 것을 알 수 있다. 일부 근사 체험을 한 사람이나, 고등 종교의 깊은 영성을 경험한 신앙인으로 재탄생한 사람을 제외하면 인간은 누구나 거의 바뀌지 않는다는 것을 알게 된다. 그래서 우리는 각자 더 나은 나로 발전하기 위해 '나는 누구인가'라는 질문을 끊임없이 던지면서 살아야 한다.

우리는 일본인 안경을 끼고 '서양을 배웠다'

19세기 중반 이후 영국을 비롯한 서구는 산업혁명으로 이룩한 과학기술문명을 앞세워 동양 사회를 침략했다. 특히 영국이 중국과 치른 아편전쟁(1839~1860)으로 동양은 서양 제국에 완전 패배를 맛보게 된다. 특히 세계의 중심이 중국인 줄로만 믿고 살아온 중국과 일본은 엄청난 충격에 휩싸이면서 서양을 배우기 시작한다. 일본은 1853년 7월 미국 매튜 페리 제독이 이끄는 미 군함 4척의 입항에 굴복한다. 동아시아에서 가장 먼저 강제 개항한 일본인은 그 굴욕을 견디면서 서양을 배우기 시작한 지 채 반세기도 안 돼 선진국 반열에 오른다.

우리 대한민국은 무지한 홍선 대원군 이하응의 통상수교거부정책으로 서양 과학기술문명을 받아들이지 않고 버티다 결국 한 세기가량 먼저 개항한 일본의 식민지로 전락한다. 그리고 우리는 먼저 서양을 깨우친 이웃 일본의 식민 통치를 받으면서 새로운 세계를 배우지 않을 수 없었다. 1945년 해방을 전후한 시기에 우리는 일본에 의존하여 서양어(영어)를 배웠다. 그래서 우리의 눈으로 서양을 직접 보고 경험하지 못한 채 일본에 의지해 일본인의 눈으로 서양을 배우게 된다.

특히 일본을 통해 배운 영어는 그야말로 일본인의 눈, 일본인의 사고 구조로 구미 서양을 받아들였다. 무엇보다 서양 문물을 이해하는 핵심 개념들을 모두 일본인이 직접 만든 영어사전을 그대로 베껴서 서양 개념을 배웠다. 이는 60~80년대 초까지 대한민국의 모든 영어사전에는 순수한 우리말이 등재되지 않았음을 알 수가 있다. 일본이 만든 영어 사전을 그대로 베낀 결과 킹(King)이라는 단어에는 왕이라는 말은 있지만 '임금'이라는 뜻이 없고, 티처(Teacher)의 단어에 선생이라는 뜻은 있지만 '스승'이라는 순수한 우리말은 나오지 않았다.

지금도 우리가 사용하고 있는 언어 중에서 아직도 '형용사(adjective)'를 잘못 사용하고 있다. 우리말 형용사는 분명 용언(동사와 형용사)의 하나로 활용되고 있다. 하지만 우리는 일본 사전을 그대로 베끼다 보니 영어를 가르치는 모든 선생이 우리말 '관형사'와 '형용사'를 잘못 혼용하고 있다. 그래서 우리는 영어를 작문하거나 번역할 때 난해한 부분 중 하나가 바로 형용사다. 영어에는 없는 우리말 형용사를 영어로 이해하기란 쉽지 않기 때문이다.

우리는 일본인의 '안경'을 끼고 서양을 배우고 서양을 해석해온 것이라고 말할 수 있다. 이후 약 반세기가 지난 이후에야 비로소 우리는 영미 유학생들이나 영어학자들을 통해 우리말 영어사전을 만들면서 서양을 우리 눈으로 보기 시작한 것이다. 이는 불과 반세기 전의 일이다. 이뿐만이 아니다. 20세기 말까지는 그런 일본제국주의 잔재인 일본어가 우리 사회의 소통을 주도하는 언론사와 국부를 창출하는 산업현장의 언어를 상당 부분 지배하고 있었다.

지금 우리가 세계적으로 앞서 나가는 자동차와 반도체는 모두 일본의 산업을 그대로 베껴온 것이나 다름없다. 이 밖에도 수없이 많은 것을 일본에 의지해 왔다. 그런데 지금도 우리 지식인 중에는 여전히 일본을 혐오의 대상으로 보고 프레임을 씌워 얕보는 경향이 있다. 얄팍한 감성팔이로 인기나 표를 구걸하려는 시대착오적인 발상으로는 일본을 이길 수는 없다. 천박한 지식인 중에는 아직도 죽창가를 부르는 인간이 있다. 이제 우리는 친일을 떠나 우리보다 선진국인 일본을 배워야 일본을 이길 수 있다는 것을 명심해야 한다.

우리는 지식이나 이론이나 이념이나 물건이나 제도에 이르기까지 그 어느 것 하나도 예외 없이 모두 같은 구조로 작동하고 있다는 것을 알고 있다. 지금 우리 삶의 주인이 누구인가? '우리'는 진정한 주인이 될 수 없다. 그런데도 여전히 '나' 아닌 다른 '우리'가 나의 주인 노릇을 하고 있다. 이런 무지와 열등감으로 인해 많은 엘리트가 사상의 노예로 전락하고 있다. 정작 더 큰 문제는 우리의 지식인들이 세계적으로 가장 부패해 있다는 점이다.

법조계와 국회 개혁 없이는 '미래 없다'

법조 개혁 '기득권에 밀려 번번이 실패'

그 나라의 '정치 수준은 그 나라 국민의 의식 수준'이라는 말이 있다. 지금 우리 국회가 가장 저질스럽고 가장 후진적인 면모를 보이는 것은 바로 우리의 모습이다. 현재 우리나라는 부패한 법조인들이 국회를 거의 장악하고 있다. 민의를 대변하고 국가발전을 이끌어갈 국회의 17개 상임위는 모두 전문가들로 포진돼야 한다. 그런데도 우리 국회는 법률 전문지식이 필요한 법사위 인원보다 거의 세배나 더 많은 쓸모없는 법조인들로 넘쳐나고 있다. 이는 우리 국민이 아직도 부패한 법조인을 매우 똑똑한 인간으로 잘못 보는 낮은 의식 수준 때문이다.

우리 국민 수준이 그만큼 낮아서 국회의 정치력도 낮을 수밖에 없는 '자업자득'이다. 이를 뒷받침하는 통계청이 발표한 '한국의 사회지표'에 따르면 지난 2021년 기준 국민이 신뢰하는 정부 기관 조사에서 국회가 굉장히 낮은 신뢰도를 보였다. 특히 국회의 신뢰도가 전체 기관 중 가장 낮았다. 국민이 신뢰하는 기관은 지방자치단체가 58.5%로 가장 높다. 이어 군대(56.1%), 중앙정부(56.0%), 경찰(55.3%) 순으로 모두 신뢰도 55%를 넘는다. 하지만 국회는 34.4%로 턱없이 낮다. 이어 법원(51.3%)과 검찰(50.1%)은 겨우 50%에 턱걸이하는 저조한 수준으로 나타났다.

이처럼 국회 신뢰도가 낮은 것은 사법기관의 낮은 신뢰도 수준과도 무관하지 않다. 법조인이 국회를 장악하고 있기 때문이다. 지난 2019년 경제협력개발기구(OECD)가 회원국 국민을 대상으로 사법제도를 얼마나 신뢰하는지 조사한 결과 대한민국은 37위로 꼴찌였다. 따라서 정권마다 '법조 비리 카르텔'로 엮인 사법 조직과 제도적 문제점을 해결하기 위해서 사법부개혁을 추진했다. 하지만 모두 미완으로 끝났다. 오히려 '사법농단' 사태가 발생하는 등 개혁이 뒷걸음질 친 시기도 있었다. 그만큼 법조 사회가 비리 카르텔로 마치 칡덩굴처럼 복잡하게 얽혀있는 권력 비리 집단임을 보여주고 있다.

우리나라 법조 개혁이 번번이 실패하게 된 배경에는 법조인들이 국회를 장악하고 있기 때문이라는 분석이 가장 설득력을 얻고 있다. 특히 김영삼 '문민정부'와 김대중 '국민의 참여정부'가 기껏 사법연수원 대신 한국사법대학원을 신설하고, 로스쿨을 도입하는 방안을 내놓았을 정도에 그치고 사법부개혁은 물러앉았다. 당시 법조 개혁은 특히 사법 기득권을 가진 법조계와 법학 교육 문제와 관련한 교육계 반발로 추진되지 못했다. 일정 기간 법조 경력을 쌓은 변호사를 법관으로 선발하는 법조 일원화와 국민 사법 참여 방안인 국민참여재판 제도 도입마저도 미완성으로 끝났다.

그 좋은 명분과 강한 돌파력을 가진 김영삼과 김대중 두 문민정부조차 결국 법조인의 기득권에 밀려 실패했다. 우리 속담에 '호랑이보다 더 무서운 게 곶감이다'라는 말이 있다. 그러나 이 곶감보다 더 무서운 게 바로 '기득권 세력'이다. 그러므로 기득권을 허물 수 있는 것은 실로 혁명과 같은 강력한 쇄신뿐이다. 이는 돈과 힘을 가진 권력 모리배들이 스스로 자기 목에 방울 달기를 반대하고 있기 때문이다. 이제 우리는 국민이 바라는 사법 개혁을 반드시 이뤄내야 한다. 이를 위해 온 국민이 깨어서 일어나야 한다. 이제 혁명과도 같은 법조 개혁에 드라이브를 걸지 않으면 부패한 법조 사회를 혁신하기 어렵다.

앞서 김영삼 문민정부가 들어서면서 지난 군부정권 때 보다 사법부 개혁의 목소리를 내는 게 쉬웠다. 그래서 법률 사각지대를 해소하기 위해 '공익법무관 제도'를 도입했다. 무료 법률상담과 소송 대리 등을 제공해 '전관예우' 근절에도 나섰다. 1995년 7월 법관이 퇴임하면 1년 미만 변호사가 맡은 사건은 별도 재판부에서 특별 관리하는 '특정 형사사건의 재배당에 관한 예규'를 제공하는 등 사법 정비에 박차를 가했다. 하지만 여전히 기득권 세력인 변호사들과 법조인 국회의원 기득권 세력에 밀려 사법 개혁은 제대로 시작조차 못 했다.

이어 김대중 정부는 대통령 소속으로 '사법 개혁 추진체'를 만들었다.

하지만 사법부개혁에 있어서는 역시 어떤 성과도 거두지 못했다. 법조계 비리를 없애고 새로운 사법제도의 틀을 만들고자 1999년 대통령 자문기구로 '사법개혁추진위원회(사개추위)'를 꾸렸다. 사개추위에서 내놓은 개혁안 중 하나가 사법시험 합격자 인원 증가와 정원제 폐지였다. 그 결과 2001년 '사시 합격자 1,000명 시대'가 공식화되었다. 하지만 김대중 정부도 역시 본질적인 사법 개혁에는 완전히 실패하고 만다.

만약 사법부개혁이 지금 이 시점에서 제대로 단행되지 않는다면 대한민국의 미래는 없다. 국가의 근간인 사법부가 이토록 부패하고 썩어 문드러져 있는데, 국민의 정신과 행동이 바르게 작동할 리 만무하다. 절대로 불가능하다. 일례로 유전무죄인데, 누가 돈을 싫어하겠는가? 돈만 있으면 범법까지도 만사형통인데 무슨 짓을 하더라도 돈을 만들려고 하지 않겠는가. 우리는 지금 돈만 가지면 죄를 지어도 되는 '유전무죄'의 나라에서 살고 있다.

이제 좀 배운 인간들은 땀 흘려 적은 돈을 어렵게 벌기보다 쉽게 큰돈을 벌기 위해 온갖 사기가 난무하는 세상만사가 돈 판이 된 것이다. 여기에 가장 크게 일조하는 집단이 바로 법조인들과 국회의원들이다. 그래서 천박한 배금주의가 우리의 정신을 좀먹고 있다. 이는 곧 가진 자들만이 잘 먹고 잘사는 마치 '소돔과 고모라'와 같은 범죄 소굴의 나라가 된 것. 지금 대한민국 검찰과 사법부, 그리고 국회가 총체적으로 부패해 있다는 것은 온 국민이 알고 있다. 따라서 서민들의 고통 소리가 점점 커지고 있다.

법조계와 국회는 먼저 '기득권을 포기하라'

사법부 쇄신은 법조인이 누리고 있는 기득권만 내려놓게 하면 된다. 하지만 그 기득권을 내려놓게 하기가 쉽지 않다. 곶감보다 더 무서운 기득권을 방어하기 위해 법조인이 강력하게 저항하고, 여기다 변호사 출신 국회의원들이 필사적으로 이를 막고 있기 때문이다. 따라서 국민적 합의를 끌어내 혁명에 준하는 사법부와 국회 개혁을 이뤄내야 한다. 이들이 기득권을 내려놓지 않으면 대한민국의 미래는 없다.

이를테면 각종 법조 비리 카르텔로 엮인 '유전무죄 무전유죄', '전관 범죄행위', '검사 스폰서', '정치 판사'를 강도 높게 처벌해야 한다. 법을 어기는 자는 더 이상 법조인으로 살아갈 수 없도록 단호한 제도적 장치를 마련하면 된다. 게다가 변호사 집단이 장악하고 있는 국회는 어떤가. 최근 드러난 더불어민주당의 추악한 '돈 봉투 사건'이 만천하에 드러났는데도, 누구 하나 책임을 말하거나 사죄하는 의원이 없다. 그냥 '재수 없어 걸린 것인데 이게 뭐가 문젯거리가 되느냐'는 식이다. 이미 국회는 여야 없이 '내로남불'의 극치를 보인다.

무엇보다 판검사가 돈과 권력을 좇고, 정권의 눈치를 보고, 출세를 위해 정권의 개노릇을 한다면 이 나라의 미래는 암울하다. 이제 사법부는 단순히 어느 한 정권 차원을 넘어서는 국민과 국가를 위한 혁명적인 개혁과 쇄신을 단행해야 한다. 대한민국의 밝은 미래를 열어가기 위해 미래지향적인 사법부개혁이 진행되지 않으면 안 된다. 곧 다가올 통일 한반도의 미래를 걸머질 진짜 사법부다운 사법부로 거듭나야 한다. 법조인이 누리는 '꿩 먹고 알도 먹는 기득권'을 내려놓게 하는 법조 개혁이 시급하다.

그리고 변호사가 넘쳐나는 국회도 개혁돼야 한다. 영국의 보수 정치인 윈스턴 처칠은 영국 의회 의원에게는 세 가지 의무가 있다고 강조했다. 첫째는 그들의 정직하고 불편부당한 판단에 따라 나라의 안전과 명예를 위해 최선이라고 생각되는 것을 행하는 일이다, 둘째는 의원은 민의를 대표하는 것이지 당이나 당 대표의 하수인이 아니다. 그래서 의원은 먼저 자기 지역구를 위해 할 수 있는 일을 해야 한다는 것이다, 마지막 셋째가 의원은 당의 조직이나 정강·정책에 이로운 의무를 행하는 것이다. 처칠은 국회의원의 세 가지 의무 중에서 제일 후순위가 당에 대한 의무라고 강조했다.

그러나 우리나라 의원들은 그 우선순위가 완전히 거꾸로다. 우리 의원들이 가장 먼저 챙기는 일은 소속 당의 집단이익이나 부패한 당 대표, 또는 자신을 보호하는 일이다. 우리 의원들은 국가에 피해가 되고 불명예가 되더라도 먼저 당과 당 대표에 충성한다. 국익 따위는 안중에 없다. 오직 당과 자신에게 도움이 되는 일이 가장 우선이다. 이는 당 대표가 공천권을 행사하기 때문이다. 그래서 우리나라 국회의원들이 세계에서 가장 부패해 있다. 그런데도 천박한 우리 국회의원은 어느 나라 국회의원보다 더 나은 '호강과 함께 공식, 비공식적인 혜택과 특권을 훨씬 더 많이 누리고 있다.

덴마크나 스위스, 노르웨이 등 우리보다 훨씬 잘 사는 북유럽 선진국 의원들은 자전거를 타고 출퇴근하는 것이 자연스러운 일상이다. 사무실도 협소하고 보좌진도 한두 명 정도다. 그러나 우리는 고급 전용 차량과 운전기사가 있다. 비행이나 범죄를 저질러도 회기 중에는 불체포 특권이 있다. 해외 출장 때는 값비싼 비즈니스석을 이용한다. 이런 특권만 무려 2,200개나 된다. 한국 국회의원은 무수한 특권을 마치 타고난 권리인 양 누리면서 거들먹거린다.

이런 특권과 호사를 누리는 우리 대한민국 국회의원들의 마음에는 국가발전을 위한 일보다는 어떻게 하면 계속 금배지를 달 수 있을까에 더 관심이 높다. 이들 국회의원의 마음은 국익이나 지역구 발전보다 오직 금배지에만 쏠려 있다. 이제 대한민국의 발전을 위해서 가장 시급한 일이 법조 개혁과 더불어 국회의원 특권을 내려놓게 하는 일이라는 것은 아무리 강조해도 지나치지 않다.

부패 법조인 '4·10 총선 국회 진출 막아야!'

사법 개혁을 위해서는 무엇보다 부패한 법조인이 국회로 가는 길을 국민이 막아야 한다. 특히 전과나 부패 전력이 있는 법조인은 어떤 수단과 방법으로도 저지해야 한다. 지난 21대처럼 부패한 법조인들이 또다시 국회를 장악하는 일이 되풀이되면 우리의 미래는 참담하다. 가장 시급한 문제인 사법 및 국회 개혁은 요원하게 된다. 법조인 의원들이 또다시 무더기로 국회에 진출하게 된다면 이들이 기득권을 내려놓지 않으려고 다양한 수단과 방법으로 사법 개혁을 방해할 것이다.

이를 위해 우리는 2024년 4·10 총선에서 민의를 대변하는 국회의원을 바르게 뽑아야 한다. 나라를 좀먹고 있는 사법부와 국회 개혁에 대한 엄정한 질문지를 만들어서 이들의 다짐을 받아내야 한다. 또 여야 거대 양당 중진들은 반드시 험지에서 심판받도록 해야 한다. 깜냥이 안되는 인간들이 당선이 확실한 지역구 꿰차고 앉아 선수만 쌓아서 '당 대표나 원내대표'를 해 먹거나 '국회의장이나 부의장' 자리에 앉아서 위세를 부리고 있다. 이제 우리도 진짜 전문지식을 갖춘 전문가들이 각 지역구에서 심판받아 국가와 지역발전에 이바지할 인재를 선택하는 시선을 가져야 한다.

우리는 정치의 꽃이라고 부르는 '선거'의 중요성을 자각한 선인들의 말을 새겨들어야 한다. 링컨 "투표는 탄환보다 강하다" 정치철학자 토크빌 "모든 민주주의 정부에서 국민은 자신의 수준에 맞는 정부를 가지게 된다" 플라톤 "투표에 참여하지 않음으로써 받는 형벌은 자기보다 열등한 자의 지배를 받는다" 단테 "지옥에서 가장 뜨거운 자리는 정치적 격변기에 중립을 지킨 자들의 자리다. 기권은 중립이 아니라 암묵적

동조다" 따라서 오는 22대 4·10총선에서는 좌파나 우파의 진영을 떠나 전과 전력이 있거나 부패한 법조인이나 전문지식이 없는 무능한 인간을 더는 선택하지 말아야 한다.

우리는 국회 개원 이래 줄곧 변호사들이 국회를 장악해 왔다. 그런데 이들이 국회에서 할 수 있는 일은 정책보다 입으로 따지고 싸우는 일에만 앞장서 왔다. 법조인 국회의원의 전문성이란 게 기껏 법률 입안이 고작이다. 그러나 국회에서는 17개 상임위가 모두 각자 고유한 전문성을 가지고 있다. 하지만 법사위가 엄청난 권한을 가지고 있는데, 비해 전문성이란 틀에 박힌 법조문이 전부가 아닌가. 그래서 국회에서 일할 법조인은 그렇게 많이 필요하지 않다. 단지 법사위를 채울 정도면 충분하다.

그런데도 우리는 국회의원 300명 가운데 평균 15% 이상을 차지할 정도로 법조인이 넘쳐나고 있다. 달달 외운 법률 조문 외는 전문성이란 게 일천한 자들이 진짜 전문성이 필요한 각 분야의 자리를 대신 꿰차고 있다. 그리고 잘하는 입씨름 하나로 늘 국회를 분탕질하면서 국민을 피로하게 만들고 있다. 일반적으로 변호사 출신 국회의원들이 더 독살스럽고 교활하다는 것을 우리는 알고 있다. 따라서 다가오는 22대 4·10총선에서는 부패한 변호사가 금배지 다는 것을 반드시 막아야 한다.

변론에 능한 법조인 '덕(함량)' 미달이야!

실용을 추구하는 서양 법률과 달리 우리 법은 개념概念에 개념을 쌓아가는 형국이다. 개념은 진실을 해명하는데 미흡한 점이 있다. 조금만 비틀면 다른 해석이 가능하기 때문이다. 그러나 지식을 쌓고 축적해 나가는 데는 '개념(concept)'이 차지하는 비중은 매우 크다. 개념은 '완전히 잡다(con+ceive)'라는 영어 어원에서 비롯된다. 이를테면 쌀을 한 움큼 잡아서 손가락 사이로 빠져나가는 것은 포기하고, 남은 것만 완전한 생각의 형태로 저장한 것을 개념이라고 정의한다. 동양에서는 개념을 대신하는 말이 '명名(이름)'이다. 개념은 우리에게 매우 현대적 용어라고 할 수 있다.

그리고 '개념概念'은 실재하는 것이 아니다. 우리 머릿속에 관념적 형태로만 존재한다. 그래서 개념으로는 이 세계의 진실을 제대로 해명하거나 보여줄 수가 없다. 개념은 기본적으로 이러한 한계를 가지고 출발한다. 이를테면 어머니, 아버지, 봄, 가을 또는 고양이, 산과 같은 개념으로 정해진 일반명사는 어디에도 실재하지는 않는다. 다만 인간은 세상의 모든 일반명사를 개념화한 형태로 약속한 뒤 이를 가지고 의사소통을 하는 것이다.

예를 들면 어머니라는 개념의 일반명사는 실제로 존재하는 여성이 아니다. 여성이라는 어떤 구체적인 형태로 나타나는 분은 나를 낳아 길러주신 여성 '000'만이 존재할 뿐이다. 그래서 일반명사는 구체적이거나 '나'의 것이 아니라 관념적이며 '우리' 모두의 것이 된다. 어머니라는 개념은 실제로 존재하는 구체적인 한 여성이 아니다. 그냥 자녀를 낳아

기르는 모든 '여성'을 일반화하여 통칭한 말이다. 그래서 일반명사에는 '특수한 것, 구체적인 것'은 없다. 대신 '보편적인 것, 일반적인 것'만 존재한다. 일반명사(개념)는 그 본래의 것을 대신하는 관념의 형태일 뿐 실재하지는 않는다.

그런데도 일상에서 우리는 일반명사라는 개념을 사용할 수밖에 없다. 개념은 '전달이나 축적, 약속' 등의 효율성이 뛰어나기 때문이다. 이런 효과에도 불구하고 구체성이 떨어진다. 따라서 개념은 일상에서 가장 광범위하게 사용하면서도 세계의 진실과 접촉하는 데는 미흡한 한계를 가지게 된다. 나아가 주로 개념을 근거로 지식을 축적한 법조의 경우 이 세계의 진실과는 거리가 있을 수밖에 없다. 그런 법조 사회에서는 구체적인 '나'보다 일반적인 '우리'만 있을 뿐이므로 진실성이 부족하다. 그래서 변론에 능한 법조인은 덕이나 함량이 굉장히 부족하다.

'소유냐 존재냐(To Have or To Be)'

흔히 개념으로 이 세계를 잡는 행위란 이 세계를 있는 그대로 놔두려는 것이 아니라 '이 세계를 내 뜻대로 정해서 가지려고 하거나 내 마음대로 행하려는 것을 의미한다.' 이것이 철학에서 '소유'所有[Have]라고 말한다. 그 반대개념을 '무소유無所有[Not Have]'라고 한다. 여기서 등장하는 소유와 무소유는 재산을 갖거나 가지지 않는 것과는 차원이 다르다. 소유의 반대개념인 무소유는 '이 세계를 내 뜻대로 정해서 관계하려는 것이 아니라 있는 그대로 두는 것'을 의미한다. 이것이 독일계 미국인

철학자 에리히 프롬(1900~1980년)의 위대한 고찰, ‘세이노의 가르침’에 나오는 ‘소유냐 존재냐(To Have or To Be)’에 대한 기본 콘셉트다.

우리는 살면서 늘 ‘존재와 소유’의 문제에 봉착하게 된다. 좀 비약하자면 지식인은 진실성이 부족한 ‘가짜’ 인생을 살고 있다고 표현할 수가 있다. 그래서 지식인의 부패지수가 높은 원인이 된다. 그러나 인간은 이 세계의 진실을 봐야 하고, 진실과 접촉해야 하고, 진실을 드러내야 ‘생존의 질과 양’을 증가시킬 수 있다. 하지만 개념으로 축적한 지식을 가진 사람은 진실을 드러내는 데는 매우 미흡하다. 중국 불교 선종禪宗에서 불립문자를 주장하는 이유이기도 하다.

이를 에리히 프롬의 관점에서 보면 개념을 축적하여 여러 가지 지식을 획득한 사람들은 대부분 소유욕이 매우 강하다. 이때 소유욕이란 ‘이 세계를 내 뜻대로 정해서 관계하려거나 마음대로 하려는 강한 자의식’을 말한다. 실제로 주변에서 만나는 법조인을 비롯한 교수 등 지식인은 자신의 주장이 매우 강하다. 달리 표현하면 소유욕이 크다. 그래서 세상을 있는 그대로 보지 않는다. 독선적인 경향이 있다. 이는 개념에 얽매인 채 명상이나 성찰이 부족하기 때문이다.

특히 논변論辯에 능한 법률가들은 ‘덕성’이 굉장히 부족하다. 논변하는 사람은 사물의 이치에 대해 옳고 그름만을 밝힌다. 자기주장을 펼칠 때 빈틈이 없고 매우 치밀하다. 논변을 위한 주장은 목표가 분명하게 정해져 있고 치밀성이 있다는 것은 자기주장이 견고하기 때문이다. 논변으로 확립된 논문은 배타성이 굉장히 강해 어떤 대상도 참여할 여지를 주지 않는다. 논문심사를 '디펜스(defence)'라고 말하는 이유이기도 하다.

논변은 호기심과 궁금증을 유발해서 서로 소통하려는 '이야기(소설)'와는 달리 배타적이고 폭력적이다. 그래서 논문에는 상대가 들어올 여지가 전혀 없어야 좋은 글이 된다. 이야기는 듣는 사람이 더 많이 참여하는 예도 허다하다. 화자와 청자가 만나는 일이 발생한다. 이야기는 흥미진진하고 감동이 있다. 소설가나 시인은 논변하는 변호사나 지식인 교수보다 덕이 더 클 수밖에 없다.

덕(함량)은 인간 내면에 잠재하고 있는 '밝고 긍정적인 어떤 에너지'이다. 덕을 갖춘 사람은 자신이 가진 '인식이나 생각의 틀(frame)'을 세상에 적용하려 하지 않고 세상의 흐름을 있는 그대로 받아들이는 능력이 있다. 우리 동양 사회에서 제왕의 권좌에 오른 사람의 면면을 봐도 덕성이나 함량이 큰 사람들이 늘 승자가 되었다는 것을 알 수 있다.

우리는 초한지라는 고전을 통해서 항우보다는 유방이, 그리고 삼국지를 통해서는 유비보다는 조조가 함량이 크다는 것을 간파할 수 있다. 천하를 두고 자웅을 겨루어 승리한 유방과 조조는 모두 자신이 가진 관념의 틀을 세상에 그대로 적용하려 하지 않았다. 그들은 세상의 흐름을 있는 그대로 받아들이는 능력을 갖춘 제왕들이었다는 것을 알 수 있다.

프랑스 지식인 덕德이 돋보이는 '에펠탑 이야기'

최근 가까운 친구 가족의 앨범구경하면서 파리 에펠탑 앞에서 찍은 사진을 보고 문득 건축가인 에펠과 문학가인 모파상이 생각났다. 프랑스의 랜드 마크라할 수 있는 에펠탑은 1889년 프랑스 혁명 100주년 기념물로 건축되었다. 매년 수백만 명의 관광객을 끌어들여 엄청난 부가가치를 창출해내고 있다. 하지만 에펠탑은 건설전부터 '예술성과 공업성', '추함과 아름다움'의 사이에서 시비가 많았고 조직적인 반대에 부딪혀야 했다.

아베마리아의 작곡가 구노 등의 예술가들로부터 '공업의 문화재 파괴로부터 예술을 지키자' 등의 비판과 항의가 잇따랐다. 에펠은 탑의 건설을 반대하는 많은 사람들을 무마시키고 설득하기 위해 프랑스인들을 향해 '에펠탑이 있음으로 해서 프랑스는 300미터 높이의 깃대에 국기를 휘날릴 수 있는 유일한 국가가 될 것이다'라는 유명한 말을 남겼다. 이야기는 여기서 끝나지 않는다.

한때 탑건립 반대 선봉에 섰던 프랑스 대표적 소설가인 모파상은 훗날 이 탑의 카페에서 식사를 즐겼다. 에펠탑건립 반대 투쟁에 나섰던 사람이 어떻게 여기서 식사를 하느냐고 묻자 모파상은 이렇게 대답한다. "파리 시내에서 에펠탑이 보이지 않는 곳은 유일하게 이 카페뿐이기 때문이지요" 에펠탑 걸립을 두고 서로 다른 의견을 가지고 격하게 다투었던 프랑스 지식인들의 대화가 에펠탑의 위용만큼이나 멋있고 여유가 있어 보인다. 또 스스로 잘못을 인정하고 이해하는 그들의 용기가 한없이 부럽다.

썩은 법조인아 '장자 외침'이 들리느냐!

장자 출제 빈도 1위인 나라 '법조 부패 1위'

부패한 법조 지식인들아, 너희를 향해 외치는 장자의 '고함高喊'이 들리는가. 그런데 〈장자〉를 가르친 선생의 탓일까, 아니면 이를 학습한 학생들이 잘못 배운 탓인가? 장자는 우리 대학논술 시험에서 가장 많이 등장하는 불후의 고전古典이다. 2000년 이후 서울대 등 상위권 18개 대학 논술고사에서 〈장자〉는 무려 10번 이상 인용되거나 거론됐다. 하지만 그 똑똑한 법대생들이 〈장자〉를 잘못 이해한 것인가? 그 위대한 〈장자〉를 배워서 분명 고득점을 받았을 법조인의 부패지수가 세계 1위라니 나는 좀체 이해가 안 된다.

흔히 동아시아 최고 고전으로 꼽히는 〈논어〉의 출제 빈도 5~6회를 〈장자〉가 압도적으로 앞섰다. 그리고 아리스토텔레스의 〈니코마코스 윤리학(4회)〉, 에리히 프롬 〈자유로부터의 도피(3회)〉, 애덤 스미스 〈국부론(2회)〉 등은 우리 대학의 논술 시험에 자주 등장하는 고전이다. 하지만 장자에는 비견할 바가 되지 못한다. 이를 두고 한 논술전문가는

"'천의 얼굴'을 가진 〈장자〉는 '현실 비판적 내용'을 많이 담고 있어 현대 사회의 부조리를 묻는 주제로 자주 인용되는 것 같다"라고 설명한다.

특히 〈장자〉는 흥미롭고도 삶의 지혜로 가득 찬 우화집이자 은유로 가득한 탁월한 문학작품이다. 세상에 초연했던 장자는 자신이 써 놓은 글을 읽고 장자 자기 생각을 헤아리느라 골머리를 앓고 있는 수험생들을 보면서 어떤 생각을 하고 있을까. 장자는 또 자신의 책을 읽고 공부한 그 똑똑한 학생들이 명문대를 나와 법조 지식인으로 우뚝 서 있는 모습을 보고 기뻐할 것인가? 그리고 부패와 부조리로 한 국가 사회를 이끄는 그들의 저열함을 보는 장자의 심정은 어떨까? 장자 자신을 읽고 배운 우수한 법조인들 타락상을 바라보면서 아마도 크게 한탄하고 있을 것이다.

어느 화창한 봄날 장자가 달콤한 잠에 빠져들었다. 꿈속에서 나비가 되어 꽃밭을 날아다녔다. 깨어보니 문득 다시 장자 자신으로 돌아왔다. "내가 나비가 된 것일까, 아니면 나비가 내가 된 것일까" 장자는 꿈이 현실인지, 현실이 꿈인지 헷갈렸다. '나비의 꿈(호접몽)'의 우화는 이렇게 탄생한다. 장자는 인생이란 한낱 '일장춘몽'이라고 믿었다. 세상 명예와 출세, 특히 돈을 누구보다 우습게 여겼다. 그래서 더 깊은 깨달음을 얻었던 건 '자아와 외물'은 본래 하나라는 것이다.

장자(BC 369~286년)가 살았던 기원전 4세기 전국시대는 백가쟁명의 난세亂世였다. 당시 재야에 흩어져 살던 재사才士들은 한결같이 제후들에게 기용돼 명예와 부를 바라며 천하를 주유했다. 어느 날 초나라 왕이 장자에게 정치를 도와달라고 청한다. 장자는 "나를 욕되게 하지 마시오. 차라리 더러운 개천에서 꼬리를 끌고 놀며 '자쾌(self-pleasure)'할지언정, 군왕에게 구속당하면서 살고 싶지는 않소" 내 청춘은 '자기 존엄과 독립에 기여하지 않은 인생이 무슨 쓸모인가'라고 일갈하는 장자의 말에 귀를 기울이고 싶었다. 그리고 〈장자〉 출제 빈도 1위의 나라가 법조 지식인 부패의 1위인 나라'의 대한민국을 바라보며 지금도 허망에 몸부림치고 있다.

장자는 현대 서구사회에서조차 '자유와 해방의 사상가'로 주목받고 있다. 장자의 '호접몽胡蝶夢'을 최고의 은유로 찬양한 아르헨티나의 노벨상 수상작가 보르헤스는 자기 작품 곳곳에 장자의 흔적을 남겼다고 고백한다. 헤르만 헤세도 〈장자〉를 "가장 매력적인 중국 사상서"라고 극찬했다. 하이데거와 마르틴 부버, 헨리 소로, 수행자 라즈니쉬까지도 장자에 매료된다. 그런 〈장자〉를 읽은 그 똑똑한 대한민국의 청춘들아, 너희는 〈장자〉를 읽고 도대체 무엇을 배웠는지 묻고 싶다.

부패한 지식인들이 들끓는 '대한민국'

지식 그 자체는 관념적이든 구체적이든 공적이고 윤리적이다. 지식은 기본적으로 정치, 경제, 사회, 문화적인 문제 또는 병리적인 모든 문제를 해결한 결과물이다. 지식을 공적이라고 말하는 것은 자기한테만 필요한 뭔가를 찾으려는 것이 아니기 때문이다. 지식을 구하고 쌓아가는 것은 그 시대와 사회의 부조리한 문제를 해결하려는 행위다. 이러한 행위를 하는 사람을 우리는 참된 지식인이라고 말한다. 그런 점에서 한 국가나 사회에서 제대로 된 지식인이라면 근본적으로 공적이고 윤리적인 태도를 지녀야 한다.

그런데 문제는 우리 사회를 계도하고 이끌어야 할 법조 지식인들이 너무나 부패하고 타락해 있다는 것이다. 2023년 OECD 회원국 중에서 대한민국 지식인의 부패지수가 가장 높은 것으로 나타났다. 지금 우리 사회는 법조인, 정치인, 언론인, 교수, 문인, 예술가, 종교인 등 모든 지도계층이 극도로 부패하고 타락해 있다. 이들의 도덕적 해이가 극에 달한 지 오래다. 게다가 진짜 더 큰 문제는 대부분 법조 지식인들이 자신이 부패하고 타락한 존재인지조차도 인식하지 못하고 있다는 것이다. 그래서 이들의 말과 행위가 너무 가증스러울 정도로 이율배반적인 모습을 띠고 있다.

지식인이 강단에서, 교단에서, 연단에서, 강대상에서 날마다 입으로는 근엄하게 진실 존중과 진리를 말하면서 정작 그들이 취하는 행동은 천박하고 추하기 이를 데 없다. 지금도 지식인들은 보이지 않는 곳에서 자신들의 말과는 너무나 동떨어진 정반대의 행동양식을 보인다. 지금 우리 사회 곳곳에서 벌어지고 있는 대부분의 부도덕하고 타락한 일들이 대부분 지식인의 비도덕과 비양심에서 비롯되고 있다.

실제로 우리는 2017부터 본격적으로 불거져 나온 '미투(MeToo)' 운동에서 지식인 지도층의 부패와 타락 양상을 너무도 생생하게 목격한 바 있다. 이름만으로도 움츠리게 하던 시인 고은을 비롯한 연극인 이윤택, 정치인 안희정, 오거돈, 박원순 등 우리 사회의 지도계층 지식인으로 살아온 이들이 두꺼운 가면을 쓰고 이중적인 삶을 산 것이다. 이들 외에도 수많은 정치인과 교수, 유명 연예인 등 이루 다 열거할 수 없을 만큼 지도층 곳곳에서 추악하고 더러운 성추행과 성폭력이 난무했다.

그렇다면 지금 우리 사회의 지식인 계층이 왜 이렇게도 부패하고 썩어 문드러져 있다는 말인가. 이는 우리나라 지식인들이 스스로의 능력으로 지식이나 원천기술을 개발하지 못하고 남의 지식이나 기술을 모방하고 있기 때문이다. 우리는 선진국 기술을 베끼고 훔치고 도둑질해왔다. 그동안 남이 만들어 놓은 해결 방법이나 처방전을 표절해온 지식의 노예나 도둑처럼 살아왔다.

건명원의 철학자 최진석 교수의 진단은 이렇다. "우리는 선진국 지식인들이 만들어 놓은 지식을 습득하고 흉내 내고 그것을 적용해오면서 스스로 공적이고 윤리적인 훈련을 받을 기회가 없었다. 이것이 지금 우리 지식인들이 부패하고 타락한 한 가지 이유"라면서 "그런 과정에서도 우리나라가 유일하게 세계 최빈국에서 벗어났다. 전 세계에서 전무후무하게 자본도 기술도 자원도 없는 후진국에서 탈피해온 것은 자랑스러운 일이다. 하지만 이제는 우리도 지식 수입에 의존할 것이 아니라 지식을 생산하려는 도전에 나서야 한다"라고 강조한다.

지식인 부패한 국가는 '반드시 몰락한다!'

현대 역사에도 지식인이 부패한 국가는 반드시 몰락의 길로 갈 수밖에 없다는 것이 현실로 드러났다. 해방 전후 시기 필리핀은 우리보다 훨씬 잘 사는 나라였다. 2차대전 당시 일본 점령지로 있다가 1946년 미국으로부터 완전한 독립을 승인받는다. 필리핀은 미국에 경제 원조를 받고 공군과 해군기지를 빌려줘 미군이 진주하며 아시아권에서 빠른 경제발전을 이룩했다. 필리핀은 독립 당시 일 인당 소득은 800달러로 우리의 79달러보다 무려 10배나 잘살았다. 하지만 부국 필리핀도 마르코스 정부와 관료 지식인의 부패로 국가가 거덜 나고 만다.

지난 1963년 2월에 개장했던 대한민국의 제1 호 체육관, 장충체육관이 필리핀 정부의 지원을 받아 지어졌다는 뜬소문이 돌고 있는데, 이는 사실이 아니다. 그만큼 필리핀과의 우호 관계가 돈독하고, 또한 필리핀이 잘 살았다는 것을 의미한다. 실제로 필리핀은 6·25전쟁 당시 한국을 돕기 위해 많은 병력과 군함을 파견했다. 지금도 돈독한 우방국이다. 60년대 초반에는 우리 엘리트 여성 승무원들이 퇴직하면 필리핀 부호의 가정부로 취업해 가사를 돌보고 아이들을 가르친 적이 있다. 그만큼 당시 필리핀은 한국보다 월등히 잘사는 국가였다.

지난 1965년 마르코스 대통령이 집권한 초기에는 '민주공화국'을 내세우고, 효율적 세제운영과 대외차관 유치 등으로 국가를 안정시키는 데 성공했다. 하지만 부패한 장기 독재와 또 마르코스 본인과 일가를 비롯한 지식인 관료사회의 부정부패로 1980년대부터 몰락의 길로 들어선 뒤 지금은 일 인당 국민소득 4천 달러를 조금 넘는 빈국이다. 이는 국정을 이끄는 지식인 관료사회의 부패가 국가에 얼마나 큰 해악이 되는가를 보여주는 대표적 사례로 꼽히고 있다.

대한민국 이끄는 무능한 '민주화 세력'

지금 우리나라를 이끄는 주도 세력은 '민주화 세대'들이다. 대한민국의 민주화 투쟁은 함석헌 옹의 1976년 3월 1일 일어난 '3·1민주구국선언'이 원년인 셈이다. 당시 '3·1민주구국선'은 박정희 대통령의 유신을 반대하면서 촉발된다. 그리고 이 운동이 곧 민주화 투쟁으로 이어졌다. 본격적인 투쟁은 1987년 6월 29일 대통령 후보 노태우 민정당 대표위원이 국민의 민주화와 직선제 개헌 요구를 받아들이면서 시작됐다. 당시 노태우 대표위원이 발표한 시국 수습을 위한 특별선언, 즉 '6·29 민주화선언' 이후 대한민국의 민주화는 거침이 없었다.

6·29 선언은 전두환 대통령의 도덕성과 정통성 결여를 지적하는 직

선제 개헌 요구와 전두환 정권의 4·13 호헌조치가 첨예하게 대립하는 상황에서 나온 것이었다. 민주헌법쟁취국민운동본부는 대규모 가두 집회로 대항하면서 박종철 고문치사사건이 터지자 급기야 경찰력이 마비되고 군대 투입설까지 나도는 국면이 전개되었다. 이에 노태우 대 표는 8개 항의 민주화 조치를 발표한다. 이로써 신군부의 군사독재를 청산하는 전기가 마련된다.

노태우 정권 이후 김영삼 문민정부가 들어서면서 민주화는 거의 완 성단계에 이르게 된다. 특히 민주화 '어젠다(agenda)'를 완성한 김대중 정권의 참여정부 시절부터 우리나라에는 거센 변화의 바람이 불었다. 이제 산업화 시대의 먹거리와 민주화를 넘어 새로운 성장동력을 찾지 않으면 단 한 발도 더 전진하기 어려운 전혀 새로운 경제생태계의 변화 가 찾아온 것이다. 이 변화의 파고를 넘기 위해서는 마지막 관문인 선진 화 어젠다가 절실히 필요했다.

그러나 선진화 어젠다는 건국 이후 산업화나 민주화와 같은 어젠다 와는 차원이 달랐다. 산업화와 민주화 의제는 매우 구체적이다. 그래서 국민을 설득하기가 어렵지 않았다. 세력을 결집하기도 쉬웠다. 다시 말 해 기존 산업화와 민주화 어젠다는 있는 모델을 베끼고 흉내 내어 만들 수가 있었다. 하지만 선진화 어젠다는 없는 모델을 스스로 만들어야 해 서 의제 설정이 간단하지 않았다. 민주화 완성 이후 2000년 초부터 20여 년이 지난 지금까지 우리는 선진화 어젠다에 목을 매고 있다. 그리고 창조적 기술혁신을 위해 기업과 정부, 학계가 노력했다. 하지만 모두 물거품이 됐다. 이제 그나마 삼성이 반도체로 그 숨구멍을 틔우고 있다.

선진화 어젠다를 설정하기 위해서는 무엇보다 새로운 기운과 세력이 필요했다. 김대중 참여정부 시절 '젊은 피 수혈'이 유행한 적이 있다. 하지만 이는 단순 정치세력에만 국한됐기 때문에 성공으로 이어지지 못했다. 게다가 젊은 피의 정치세력마저도 구세대인 민주화 세력에 무참히 밀려나고 만다. 선진화 어젠다를 설정하는 데 가장 큰 장애물이 있었다. 바로 과거 세력의 득세와 정치참여였다. 이제 우리 역사가 선진화 어젠다로 순조롭게 진행하려면 구시대 세력이 물러나야 한다. 그런데도 여전히 무능하기 짝이 없는 '민주화 세력'이 주도권을 잡고 있다. 정작 문제는 이들 '민주화 세력'이 스스로 신진세력으로 착각하고 있다는 것이다.

성공 기억에 갇힌 철면피한 '586세력'

노자의 가르침에 '공성이불거攻成以不居'란 말이 있다. 이는 성공한 사람에게 가장 큰 적은 '성공 기억'이라는 것을 의미한다. 마찬가지로 혁명가에게는 가장 큰 적이 '혁명 기억'이다. 이 세계는 부단히 변화하고 있다. 철학자들은 이를 '유동적 전체성'으로 표현한다. 성공 기억에 갇힌 사람은 성공할 때, 혁명 기억에 갇힌 사람은 혁명할 당시의 그 기억만을 수행하게 된다. 그런데 성공한 그 기억만을 집행할 때 그 세상과 지금 성공한 뒤에 찾아온 새로 대면할 세상은 너무나 다르다.

그래서 성공 기억에 갇힌 사람은 그 성공의 구조가 주는 그 결과를 넘어설 수가 없게 된다. 혁명가도 마찬가지다. 혁명할 때 가진 그 자부심과 그 노고를 차고앉으면 그것을 권력화하려는 경향이 있다. 우리 시대 마지막 혁명가로 불리는 체 게바라조차도 성공 기억을 비켜 가지 못했다. 이것을 학자들은 비유적으로 "혁명 깃발이 완장으로 바뀐 것이다"라고 말한다.

지난 20세기 초중반의 진정한 혁명가로 꼽히던 사람이 '체게바라 1928~1967'였다. 그는 아르헨티나 의학도 출신의 공산주의 혁명가로 쿠바의 게릴라 지도자로 활동했다. 그러나 그런 체 게바라조차도 혁명의 결과에 도취하고 만다. 그는 쿠바 공산혁명이 성공한 뒤에 쿠바 국립은행 총재(1959~61년)와 초대 산업부 장관(1961~65년)의 자리를 꿰차고 혁명의 열매를 즐겼다. 그 결과 쿠바는 거지꼴의 나라로 전락하고 만다.

혁명가 체 게바라의 도움으로 1959년 카스트로가 정권을 장악하여 쿠바는 공산화되었다. 장기 독재 집권 이후 2008년, 피델 카스트로의 건강 악화를 이유로 친동생 라울 카스트로가 새로운 국가평의회장직을 계승했다. 그리고 2014년 12월 18일, 쿠바는 적대적인 관계였던 미국과의 국교를 정상화하면서 지금은 일 인당 국민소득 1만 달러가 조금 넘는 정상 국가로 성장하고 있다.

뉴욕대 심리학과 교수 에리히 프롬(1900~1980)은 "자기가 타도하려고 한 것을 타도한 다음 그 자리에 자기가 앉으면 그는 혁명가가 아니라 반항아"라고 설파한다. 따라서 진정한 혁명가는 자기가 타도하고자 한 대상을 타도한 다음에 그 대상이 앉았던 자리에 다시 앉지 않는다. 이는 곧 성공을 이룬 사람을 경계한 말이다. 대다수 공을 이룬 사람은 그 공을 자기의 것으로 소유하려고 한다. 그리고 소유한 공을 권력화 역사화하려고 한다. 그 결과 사회는 극단적으로 분열하고 파멸하게 된다. 아직 근현대사에서 진정한 혁명가는 나오지 않고 있다.

이제 우리 역사가 선진화 '의제(agenda)'로 순조롭게 진행되려면 구시대 세력인 '민주화 세력'이 역사의 뒤안길로 사라져야 한다. 무능하기 이를 데 없는 이들이 여전히 성공 기억에 갇혀 국정을 주도하는 정상의 자리에 앉아 있는 한 대한민국의 성장은 불가능하다. 경제학자들은 "지금 우리나라의 현실은 미래가 제대로 열릴 수 없는 상황에 부닥쳐 있다"라며 "과거 인물인 '민주화 세력'이 스스로 물러나거나 도태되지 않는 한 선진화 어젠다 설정은 기대할 수 없다"라고 잘라 말한다. 지금 더불어민주당을 주도하는 '민주화 세력'과 또 국민의힘 당과 맞지 않는 옷을 입고 삐거덕거리는 일부 '민주화 세력'이 이를 잘 대변해준다.

미문화원 점거 주모자 '무능한 586에 고함!'

한때 민주화 세력을 이끈 함운경(1964년생: 60세)은 1985년 5월 미문화원 점거 농성의 주모자였다. 전북 군산 출신인 그는 남한혁명을 통해 사회주의를 건설하는 게 목표였다. 그런 그가 사회생활을 하며 생각이 바뀌었다. 사회주의 건설은 불가능할 뿐 아니라 그쪽으로 가서도 안 된 다고 생각한다. 모든 사람을 불행하게 만들기 때문이라고 강조한다. 다음은 함운경이 연합뉴스와 인터뷰한 내용을 재구성한 것이다.

최근 함운경은 "586 정치인들, 즉 '민주화 세력'은 자신들의 원래 의도와 상관없이 전두환보다 못하다는 평가를 받을 수 있다. 이들은 무능하고, 사람들을 힘들게 하고, 고통에 빠뜨리니 그런 소리를 들을 수 있는 것"이라고 말한다. 그러면서 "우리 사회에서는 언제부턴가 대한민국의 정통성을 부정하는 세계관과 역사관이 주류로 인식되고 있다. 이런 것을 바로잡기 위해 지난 8월 15일 민주화운동동지회를 결성해 활동을 시작했다"라고 밝혔다.

함운경은 지난 1982년 서울대 물리학과에 입학한 뒤 학생운동에 투신한다. 4학년 때인 1985년 5월에 서울시 중구 을지로 미문화원 점거 농성의 주모자로 투옥되었다. 교도소에서 나온 이후 학원강사, 조경사업자를 거쳐 횟집 사장이 된다. 그는 국회의원과 지자체 단체장 선거에 여러 차례 출마했으나 뜻을 이루지 못했다.

"사회주의는 모든 사람을 불행하게 만든다. 인간의 욕망을 억제해서 평균적인 삶을 만들겠다는 것은 굉장히 잘못된 생각이다. 세상은 그렇게 돌아가지 않는다. 문재인 정부가 집값을 잡겠다고 정책을 잇달아 내놨다. 하지만 결과적으로 집값만 올렸다. 최저임금을 인상해 근로자들을 도와준다고 했지만, 그들을 노동시장에서 쫓아내는 결과를 초래했다. 원래 의도와 상관없이 결과적으로 모든 사람을 불행하게 만든 사례였다. 사회주의와 공산주의가 모두 그런 식이다"

함운경은 또 "586 정치인은 자신들이 독재정권보다 도덕적으로 우월하며, 잘하고 있다고 착각한다. 그러나 그들은 너무도 무능하고, 무식해서 사람들을 힘들게 하고, 고통에 빠트린다. 그러니 전두환보다 못한 사람들이라는 이야기를 들을 수 있다. 전두환은 총칼로 집권한 사람이다. 그래서 자기는 경제를 잘 모르니 당시 김재익 경제수석한테 맡겼다. 586 정치인이 이보다 못한 결과를 만든다면 전두환보다 못하다는 이야기를 들을 수 있다"라고 주장한다.

함운경은 2023년 8월 15일 '민주화운동동지회'를 발족했다. "우리 사회에서 대한민국을 부정하는 역사관과 세계관이 주류로 인식되고 있다. 이런 생각을 하는 사람들이 정치적으로 집단화돼 있다. 이런 인식이 포퓰리즘과 결합하면 그리스처럼 거덜 난다. 내 인생 과제는 이런 왜곡을 바로잡는 것이다. 나는 주변에 반미투쟁, 반일 민족주의를 그만하라고 말한다. 우리 공동체가 살아가는 데 도움이 되지 않는다. 평소에 나와 비슷한 생각을 하는 사람들이 이 단체 결성에 참여했다. 단체 발기인이 588명인데, 앞으로 회원이 더 늘어날 것으로 본다"

대한민국 지식인 '왜 그토록 부패할까?'

인류문명을 추동하고 견인해온 위대한 업적은 '지식knowledge'이다.

인간은 지식으로 체계화하거나 무장한 이론理論이나 법칙法則 또는 원리原理와 같은 것을 만들어 문명발전을 이끌었다. 그러므로 지식은 근본적으로 인류에게 매우 유익한 것이다. 그래서 인류사회는 당대 지식인들이 국가와 사회를 이끌면서 문명의 발전을 주도해왔다.

그런데 아이러니하게도 이로운 학문을 많이 쌓은 우리나라 지식인들이 많이 부패해 있다. 물론 우리의 역사를 살펴보면 근대사회에서는 나름 선량한 지식인들이 많았다. 근대화를 통해 국가발전을 크게 이룩할 수 있었던 것도 이 때문이다. 지금 우리 지식인 부패지수가 경제협력개발기구OECD 국가 중에서 가장 높다. 하지만 현대에 들어 서양 문물이 쏟아 들어온 이후 우리 지식인들의 부패는 점점 더 심해지고 있다. 그리고 문제는 지식을 많이 가지면 가질수록 더 부패하고, 부조리하고, 더 교활하고, 더 악독해지고 있다는 것이다.

그러면 대한민국 지식인이 세계에서 가장 부패한 이유가 무엇일까. 우리 지식인들의 부패를 두고 '우리 스스로 지식을 생산하지 못한 것을 원인'으로 꼽는 학자들이 많다. 실제로 우리는 지난 한 세기 동안 우리 스스로 지식을 구축하지 못한 채 모든 학문을 수입에 의존해왔다. 일제 식민 시대는 일본을 통해 선진 지식과 과학기술문명을 배웠다. 그리고 해방 이후는 일본보다 앞선 구미 선진국의 지식을 가져다 썼다. 우리는 지식을 생산할 능력이 없었기 때문에 선진국을 통해 지식을 습득하거나 베낀 것이다.

모든 '지식'을 기반으로 발전한 학문은 그 사회가 괴로워하거나 아파하는 문제를 발견하고 해결한 결과들이다. 이를테면 '문학文學'이 인간 정신이 괴로워하는 것을 해결한 결과라면, '의학醫學'은 육체의 질고를 해결한 치료의 결과다. 지식은 인간의 문제를 발견하고 해결한 결과에서 나온 선한 산물이다. 지식은 공히 사람에게 이로운 것이며 공적이라고 할 수 있다. 따라서 모든 지식은 도덕적이고 윤리적인 결과물이라고 해도 전혀 과언이 아니다. 그러므로 지식을 정상적으로 다루고 활용하는 선진국의 지식인은 기본적으로 윤리적이고 공적인 훈련을 받게 된다.

지금 현대 과학기술문명을 선도해온 구미 선진국 지식인들은 대개 끈질긴 집요함을 발휘해서 스스로 자기 삶의 장르나 양식을 만들어왔다. 선진국 지식인들은 국가 사회가 가진 정신적 혹은 육체적인 질병과 같은 다양한 문제의 원인을 발견하려는 강한 지적 호기심이나 궁금증을 가지고 살고 있다. 이들은 또 국가 사회가 아파하는 문제를 해결하려는 분명한 목적의식을 가지고 도전하는 삶을 살거나 경험한 사람들이다.

그러나 우리 대한민국은 지난 한 세기 동안 스스로 지식을 생산하지 못하고 수입한 국가였다. 우리는 사회가 아파하는 문제를 해결하기 위해 스스로 고뇌하는 삶을 경험하지 못했다. 그 결과 '우리 삶의 지식과 전략strategy을 우리가 만들지 못하고 선진국 사람들의 지식이나 전략을 훔치거나 베껴서 사용했다. 따라서 지식 수입이라는 말에는 지식 도둑질과 같은 '표절plagiarism'의 의미가 짙게 묻어 있다.

자기 삶의 전략을 스스로 짜고 세우는 선진국보다 남의 것을 빌리거나 베끼거나 훔쳐서 쉽게 사용해온 대한민국 지식인이 부패할 가능성이 훨씬 큰 것은 너무도 당연하다. 게다가 '586 정치인'은 이런 지식조차 제대로 습득하거나 갖추지 못한 채 오랫동안 국정을 이끄는 주도 세력으로 군림하고 있다. 그러므로 '민주화 세력'의 퇴진이 바로 국가발전의 시작이라는 것을 깨달아야 한다. 미 문화원점거 주모자 함운경의 주장처럼 '민주화 세력'이 더는 국정을 주도하도록 내버려 둬서는 안 된다.

나는 빌딩 경비원,
"208년 3개월 노동해야 '50억 원' 번다!"

법치주의 파괴는 '자유민주주의 파괴범'

대한민국 법조계가 스스로 법치주의를 파괴하고 있다. 부정부패로 얼룩진 추악한 법조비리사건이 '50억 클럽'이다. 곽상도, 박영수, 권순일, 김수남 전 검찰총장, 최재경 전 민정수석, 홍선근 머니투데이 회장 등 검찰과 사법부 최고위급 간부와 언론사 회장이 연루돼 있다. 법치주의 파괴행위는 곧 자유민주주의를 파괴하는 국사범이나 다름없다. 온 국민이 극도로 분노하는 이유다.

더럽고 추악한 '법조 비리 카르텔'의 범죄 혐의자들이 현재 검찰수사를 받고 있다. 더불어민주당 대표 이재명이 연루된 대장동 게이트에 내로라하는 법조인들이 얽혀있다. 국민이 공분하는 건 '50억 클럽'이 바로 법치주의를 무너뜨리고 자유민주주의 근간을 뿌리째 뒤흔들기 때문이다. '50억 클럽'이란 비리가 불거져 나온 지 벌써 2년이 흘렀다. 하지만 수사는 여전히 답보상태다. 그럴만한 이유가 있다. 이 나라 법조계를 좌지우지하는 거물들이 엮여 있기 때문이라는 걸 알만한 사람은 안다.

대장동 게이트와 관련된 곽상도는 김만배로부터 50억 원을 받은 것이 사실로 드러났다. 그런데도 재판부는 "곽상도 피고인의 아들 곽병채에게 화천대유가 지급한 50억 원은 사회 통념상 이례적으로 과다하다"라면서도 "50억 원이 알선과 연결되거나 무엇인가의 대가로 건넨 돈이었다고 보기는 어렵다"라고 판단해 무죄를 선고했다. 이런 판결 사례는 군사독재 때도 없던 후안무치한 짓이다.

또 박영수는 대장동 게이트 제2의 몸통이라는 핵심 인물이다. 사건이 발생한 지 1년 반이 넘도록 소환조차 하지 않았다. 그러다 분노한 민심이 폭발하고, 박영수 딸의 뇌물수수 사건이 불거져 나오자 마지못해 '딸이 대장동 업자로부터 11억 원을 수수한 점을 박영수가 수수한 것과 마찬가지'라고 보고 지난 8월 4일 구속한 것이다.

하지만 박영수 전 특검의 딸 사건은 '50억 클럽'이 가지고 있는 본질과는 한참 거리가 있다. 그러니 이 나라 대한민국의 법치주의가 얼마나 망가져 있는가를 적나라하게 보여주고 있다. 이제 검찰은 온 국민이 법조 비리 카르텔의 대명사 격인 '50억 클럽'을 바라보는 '법 감정'이 얼마나 나쁘고 험악한지를 생각해야 한다.

윤 대통령이 '법조인 목에 방울 달아야!'

문재인 정권은 초반부터 검찰을 몰아 적폐 수사라는 명목으로 정·재계와 사법부를 쑥대밭으로 만들었다. 그리고 그 적폐 수사의 주역이었던 윤석열 검사를 검찰총장으로 발탁했다. 그런데 윤석열 총장은 돌연 그 칼끝을 문재인 정부의 심장부로 겨누었다. 이는 문재인 대통령이 "살아있는 권력도 수사하라"라고 권고했고, 무엇보다 부패했기 때문이다.

경악한 문재인 정부는 급기야 정권 핵심부의 부정부패를 은폐하고, 윤석열 총장과 추종 세력을 어떻게 쫓아낼지를 골몰하며 꼴사나운 정권 후반기를 보냈다. 당시 법무부 장관이었던 박범계와 추미애를 통해 억지스럽고도 추잡한 지시 등으로 이루 형언할 수 없는 문재인 정권 말기의 흉악한 몰골을 고스란히 다 드러냈다.

마침내 문 정권에 항명의 주역이던 윤석열 총장은 견디다 못해 검찰을 제 발로 박차고 뛰쳐나왔다. 그리고 야당인 국민의힘의 대선 후보로 나서서 대통령에 당선됐다. 이렇게 대한민국에서는 처음으로 검찰총장 출신의 대통령이 배출됐다. 온 국민은 윤석열 대통령이 친정인 검찰과 부정부패로 얼룩진 사법부를 어떻게 개혁하고 쇄신할 것인가에 관심을 끌고 있다. 윤석열 대통령에게 거는 기대가 그만큼 크다.

최근 한동훈 법무부 장관은 기자들과의 한 인터뷰에서 "유시민 씨나 지금 이 나라 권력자들은 마치 자기들은 무슨 짓을 해도 절대 수사하면 안 되는 초헌법적인 특권 계급인 양 행동하고 있다"라면서 "그러려면 '권력이 물라면 물고 덮으라면 덮는 (사냥개 같은) 검찰'을 만드는 것을 검찰 개혁이라고 사기 치고 거짓말했다"라며 지난 문재인 정부의 검찰 개혁을 (충견 만들기라고) 강도 높게 비난했다.

실제로 당시 윤석열 총장은 문재인 정부 검찰 개혁에 반기를 들었다. 한동훈 장관의 인터뷰 내용이 왜 반기를 들었는가에 대한 명확한 답변이다. 문재인 정권 입맛대로 하려는 검찰 개혁을 반대한 것뿐이란다. 윤 총장 라인에 있었던 검사 가운데 한동훈 검사장은 4차례나 좌천됐다. 나머지 검사도 인사에 큰 불이익을 경험했다. 문재인 정부에 잘 보이고 아부하면 일약 출세가 보장됐다. 그런데도 이들은 안전한 출세보다 힘든 법의 양심을 선택했다.

문재인 정권에 아부해 성공한 사람이 있다. 6년째 노른자위 서울중앙지법을 차고앉은 윤종섭 부장판사와 중앙지검장 자리를 꿰찬 이성윤 검사다. 둘 다 업무 능력을 발휘한 판검사는 아니다. 경희대 법대를 졸업한 문재인과 대학 동문일 뿐이다. 만약 윤석열 라인이 스폰서를 받거나 비위 사건에 연루됐다면 문재인 정부에 감히 반기를 드는 건 상상조차 하지 못했을 것이다. 당시 여당인 민주당은 180석 가까운 의석을 거머쥐고 무소불위의 의회 독재를 휘두른 때였다.

윤석열 대통령은 역경을 딛고 권좌에 올랐다. 앞으로 검찰을 어떻게 개혁해야 할 것인가에 대한 고민이 깊을 것으로 보인다. 하지만 윤 대통령이 마음만 먹으면 고민은 오래갈 일이 아니다. 윤 대통령 자신이 오랜 검찰 생활에서 '빛과 그림자'를 잘 알고 있다. 또 문재인 정부의 김명수 사법부 정치편향성과 핵심 인사들의 부패와 부조리를 누구보다 정확히 인지하고 있기 때문이다.

특히 윤석열 대통령은 문재인 정부를 향해 '반국가세력'이라고 목소리를 높이고 있다. 반국가세력은 반정부세력보다 나라에 끼친 폐해가 훨씬 더 크고 엄중하다. 그러므로 하루빨리 반국가세력에 대한 강도 높은 수사가 진행돼야 한다. 나아가 '물라 하면 물고 덮으라 하면 덮는' 검찰과 사법부의 개혁을 위해 검찰총장 출신인 윤석열 대통령이 결자해지의 심정으로 직접 '법조인 목에 방울'을 달면 된다.

■참고문헌 및 미디어 ■

〈성경〉 NIV(한영해설 성경)
〈장자〉 최진석 교수
〈반야심경〉 최진석 교수
〈우리말 금강경〉 영인스님
〈헨리6세 제 1.2부〉 셰익스피어
〈정신분석이론〉 프로이드
〈노자를 웃긴 남자〉 이경순
〈도리언 그레이의 초상〉 오스카 와일드
〈역사철학〉 헤겔
〈소유냐 존재냐〉 에리히 프롬
〈무소유〉 법정스님

조선일보
동아일보
중앙일보
TV조선
위키피디아
Google(구글)
Naver(네이버) 등...